第3版補訂

戸籍の重箱

初任者のための戸籍実務のレシピ

山下　敦子　著

日本加除出版

第３版補訂の刊行にあたって

　平成から令和へのバトンタッチの直前，平成31年３月に本書第３版を刊行してから，早いもので３年余りの歳月が経過しました。本書は，戸籍行政の実務に携わっておられる皆様，特に初任者の方へ向けて，できる限りその基本について分かりやすくお伝えできるようにとの想いを込めて作成したものです。おかげさまで，大変多くの方々に，ご愛読をいただき，このたび，再び版を重ねることとなりました。心から感謝申し上げますとともに，身の引き締まる思いでおります。

　この間，本書が解説しております，戸籍実務の根拠となる関連法に関して，一番の基本法である民法をはじめ，大変重要な法改正がありました。具体的に主なものを挙げると，まず，民法では，平成30年法律第59号の改正が本年（令和４年）４月１日に施行されたことにより，婚姻適齢は男女とも18歳へ統一され（731条），また成年年齢も18歳へ引き下げられました（４条）。これにより，従来は必要とされていた未成年者の婚姻における父母の同意や，成年擬制といった制度は廃止されています。一方，これまで成年に達することが要件とされていた身分事項に関する年齢要件については，例えば，養子縁組をすることができる年齢は20歳とされるなど，改めてその内容ごとに，社会的な成年年齢と合わせるのか，20歳という年齢が相当であるのかといった検討と調整が行われ，改正されています。同じく，令和元年法律第34条の改正では，特別養子縁組をすることができる養子の年齢が15歳へと引き上げられています。

　また，戸籍法においても，令和元年法律第17号により，死亡届の届出資格者に任意後見受任者が追加されたり，「デジタル社会の形成を図るための関係法律の整備に関する法律」（令和３年法律第37号）により，届書への押印については義務ではなく任意とされたりなど，基本的な事項についての改正がなされています。

　このような重要な改正がされたこともあり，このたび，本書の版を重ねるにあたって，必要な修正および今回の法改正に関する情報を追加し，補訂版として，改めて皆様にお届けすることといたしました。

　必要最小限ではありますが，本書のコンセプトに沿う形で，施行済みの新法の内容を反映するとともに，改正された条文に関連する部分には，随所に「法改正トピックス」として解説を付しています。本書をお読みくださる方々のお役に立つことができれば幸せです。

　令和に入ってからも，家族法の分野では，多くの法制度の見直し・改正が続いています（未施行：令和元年法律第17号の一部（情報ネットワークシステム連携）），令和2年法律第33号の一部（第三者請求），令和3年法律第42号）。また，まさに今現在，法制審議会戸籍法部会では，読み仮名の法制化の議論が進んでいます。これらの実体法や手続法の改正に伴い，戸籍の現場でも，大きな実務上の修正，変更が予想されます。

　戸籍実務を担当される皆様には，新制度への対応も含め，大変な時期を過ごしておられることと思いますが，これからも前向きに戸籍と向き合い，日々の学習を怠らず，より一層ご活躍されることを心からお祈り申し上げます。

　私は，愛する戸籍の現場を引退しましたが，これからも，かつての仲間や，研修の講師活動で知り合った全国の戸籍事務担当者の皆様と，苦労も喜びも分かち合っていけるよう，できる限りの精進をしてまいります。本書の中で，もし思わぬ誤りや思い違いをおかしている個所がありましたら，どうか読者の皆様からのご叱正やご意見をいただけますようお願いいたします。

　令和4年7月

　　　　　　　　　　　　　　　　　　山　下　敦　子

第３版の刊行にあたって

　私は，各地での研修活動を通じて，市区町村の戸籍事務担当職員の方々とお話をする機会があります。お話をすればするほど，皆さんは，戸籍実務に対して，さまざまな悩みを抱え，日々ご苦労をされているのだと感じますが，一方で，「難しくても，戸籍はおもしろい。」「苦労しても，やっぱり戸籍が好き。」とおっしゃる方が非常に多いことに驚かされるのです。

　興味を持つことが「やる気」に繋がるということは，誰もがわかっていることですが，興味を持つには，その力を生み出す「動機づけ」が必要なのではないかと私は思っています。

　人の人生と密着した戸籍は，血の通ったあたたかいものであり，その窓口では，さまざまな人生が渦巻き，時にはドラマを生み出す。それを実感することで，戸籍を愛する「きっかけ（動機づけ）」ができ，興味を持つことで，苦労しながらも自分の足で，しっかりと歩んでいける……。そんな皆さんの姿を見たいという思いから，平成22年に「戸籍の重箱（初版）」が誕生しました。

　平成24年には，親権，後見についての大きな法改正を機に，「どこが，どう変わったのか」をスローガンに，第２版を出版し，そして，このたび第３版の出版に至りました。

　第３版では，平成24年の親権，後見に関する民法改正を反映しつつ，直近の再婚禁止期間に関する民法改正など，新たな法改正にも対応しました。更に「参の重　物語の箱」では，過酷な状況でも，親を思い，必死に頑張ろうとする子の視点を通して「親権とは何か」「後見とは何か」を問いかけるお話を一話追加し，巻末の「重箱の隅　味わいの箱」では，戸籍を通して「人の絆」を実感していただきたく，著者の実体験に基づき作成した新たな窓口事例を最終話として掲載しました。

　実務的な知識はもちろんのこと，戸籍の人間的なぬくもりを皆さんに伝えることで，戸籍の魅力を感じていただければ幸いです。

　そんな思いを込めて作り上げた本書ですが，まだまだ未熟であり，思わぬ誤りをおかしている点がないかと危惧しています。そのような箇所がありました

　ら，どうか読者の皆さまからのご叱正やご意見をいただき，今後更に精進して
まいりたいと思っております。

　本書の刊行にあたり，細部にわたる校正作業について，本書への愛情をこめ
て臨んでくださった日本加除出版の皆様，本当にありがとうございました。ま
た，家庭裁判所の方々にもご助言をいただき，お陰様で，より充実した内容の
書籍ができたことに心から感謝いたします。各地の研修では，多くの皆さんに
励ましのお言葉をいただき，「重箱，役に立ってます。」と言われるたびに，幸
せを感じております。ありがとうございました。

　さて，このたびの表紙のイラストを作成してくれたのは，お馴染みの岡村万
緒さんです。重箱のお料理を見て驚いている私の姿は，戸籍には，いつも驚き
と発見があるのだということを表現してくれています。

　重箱から発信する戸籍の魅力をしっかりと味わってください。

　平成31年3月

　　　　　　　　　　　　　　　　　　　　　　　　山　下　敦　子

第2版の刊行にあたって

　私がはじめに戸籍実務に携わるようになった頃，先輩がこう言っていました。「法律の改正があるとたいへん。今まで覚えていたことが邪魔をして，つい昔の取扱いをしてしまいそうになる」。その頃の私は，自分のことで精いっぱいで，先輩の嘆きは正直いってわかりませんでした。月日が流れ，私も先輩と呼ばれるようになって，先輩の気持ちを痛感することになりましたが，私は違う形でみなさんに法改正の重要さを伝えたいと思います。

　平成23年法律第61号により，子の福祉にかかわる親権制度・未成年後見制度の見直し等のため，民法の一部改正がなされました。これに伴い，戸籍法・家事審判法・児童福祉法などが改正され，平成24年4月1日，改正後の民法等が施行されました。このような法改正があるたびに，実務者である私たちは，今まで培った知識が無駄になるのではないかという不安を抱きます。経験年数が長いほど，その不安は大きいのではないでしょうか。窓口で失敗しないために「どこがどう変わったのか」，「どこをどうすればいいのか」を，懸命に学ぼうとするのですが，つい以前の知識が邪魔をして，思わぬ失敗をしてしまうのではないかと心配になるのです。でも，みなさんが培った知識は決して無駄ではありません。それは，その知識の基礎があるからこそ，改正の趣旨が実感できるからです。

　改正の趣旨の多くは，その時代背景にあります。近年の制度の新設，あるいは改正には，本人確認及び不受理申出制度，嫡出でない子の続柄の記載の変更，申出による戸籍の再製などがありますが，私たちの生活に密着したこれらの改正には，それぞれに大きな意味があります。

　普遍的な親子の愛，子を中心とした人と人との絆，子の利益を最優先したこのたびの法改正には，子を守ろうとする「人々の願い」が込められています。第2版では，「どこがどう変わったのか」を見つけると同時に，「だからこうなったのだ」を実感していただくために，解説に，できるだけ法改正の趣旨を盛り込むようにしました。

　その改正された条文が語る意義を読み取ることで，より一層理解が深まり，

みなさんの「生きた実務」のお手伝いができるのではないかと考えています。

　このような願いも込めて，第 2 版では，本書の内容と関連する範囲で，該当する箇所において「法改正ポイントスタディ」のコーナーを設けて説明しています。この説明においては，主に凡例 5 に掲げた参考文献及び法務省の通達に基づいて，さまざまな先達のご助力や多くの方のご指導・ご協力を得て，筆者も勉強しながら執筆を進めました。現場の実務のために，間違いのない解説に十分留意いたしましたが，著者の理解不足や，法改正後の施行後日も浅く，審判例，嘱託による戸籍記載の実例も少ないこと等から，考え違いや説明不足等があるのではないかとも危惧しております。その点については，読者の皆さまのご叱正やご意見をいただき，また，今後のさらなる文献や実務上の先例等によって，これを補っていきたいと考えております。

　平成22年 3 月に初版を出版しました「戸籍の重箱」は，読者のみなさん，特に初任者の方々に「戸籍のおもしろさを伝えられる書籍」を目指して，本当にたくさんの方々の力をお借りして作り上げたものでした。出版で世に出た「戸籍の重箱」は，幸せなことに，多くの読者の方々に愛され，真の意味で「命」が吹き込まれたと感じています。

　このたびの第 2 版には，初版に込めた思いはもちろんのこと，「法改正」という課題に取り組むことで，初任者の方々をはじめ，経験を積んだ方々にもお役に立てるものとして，新たな「命」が吹き込まれることを心から希っています。

平成24年 7 月

山　下　敦　子

は　じ　め　に

　戸籍の記載や審査が一人前にできるようになるには，どれだけの時間がかかるでしょうか。個人差はありますが，少なくとも5年以上要すると私は思います。私が初めて戸籍に出会った頃，正直なところ，戸籍がこんなに難しいとは思っていませんでした。初めての仕事は誰でも戸惑いますが，一定の期間を経験すれば，ある程度の自信がつきます。でも不思議なことに，戸籍は勉強すればするほど難しいと感じるのです。どれだけ勉強してもゴールが見えてこないのです。それは，戸籍は人の人生と密着したものであり，人の人生が限りなく無数にあるからなのだと思います。そして，この血の通った「人」との関わりこそが，戸籍の原点であり，また，戸籍の最大の魅力だとも思うのです。

　深くてゴールが見えない戸籍の入り口に立ち，知識の蓄積もないまま窓口に出て，届書の審査をしたり，戸籍の相談を受けたりしなければならなくなったとき，何をどう勉強していけば良いのか迷う日々が続きます。聞き慣れない専門的な言葉や言い回し，あるいは難しい法律用語等々に，私たちは大きな不安を感じるのです。もちろん努力の積み重ねが必要ですが，早く知識を習得しなければと焦るあまり，導入の時点で迷路に迷い込むことも少なくありません。

　この本は，私が職場内の研修（又は勉強会）や戸籍協議会の研修会のためにつくり，利用していたもの，あるいは日常業務を処理する中で書き留めておいたものに手を加えてまとめたものです。私は，迷い悩んだあの頃の実体験をもとに，この本をつくりました。あの頃何がわからなかったのか，何を知りたかったのか，そして何に興味を持ったのかを振り返り，同じ仕事をする仲間としての目線で戸籍を捉えてみました。この本は，戸籍実務の現場で日々苦心されている皆さんへの応援歌ともいうべきものです。特に初めて戸籍を勉強される方，そして戸籍は「ただ難しいものだ」と感じている方に，「戸籍のこころ」を知っていただき，読後には，「よし，頑張るぞ」と言っていただけるような，そんな本であったらいいなと思っています。戸籍事務を初めて担当される方々のために少しでもお役に立つことがあれば幸いです。

　私の後輩に，質問が大好きな子がいます。矢継ぎ早に質問し，その疑問が解

決すると「あー！」と大きな声で感嘆し，溢れるばかりの笑顔になります。まるで疑問が解けたときの感動を得るために，質問を捜しているかのようにも見えます。私は，そんな笑顔が見たいのです。戸籍の魅力を知り，「不安」を「興味」に変えて，難しい事例に遭遇した時でも，解決の喜びを感じるために果敢に挑戦できるような人が，一人でも多くなりますよう願って止みません。

　このような想いを込めて丁寧に書き上げた本書ですが，まだまだ未熟でありますので，思わぬ誤りをおかしている点がないかと危惧もしています。そのような箇所がありましたら，どうか読者の皆さまからのご叱正やご意見を頂き，今後さらに精進していけたらと考えています。

　私の「願い」を受け止めてくださった日本加除出版の方々，特にいつも励ましてくださった編集部の増田淳子さん，また，応援してくださった法務局の皆様，職場の上司や仲間たち……。私にとって発刊に至った今の喜びが，どれだけ大きなものか計り知れません。何万回お礼を言っても足りませんが，「あなたのおかげです」という言葉を，一人ひとりの皆様に心から申し上げたいと思います。

　ちなみに表紙のイラストは，一緒に働く仲間，岡村万緒さんの作品ですが，私の特徴を捉えて，非常に似ていると職場では評判です。心のこもったその似顔絵でみなさんに「はじめまして」と言えることがうれしくてなりません。

　はじめましてみなさん。一緒に勉強していきましょう。

平成22年3月

山　下　敦　子

前菜（戸籍のこころ）　　　　　　　　　　　　　　　1

この本を読む前に

　　　　　　　初任者の方に贈る５つの言葉　*2*
　　　　　　　法律の木　*3*
　　　　　　　届書を知る　*4*

壱の重（基本の箱）　　　　　　　　　　　　　　　　5

届書全般に通じる絶対必要な知識

　　　　　　　第１　氏のはなし　*6*
　　　　　　　第２　文字のはなし　*7*
　　　　　　　第３　届出の無効と取消し　*14*
　　　　　　　第４　不受理申出　*16*
　　　　　　　第５　届出の本人確認　*20*
　　　　　　　第６　嫡出でない子の続き柄更正申出　*22*
　　　　　　　第７　申出による戸籍の再製　*25*

弐の重（学習の箱）　　　　　　　　　　　　　　　　27

各届書の処理の学習

　　　　　　　第１　出　生　*28*
　　　　　　　第２　認　知　*37*
　　　　　　　第３　養子縁組　*43*
　　　　　　　第４　養子離縁・縁氏続称　*54*
　　　　　　　第５　特別養子縁組　*64*
　　　　　　　第６　特別養子離縁　*67*
　　　　　　　第７　婚　姻　*68*
　　　　　　　第８　離婚・婚氏続称　*74*
　　　　　　　第９　親権（管理権）　*80*
　　　　　　　第10　未成年後見　*89*
　　　　　　　第11　入　籍　*96*
　　　　　　　第12　転　籍　*102*

目　次

第13　分　籍　*106*
第14　氏の変更（戸107条１項）　*109*
第15　名の変更　*113*
第16　生存配偶者の復氏　*116*
第17　姻族関係終了　*117*
第18　死　亡　*119*
第19　失　踪　*124*
第20　失踪宣告取消し　*126*
第21　「その他」欄の処理　*128*

参の重（物語の箱）

145

ふたりの若者とひとりの女性の
人生を戸籍で追う

第1話
146

がんばれ蹴人（シュート）くん
あらすじ　*147*
1　出　生　*148*
2　名の追完　*153*
3　嫡出でない子の続き柄更正申出　*156*
4　母の婚姻・蹴人の養子縁組　*160*
5　認　知　*165*
6　結婚相手の親との養子縁組　*169*
7　婚姻・長女さくら誕生　*176*
8　離　婚　*179*
9　養子離縁　*184*
10　子の親権者変更　*189*
11　子の入籍　*192*

第2話
197

ママがぼくを見つけた日
あらすじ　*198*
1　ぼくが生まれた日　*199*
2　パパの死　*205*
3　笑わなくなったママ　*208*
4　ジソーのまきさん　*209*
5　おばあちゃんとぼく　*213*
6　おばあちゃん行かないで　*215*
7　ママがぼくを見つけた日　*216*

第3話 ——————————————— *222*

梅子　愛の物語

　あらすじ　*223*

1　梅子出生（嫡出でない子）　*227*

2　梅子認知される　*229*

3　父一馬は乙野貞子と婚姻，長男松雄，
　　長女竹子出生　*231*

4　父一馬は貞子と離婚　*236*

5　梅子の父母婚姻（梅子は準正子となる）
　　　　　　　　　　　　　　　　　238

6　梅子は父母の戸籍に入籍　*239*

7　母菊は松雄，竹子と同籍内で縁組　*243*

8　梅子は井上信治と婚姻　*247*

9　梅子は信治と離婚（復籍）　*250*

10　長男信太郎出生（離婚後300日以内の
　　出生子）　*251*

11　信太郎は梅子の戸籍に入籍　*254*

12　信太郎は松雄夫婦の養子になる　*257*

13　梅子は戸籍法107条1項の氏変更　*259*

14　梅子は銀次と妻の氏の婚姻　*261*

15　銀次失踪　*265*

16　銀次帰る（失踪宣告取消し）　*267*

17　銀次死亡　*270*

18　梅子死亡　*272*

重箱の隅 （味わいの箱）

日常の窓口の問題点を一緒に考える

275

汗と涙の窓口対応
（窓口で失敗しないために）　*276*

事例1　真実の父　*277*

事例2　子の利益　*278*

事例3　この子の幸せのために　*279*

事例4　誤　解　*280*

事例5　婚姻の意思　*281*

事例6　母の贖罪　*282*

事例7　窓口の魔物　*284*

事例8　共犯者　*285*

事例9　父への想い　*287*

事例10　「孤独」という名の死　*288*

目　次

　　　事例11　ＥＲ　*290*

　　　事例12　いい夫婦　*291*

　　　事例13　七夕の記憶　*292*

　　　事例14　十年の重み　*294*

　　　事例15　父はいらない　*295*

　　　事例16　離婚調停と親権　*296*

　　　事例17　あなたに託して……　*298*

　　　この本を読み終えたあなたに　*301*

『法改正トピックス』 目 次

●成年年齢の改正と成年の子の認知①　…*38*

●成年年齢・婚姻適齢の改正と養子縁組　…*52*

●成年年齢・婚姻適齢の改正による父母の同意の要件削除　…*70*

●婚姻適齢の改正と婚姻＆連れ子縁組　…*73*

●成年年齢の改正と未成年後見終了届　…*95*

●成年年齢の改正と従前の氏に復する入籍届　…*98*

●戸籍のネットワーク化に伴う戸籍謄抄本の添付　…*105*

●戸籍法の改正による死亡届の届出資格者　…*123*

●成年年齢の改正と成年の子の認知②　…*166*

凡　　例

1．本書の中で用いている表現・言葉遣いについては，戸籍実務に初めて携わる読者の方にも分かりやすいように，できるだけ簡易な表現を用いました。戸籍実務において特有の厳密な表現・言葉遣いとは異なる記載がされている箇所がありますので，その点はご了解ください。

2．本書の中で用いている届書式・戸籍記載例については，事例設定当時のものに合わせ，旧法当時のものも，そのまま忠実に掲載しています（参の重）。現在の標準様式のものと混同しないようにご注意ください。

3．文中の（　）内に掲げる場合の，法令・先例・判例・出典の引用については，次の略記法を用いています。

【法　令】
    （民）……………民法
    （国）……………国籍法
    （戸）……………戸籍法
    （戸規）…………戸籍法施行規則
    （標準準則）……戸籍事務取扱準則制定標準
    （家事）…………家事事件手続法
    （家事規）………家事事件手続規則
    （人訴）…………人事訴訟法
    （民訴）…………民事訴訟法
    （医）……………医師法
    （医規）…………医師法施行規則
    （旧民）…………旧民法

【先　例】
    昭和24.10.15民事甲2338号回答
        ……昭和24年10月15日付け法務省民事甲第2338号民事局長回答
    平成16.11.1民一3009号通達

　　……平成16年11月1日付け法務省民一第3009号民事局長通達

【判　例】

　最判昭37. 4 .27民集16巻7号1247頁

　　……最高裁判所昭和37年4月27日判決・最高裁判所民事判例集第16巻7号

　　　　1247頁

　東京高決昭和53.11.2家月31巻8号64頁

　　……東京高等裁判所昭和53年11月2日決定・家庭裁判月報第31巻8号64頁

前 菜 (戸籍のこころ)

この本を読む前に
少しだけ「戸籍のこころ」をのぞいてみましょう。
重箱の料理を食べる前の，ちょっとした前菜です。

初任者の方に贈る5つの言葉

法律の木

届書を知る

初任者の方に贈る **5** つの言葉

1 不用意な　言葉一つで　客怒る

思い込みや，把握違いで，つい言ってしまった言葉が大変な結果を
招いてしまうことがあります。不安を感じたら必ず確認を。

2 カウンターは　法と情との　厚い壁

カウンターの向こう側では「法」を度外視した
いろいろな人生が渦巻いています。
こちら側の私たちは，その「情」をくみとりながらも
「情」に流されることなく，公平，厳正を心がけましょう。

3 根拠（わけ）探せ　根拠の向こうに　答えあり

勉強すればするほど根拠の大切さを実感するでしょう。
そして，きっといつか根拠を見つける喜びを感じる時が
くるでしょう。その時は喜びを共有しましょう。

4 勉強の　はじめの一歩は　疑問から

疑問は宝物です。疑問を見つけたら，
まず自分で調べて考えをまとめましょう。
たとえ答えが間違っていたとしても，その過程が大切なのです。

5 難事例　みんなでやれば　怖くない

難しい事例は突然やってきます。
そんな時は自分ひとりで解決しようとせず，
周りの意見や指導を仰ぎましょう。みんなあなたの味方です。

法律の木

初めて戸籍に出会ったとき，私たちは何から学ぼうとするでしょうか。

まずは窓口ですぐ役立つように，届書の形や，戸籍の形や，署名の方法など，形式的なことから覚えようとします。「かたち」から入るために，手続法である「戸籍法」や「戸籍法施行規則」を覚えることから始めるのです。

でも，私たちが本当に学ばなければならないのは，木の幹にあたる民法です。「かたち」を表す手続法に対して，その根幹を成す法律を実体法といいます。木の幹を知れば，枝も，その木に実る果実も次第に見えてきます。膨大な民法の章で，私たちが理解しなければならないのは，「第四編親族」「第五編相続」を中心に，ほんの一部です。何度も読んでください。そして，なぜこのように決められているのかを理解することで，その根底に流れる「こころ」を学んでください。

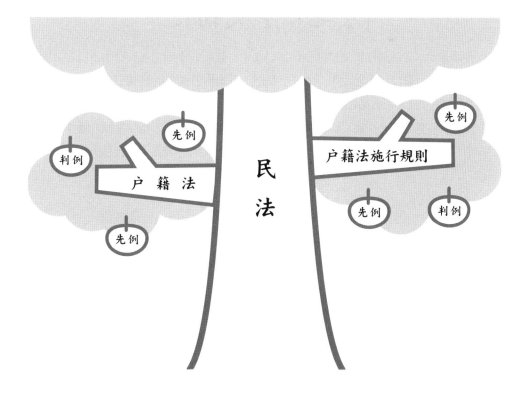

届書を知る

人の人生

　人はこの世に生まれて亡くなるまでの間に，いろいろな身分行為（婚姻や養子縁組など）をします。その身分変動を記載し，それを公的に証明することが戸籍の役割です。

　もちろん，戸籍の記載は法的に正しいものであって，かつ，事実と合っているものでなくてはなりません。しかし，中には法的に正しくなかったり，事実と違っていることが戸籍に記載されている場合もあります。これを是正するのが戸籍訂正の役割です。

　窓口で届書を受理する私たちは，人の人生と関わる大変重要な仕事を任されています。受理することによって養親子関係が成立したり，相続に大きな影響を及ぼしたり，また，不受理とすることによってその身分行為をする意思が戸籍に反映しなかったりします。窓口の受理行為は第一段階でありながらも，最重要段階であると言っても過言ではありません。

「なぜ」を大切に

　届書は，すべて法的な根拠に基づいています。難しい事例であればあるほど，疑問が解けたときの喜びは大きいのです。それが，戸籍の勉強の醍醐味です。まずは，基本的な届書を知ることから始めましょう。基本的な届書の中に「なぜこうなるのか」を押さえながら覚えると，難しい事例の時には応用ができます。経験を繰り返すことによって，知識が蓄えられ，いつの間にか審査の力がついてきたことを実感するでしょう。

説明する力

　届書の正確な審査もさることながら，窓口に来た方にわかりやすく説明する力も，私たちには不可欠です。戸籍の用語や根拠の法律はとても難しく，参考書で得た言葉をそのまま話しても，窓口ではなかなか理解していただけません。そんな場合は，常に頭の中で「もし私がこの方だったら…」と考え，自分がわかりやすいと思う言葉で「噛み砕いて」話すことを心がけましょう。

　そのためには，用語や法律の意味や意義を十分理解しなければなりません。知識を自分のものにして，自信を持って説明できる力をつけてください。

壱の重（基本の箱）

この箱には，絶対に覚えてほしい基本を詰めました。

届書全般にわたって必要な知識を掲載しています。

時代の流れの中で，私たちが臨機応変に窓口対応できるように，

最近新たに設けられた制度を中心に掲載しています。

第1　氏のはなし

第2　文字のはなし

第3　届出の無効と取消し

第4　不受理申出

第5　届出の本人確認

第6　嫡出でない子の続き柄更正申出

第7　申出による戸籍の再製

壱の重
（基本の箱）

第1　氏のはなし

1 民法上の氏

　戸籍実務を処理する上では，「氏」の勉強が最も大切なことかも知れません。人は，生まれて出生届をすると「生まれながらの氏」が与えられます。これを生来の氏といいます。その後，養子縁組をすると養親の氏になります。これを養方の氏又は縁氏といいます。婚姻すると，結婚の際に夫婦で定めた氏になります。これを婚方の氏又は婚氏といいます。それぞれの氏について，私なりに優先順位をつけるとすれば，次のような順序になり，これが，民法上の氏の変動の基本です。

①番 **婚氏**（民750条）　＞　②番 **縁氏**（民810条）　＞　③番 **生来の氏**（民790条）

なぜこの優先順位になるのか考えてみましょう。

「生来の氏」は，原則として出生によって発生した親子関係によって定まります。

　出生によって決まる生来の氏に対して，「縁氏」は，縁組をして「親子関係をつくろうとする意思が働きます。そして「婚氏」は，夫婦となる者がお互いに終生添い遂げようとする意思の働きと，また，親族図を見てもわかるように，「親等数がない」，つまり夫婦は「一心同体」になるという意味が込められています。そのため，婚氏は氏の中で一番強い氏（夫婦同氏）なのです。氏の変動イコール戸籍の変動です。ところが，人の人生はこの氏の順番どおりに動いてはくれません。この優先順位をしっかり頭に入れて，戸籍の変動を考えていきましょう。

2 呼称上の氏

　氏について，これをゆで卵にたとえると，「民法上の氏」が卵の中身なら，「呼称上の氏」は卵の殻です。民法上の氏が民法で定められているのに対して，呼称上の氏は戸籍法で定められています。卵の中身は民法で動き，卵の殻は戸籍法で動きます。戸籍法73条の2・77条の2・107条に規定されているのが呼称上の氏です。離縁や離婚をして，民法上，縁組前や婚姻前の氏に戻っても，社会生活を営む上で，氏を変えたくない，あるいは，民法上の氏がどうであれ，やむを得ない事由で民法上の氏ではない前述の呼称上の氏にしたい場合は，表面上，希望の氏にすることができるのです。家庭裁判所の許可が必要な場合と，必要でない場合があります。

壱の重
（基本の箱）

第2
文字のはなし

　戸籍は公簿です。公のものではありますが，個人の氏名や身分関係を記載するという特徴から，個人の思いがいっぱい詰まったものだともいえます。氏名の文字は，その人が社会生活を営む上で最も大切なものだといっても過言ではありません。しかし，戸籍の長い歴史の中で，氏名の文字の取扱いがたびたび変わり，この文字の取扱いの変更が，窓口や記載を担当する私たちを大いに悩ませます。

　「手書き」から始まった戸籍の記載は，戸籍担当者の「書き癖」や，届出人本人の誤った届出などによって，辞書に載っていない文字，いわゆる「誤字」が発生する結果になりました。平成 2 年10月20日民二第5200号通達（以下「平成 2 年5200号通達」という）からは，急速に，この「誤字の解消」がされてきましたが，窓口では「勝手に私の文字を変えた。」との苦情が後を絶ちません。文字についての勉強をして相手の方に納得してもらう力を養いましょう。ここでは，最低限知っておかなければならない文字の知識を述べることにします。

1　氏名の文字の確定

　戸籍に，例えば，ある人の氏名の文字が正字，俗字，誤字のように混在している場合は，以下の欄でその人の文字を確定します。

○　氏の文字

　その人の氏の文字は，戸籍の「筆頭者欄」の文字です。

○　名の文字

　その人の名の文字は，戸籍の「名欄」の文字です。

2　文字の種類

○　誤　字

　辞書に載っていない誤った文字のことです。たとえ辞書に載っていても，「譌字」や「略字」は誤字です。

○　俗　字

　「俗字」とは，本来の字形が長い使用の間に省略され，定着してしまっているものをいいます。もともとは「誤字」の仲間でしたが，使用されることが多く，社会

的に認識された文字として，平成6年11月16日民二第7005号通達（以下「平成6年7005号通達」という）からは，戸籍にその文字が記載されている場合，その文字を移記するときは，そのまま戸籍に記載できる文字になりました。辞書に俗字と掲載されているものも当然含まれます。

○　正　字

辞書に「正字」として載っている正しい文字です。また，もともとは俗字だったものでも，通達で「正字」として扱われるようになった文字もあります。正字を大きく分けると，常用漢字表の通用字体，戸籍法施行規則別表第二の一（以下「規則別表二の一」という），及び同規則別表第二の二（以下「規則別表二の二」という）の文字，平成16年改正の平成2年10月20日民二第5200号通達別表（以下「通達別表」という）の文字，康熙字典，その他辞書に正字（同字・古字・本字を含む）として掲載されている文字が正字です。

3 誤字の解消

後掲の「文字の歴史年表」（11頁）を見てください。本格的に誤字の解消を行ったのが，平成2年5200号通達からです。この通達に従って，「誤字」も誤字の仲間の「俗字」も，戸籍の変動があれば，どんどん「正字」に変えていましたが，平成6年7005号通達で「俗字」が戸籍に記載できる文字になりました。その後，平成16年9月27日民一第2665号通達（以下「平成16年2665号通達」という）で，文字の整理がされました。大きな流れは，この3つの通達が中心です。しかし，平成2年5200号通達でうたわれた「誤字の解消」は，一貫して変わっていません。

4 誤字を正字に変えたときの告知

戸籍に変動があったときには，前記のように「誤字」は対応する「正字」に書き換えられます。この書換えは，たとえ法令等に則った取扱いであっても，本人には変更することを知らせなくてはなりません。

○　知らせる相手

・氏を正字に変えたとき……筆頭者。筆頭者が除籍されているときは，その配偶者。筆頭者も配偶者も除籍されているときは，その戸籍の在籍者全員

・名を正字に変えたとき……本人

○　告知の方法と届書の処理

例を挙げて説明します。名の文字が誤字の「昇」であったときに，戸籍の変動の際には正字の「昇」に変わりますが，そのときは届書の本人の署名欄を見てみましょう。

・名の文字を正字の「昇」で署名して提出された場合（告知不要）

　この場合は，本人は自分の名の文字が，正字の「昇」であると認識しています。したがって，告知の必要がないという考えから，届書の欄外に「正字による届出告知不要」と記載します。

・名の文字を誤字の「昇」で署名して提出された場合（口頭による告知）

　本人は自分の名の文字が，誤字の「昇」であると認識していますから，告知しなければなりません。窓口で「この文字に変わります」と，口頭で知らせましょう。その場合は，届書欄外に「口頭による告知」と記載します。

・名の文字を誤字の「昇」で署名して提出された場合（告知書）

　本人は，自分の名の文字が誤字の「昇」であると認識していますから，告知しなければなりませんが，窓口で言い忘れたとき，又は窓口に本人が来ていなかったので，口頭で告知できない場合があります。このような場合は，本人宛に「告知書」を送付します。そして，告知書のコピーは届書に添付します。

　※　告知して拒否されたとしても，戸籍には誤字で記載することはできませんので，正字で記載します。

5　文字の訂正と更正の申出

　戸籍の変動によって，当然に「誤字」を「正字」で記載することとは別に，当事者が，「文字を変えたい意思表示」をして文字を変えることもできます。誤字から正字，俗字から正字，正字から正字，の3パターンがありますが，希望どおり変えられる場合と，変えられない場合がありますので注意してください。変更の法則は13頁の「文字のマルマル表」と「文字のマルマル別表」で確認してください。

○　訂　正

　誤ったものを正しくすることを「訂正」といいます。文字でいうと，誤った文字「誤字」から正字にすることが「訂正」です。また，誤字の仲間だった「俗字」から正字にすることも「訂正」です。

○　更　正

　もともとは正しかったものが，法改正などで取扱いが変わり，その変わった後の取扱いに合わせることを「更正」といいます。文字でいうと，旧漢字の正字を，現在の通用字体の漢字に変えることを「更正」といいます。平成2年5200号通達で，俗字を正字に変えられてしまっていたものを，俗字が使用できるようになった平成6年7005号通達（変更後5200号通達）に合わせて，元の「俗字」に戻すことも「更正」に当たります。

6 戸籍訂正

　文字の取扱いは，後掲「文字の歴史年表」（11～12頁）のように多くの変更がなされてきました。この通達の取扱いどおりにすべきところ，誤った取扱いの文字を記載してしまっていた場合は，市区町村長の誤りになりますから，戸籍訂正をしなくてはなりません。しかし，戸籍に誤記された氏又は名を長年使用されてきた場合は，その人の文字（氏又は名）として，社会的に定着していますから，勝手に訂正することは，かえって本人に良くない影響が出ることも考えられます。もし，そのような事情がない場合は，必ず「申出書」を提出してもらい，本人の意思表示（戸籍に誤って記載された文字を，実際に使用したことがないということ）によって訂正したのだ，ということを明らかにした上で，職権訂正書を作成し，申出書と関連の戸籍を添付して，訂正をすることが必要です。これは通達の「誤字の解消」や「訂正，更正の申出」とは全く違います。あくまでも市区町村長の誤りを是正する「戸籍訂正」の手続なのだということを把握してください。

デザイン上の差の文字

　戸籍の記載は，当初は手書きだったので「誤字」が生じた話は先に説明しました。ここで説明する「デザイン上の差の文字」はそれとは違い，たとえば「楷書体」「行書体」「漢字のくずし字」「明朝体」といった文字の書体の違いをいいます。本来は全く同じ文字なので，「訂正申出」や「更正申出」はできません。文字の歴史の中で，このデザイン上の差とされてきた文字が，突然「俗字」になったものもあります。「きゃー」と悲鳴を上げたくなるような取扱いの変化に，私たちは翻弄されますが，押さえどころをきっちり把握すれば怖くない！　代表的な文字を紹介しましょう。

● 「吉」と「吉」……「文字の歴史年表」に示したように「吉」はデザイン上の差の文字から，平成6年7005号通達で「俗字」に変身しました。デザイン上の差の文字であった期間に「吉」と記載されていた場合は，「更正申出」があれば「吉」に戻すことができます。

● 「西」と「㳠」……「吉」と同じ取扱いです。

● いとへん……「純」は楷書体，「純」は明朝体です。「綾」は楷書体，「綾」明朝体です。いずれも同じ文字なので，「更正申出」や「訂正申出」はできません。

● 「令」と「令」……「令」は行書体，「令」は明朝体です。「鈴」は行書体，「鈴」は明朝体です。いずれも同じ文字なので，「更正申出」や「訂正申出」はできません。

　※　コンピュータ戸籍は明朝体です。

文字の歴史年表

①平成2年5200号通達（整理通達）発出以前
（この期間は，申出がない限り，戸籍の変動があっても，文字はそのまま記載する取扱い。）

昭和25.12.15民事甲3205号通達

　誤字は，訂正申出によって管轄法務局の長の指示を得て市区町村長の職権で訂正する。

昭和34.6.4民事甲1127号通達

　当用漢字の原字，旧字体は更正申出があれば市区町村長限りの職権で更正する。

昭和38.4.19民事甲1136号回答

　先例等で更正ができると認められている誤字や俗字は，申出により管轄法務局の長の指示を得ることなく市区町村長限りの職権で更正する。

昭和42.10.20民事甲2400号通達

　「戸籍の氏名欄の更正に関する誤字・俗字一覧表」が示される。

昭和56.9.14民二5536号通達

　「常用漢字表」（昭和56年内閣告示第1号）の公布・施行に伴い，子の名に用いることのできる文字に関する戸籍事務の取扱いについての基本通達が示される。

昭和56.9.14民二5537号通達

　通用字体と異なる字体の文字を通用字体へ更正する申出があった場合は，市区町村長限りの職権で更正する。

　誤字，俗字の正字への訂正申出は管轄法務局の長の許可を得て職権で訂正することができる。ただし，その訂正が既に先例で認められているときは，管轄法務局長の許可を要しない。

昭和58.3.22民二1500号通達

　常用漢字表，人名用漢字別表に掲げる字種以外の漢字についても，申出により，その字体を同音同義に用いられる康熙字典体に更正できる。

　「示」「艹」「辶」「飠」をへんに持つ字体を，「礻」「艹」「辶」「食」の字体に更正できる。　←　このときはまだ「吉」・「西」などの字はデザイン上の差と認識されていた

昭和58.3.22民二1501号通達

　新たな「誤字・俗字一覧表」が示される。

平成3年1月1日●5200号通達運用開始 ···

②平成2年5200号通達開始から平成6年改正まで（この期間は，戸籍の変動があると，誤字も，俗字も全部対応する正字に変える取扱い）

【主な改正点】

平成2.10.20民二5200号通達

　誤字や俗字は，戸籍の変動の際，申出を待たず市区町村長限りの職権で対応する正字で記載する。この通達により，従来の通知・回答は整理され，この通達に反する先例は廃止された。

平成2.10.20民二5202号依命通知

　5200号通達を運用するための留意事項が示される。

平成2. 11. 22民二5300号通達
新たな「誤字俗字・正字一覧表」が示される。

平成６年12月１日●平成６. 11. 16民二7005号通達による変更後の5200号通達運用開始

③平成６年５２００号通達の改正後，平成16年改正まで（ここからは，戸籍の変動があっても俗字はそのまま記載する。誤字は正字に対応させる取扱い。）

【主な改正点】

平成6. 11. 16民二7005号通達
これまでの俗字の取扱いが変更され，俗字で戸籍に記載されている文字は，戸籍変動の際もそのまま記載する。なお，改正前通達により職権で俗字を正字に訂正した場合において，本人により従前の俗字への更正の申出があったときは，更正して差し支えない。

平成6. 11. 16民二7006号依命通知
変更後の5200号通達の留意点が示される。
また，「正字・俗字等対照表」が新たに示された。

平成6. 11. 16民二7007号通達
新たな「誤字俗字・正字一覧表」が示される。

ここで「吉」・「西」などが俗字と示される

平成16年９月27日●同日民一2665号通達による変更後の5200号通達の運用開始

④平成16年５２００号通達の改正後平成22年まで（正字と俗字の概念が整理されたが，俗字と誤字の取扱いは③と同様）

【主な改正点】

平成16. 9. 27民一2665号通達
戸籍法施行規則60条２号の別表第二の改正に伴う，5200号通達の一部改正。
俗字や誤字を訂正できる場合は，①常用漢字，②規則別表第二の一の漢字，③その他の正字，④5200号通達別表の文字。
更正できる場合は，①通用字体の異体字を通用字体へ更正する，②規則別表第二の一の異体字を規則別表第二の一の漢字へ更正する，の２つに限定された。

平成16. 9. 27民一2666号依命通知
戸籍法施行規則60条２号の別表第二の改正に伴う，5202号依命通知の一部改正。

平成16. 10. 14民一2842号通達
新たな「誤字俗字・正字一覧表」が示される。

平成22年11月30日●同日民一2903号通達による変更後の5200号通達の運用開始

⑤平成22年５２００号通達改正後

【主な改正点】

平成22. 11. 30民一2903号通達
平成２年民二5200号通達の一部改正。

平成22. 11. 30民一2905号通達
常用漢字表の改訂（平成22年内閣告示第２号）に伴う「誤字・俗字・正字一覧表」の一部改正。

平成22. 11. 30民一2913号依命通知
平成２年民二5202号依命通知別表が改められた。

【文字のマルマル表】

同じ○の中同士は更正，訂正はできません。

矢印の逆方向へは更正，訂正はできません。

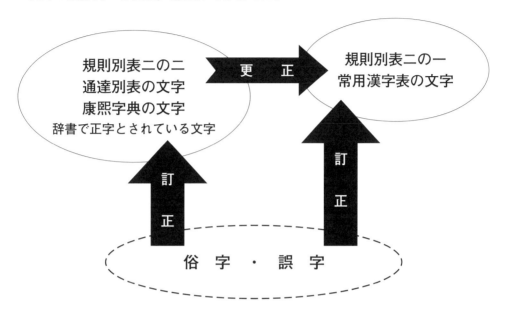

【文字のマルマル別表】

矢印の逆方向へは更正できません。

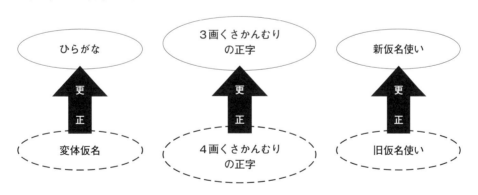

※　「常用漢字表」，「戸籍法施行規則別表第二漢字の表」及び「5200号通達別表」については，「戸籍実務六法」などに掲載してありますので確認してください。

第3

届出の無効と取消し

えらいことをやってしまった！

　気をつけていたはずなのに，届書に記載してもらうべき大切なことを見逃してしまったり，正しい届出でない届書を受理してしまったりして，それが届出人が帰った後に気がついて，大パニックに陥ることがあります。窓口で審査に当たっていれば，こんな経験をするときがきっとくるでしょう。そんな時，いったん受理した届書がどのようになるのか，一緒に考えてみましょう。

1 無効原因と取消し原因

　原則として「取消し」と「無効」とは意味が違います（注）。

　　　取消し……取消しのときから将来に向かってないものになること

　　　無　効……はじめからないものになること

　では，なぜ「取消し」と「無効」が区別されているのでしょうか。それは，身分行為が成立した後には，子が生まれたり，財産分与が行われたりするなど社会生活に密着した重要な行為が伴うからです。すべて「無効扱い」にすると，その行為に混乱を来すことになります。婚姻が無効になることによって嫡出子が嫡出でない子になったりしたら，子が取得した権利を剥奪することにもなります。

　「取消し」と「無効」は，届出の内容に，原因となる「齟齬（くいちがい）」や「瑕疵（欠陥）」があるときに生じます。ところが，いったん受理してしまった届書は，原則として，取消し又は無効の裁判を経て訂正しない限り，戸籍に「取消し」「無効」と記載されません。

　（注）　○　協議離縁の取消しの届出（戸73条）
　　　　　　　裁判が確定した場合，取消しの効果は遡及し（通説），当初から離縁の効力は生じなかったものとなる。
　　　　　○　協議離婚の取消しの届出（戸77条）
　　　　　　　離縁の取消しの場合と同じ。離婚の取消しの効果は遡及し，当初から離婚はなかったこととなる。

2　無効原因のある届出の取扱い

　「無効原因」があって，無効な届出による戸籍の記載であるとわかったときは，「届出が無効」なので，管轄法務局の長の許可を得て市区町村長の職権で戸籍訂正をします（戸24条2項，令和2.4.3民一544号通達第1の1）。この職権による戸籍訂正については，戸籍を見て明らかに「無効である」と判断できるものだけに限られます。戸籍を見ても判断ができない場合，例えば，親子関係のあるなしや，届出をする意思があったかなかったかなどの場合は，当事者が家庭裁判所へ訴えを提起するか，あるいは戸籍訂正の許可審判の申立てをし，その確定判決又は訂正許可審判を得た上でないと訂正ができません。

　なお，親族法上相続法上の身分関係に大きな影響があると考えられる戸籍訂正は，戸籍法116条の規定によって行います。

3　取消原因のある届出の取扱い

　「取消原因のある届出」による戸籍の記載は，取消しの裁判が確定するまでは有効です。言い換えれば，当事者が「取消し」の手続をしない限り，戸籍の記載は真実の記載として成立しているということです。届出に際して必要な承諾や同意をもらわなかったり，婚姻できる年齢になっていない人同士の婚姻届を受理してしまったり，取消原因は様々ですが，いったん受理された届書に基づく身分行為は有効に成立しますから，窓口の受理行為は念には念を入れて行いましょう。

第4

不 受 理 申 出

　戸籍の届出には，すでに発生した事実（出生届，死亡届あるいは裁判で確定した身分関係など）を届出する報告的届出と，届出をすることによって身分関係が発生する創設的届出（養子縁組，協議離縁，婚姻，協議離婚など）があります。

　創設的届出には，届出をする時点で届出の意思が存在しなくてはなりません。したがって，その意思に基づかない届出は，たとえ戸籍に記載されたとしても，その届出は無効です。しかし，いったん戸籍に記載されると，無効の裁判が確定しないと，戸籍を訂正することができません。

　そこで，当事者の一方が知らない間に虚偽の届出をされる可能性がある場合，又は，届書に署名したが，その届出前に届出の意思をなくした場合などの理由で，「私には，この届出をする意思がないので，届出がされても，その届出を受理しないでほしい」と，あらかじめ本籍地の市区町村長に申し出ることができる制度が，「不受理申出」の制度です。

　従来は，通達（昭和51.1.23民二900号通達）によって制度化され運用されていましたが，平成20年5月1日施行の，戸籍法及び戸籍法施行規則の一部改正によって，この「不受理申出」が条文化され（戸27条の2の3項から5項まで，戸規53条の4・53条の5），これまで通達によって運用されていたものが，戸籍法及び戸籍法施行規則に規定された取扱いに変更されました。なお，その後，同規則53条の4は一部改正され（平成22年法務省令22号・同年6.1施行），その関連で同年5月6日民一第1080号通達，同日民一第1081号依命通知が発出されています。

1 不受理申出の対象となる届出（戸27条の2第3項）

　養子縁組届，養子離縁届，婚姻届，離婚届，認知届（以下「縁組等の届出」という。）が，不受理申出の対象となる届出です。

2 不受理申出できる人

○　養子縁組届

　養子及び養親ですが，養子が15歳未満の場合は養子の法定代理人です（養子が15歳未満の時に養子の法定代理人が不受理申出をしていた場合に，養子が15歳以上になって引き続

いて申出をするときは，養子本人から申出をする必要があります。）。

○　**養子離縁届**

　養子及び養親ですが，養子が15歳未満の場合は，養子の法定代理人，あるいは離縁後に法定代理人となるべき者です（養子が15歳未満の時に，養子の法定代理人あるいは離縁後に法定代理人となるべき者が不受理申出をしていた場合に，養子が15歳以上になって引き続いて申出をするときは，養子本人から申出をする必要があります。）。

○　**婚姻届**……夫になる者及び妻になる者です。

○　**離婚届**……夫及び妻です。

○　**認知届**……認知する者です。

3　不受理申出の方法（戸規53条の4）

　申出をする本人が，市区町村役場の窓口に出頭して書面で申出をするのが原則です（戸規53条の4第1項）。また，申出には本人確認資料を提示しなければなりません（戸規53条の4第3項）。ただし，やむを得ない事由により，本人が窓口に出頭できないときは，不受理申出をする旨を記載した書面（同条2項）を送付する方法又は使者によって提出させる方法によることになります。ただし，その場合は，不受理申出をする事項を記載した公正証書（代理人の嘱託により作成されたものを除く。）を提出する方法（同条4項），その他不受理申出をする旨を記載した私署証書に公証人の認証を受けたもの（代理人の嘱託により作成されたものを除く。）等を市区町村長に提出する方法，その他これらに準じる方法であって確実に当該不受理申出をする者が本人であることを明らかにする方法によるものとされています（平成22.5.6民一1080号通達第2の5⑵）。

　申出は，当該申出人の本籍地の市区町村長に対して行い（戸27条の2第3項），申出書は本籍地で保管することになりますが，本籍地でない市区町村長に提出された場合は，受付をした市区町村長は，戸籍発収簿に登載してから申出人の本籍地に送付します。また，養子が15歳未満の養子縁組届又は養子離縁届については，申出人が，法定代理人又は法定代理人となるべき者である場合には，養子の本籍地にも申出書の謄本を送付する必要があります（前掲民一1080号通達第6の1⑺エ〜カ）。本籍地が転籍等で変更された場合は，新本籍地に転送します（平成20.4.7民一1000号通達第6の1⑷⑸⑹，前掲民一1080号通達第2の5⑵）。

4　不受理申出の際の本人確認資料
（戸規53条の4第3項，戸規11条の2第1号〜3号，前掲民一1000号・民一1080号通達）

　不受理申出の際の窓口での本人確認書類は以下のものです。

① 運転免許証，個人番号カード，国又は地方公共団体の機関が発行した資格証明書（規則別表第一に掲げられたもの）もしくは，身分証明書で写真の貼付されたもの等（戸規53条の4第3項で準用する11条の2の1号に掲げられた書類。以下「1号書類」という。）のうち，1点以上を提示します。

② ①の方法によることができないときは，以下の書類を2点以上を提示します。国民健康保険の被保険者証，国又は地方公共団体以外の法人が発行した身分証明書（戸規53条の4第3項で準用する11条の2の2号に掲げられた書類。以下「2号書類」という）

③ ①及び②の方法によることができないときは，窓口に来た本人が戸籍の記載事項を説明する方法（例：確認票などの記入），又は，市区町村長が，本人と確認できる方法として適当と認める方法（例：市区町村の職員と窓口に来ている本人とに面識があるなど）によります。

※ 1号書類，2号書類は有効期限内のものでなければなりません。

5 不受理申出の有効期限

不受理申出の効果は「不受理申出の取下げ」をするまで有効です。「取下げ」をしない限り，その効果は取下げをするまでずっと続きます。しかし，不受理申出が，「誰と誰との離婚届」とか「誰と誰との養子縁組届」とか，相手方を特定しているものである場合は，その者との当該届出が受理されたときは，当該申出は，その受理されたときに失効します（前掲民一1080号通達第2の5(4)）。

例えば，離婚届の不受理申出をしていた人が，窓口に自ら離婚届を提出したとしましょう。窓口で本人確認ができた場合は，その届書はたとえ不受理申出がされていても受理することができます。それは，戸籍法27条の2第3項で「自らが市役所又は町村役場に出頭して届け出たことを……確認することができないときは当該縁組等の受理をしないよう……」とされていますが，本人が出頭し，本人の確認ができる証明書等の提示によって届け出れば，受理できるということになるのです。そしてこのように，離婚届が受理された場合は，不受理申出書が相手方を特定したものであるときは，離婚届を受理したときに，不受理申出の効力はなくなるということになります。

6 届出不受理の通知（戸27条の2第5項）

不受理申出がされていたことによって，届出を受理することができなかったときは，不受理申出をしている当事者に，「当該届出を受理しなかった旨」の通知をします。

　この通知は、「あなたが不受理申出をしていた届出について、○月○日に届出がありましたが、不受理申出がされていましたので、受理しませんでした。」と、申出人に当該届出を不受理としたことを知らせる役割と、不受理申出の効果は「取下げ」をしない限りその取下げがされるまで続きますから、申出をした本人が「申出したことを忘れている」場合があるので、それを本人に知らせることで、取下げの意思があれば、取下げを促す役割も果たしています。

　取下げについては、戸籍法施行施行規則53条の4第5項・第6項に規定されていますが、その詳細は、前掲民一第1080号通達第2の5⑸を参照してください。

外国人の不受理申出について

　改正後の不受理申出は、申出をする者は「本籍を有する者」と限定されていたため、当初、外国人の不受理申出はできないものとされていましたが、平成20年5月27日民一第1503号通達（平成20.6.6実施）で、相手方を日本人とする不受理申出については、外国人当事者も申出ができるようになりました。申出書には、本人の本籍の代わりに「国籍」を記載し、また「その他」欄には、相手方日本人（認知届の場合は被認知者）の「本籍、筆頭者氏名、氏名」を記載することとされています。申出書の保管は相手方日本人の本籍地で行い、その他については、民一1000号・民一1080号通達に準じた取扱いをします。

矯正施設の被収容者からの不受理申出書及び 不受理申出取下書について

　矯正施設の被収容者からも不受理申出ができます（平成20.5.27民一1504号通達。平成21.6.6実施）。この場合の不受理申出書及び不受理申出取下書については、当該被収容者が署名したものに、刑事施設の長、少年院長、少年鑑別所長が奥書証明したものとされています（前掲通達）。

時間外又は休日に提出された不受理申出書又は 不受理申出取下書について

　戸籍担当職員、あるいは任命を受けた嘱託職員等が窓口で対応できない時間帯（時間外や休日等）で、警備員等を配置している場合に不受理申出書又はその取下書が提出されたときは、その者を特定するために必要な事項の確認を行うことができないので、不受理申出又はその取下げの書類は、受領できないとされています（「戸籍」815号79頁）。

第5

届出の本人確認

　創設的届出には，本人の意思が存在しなくてはなりません。しかし，近年，本人の意思に基づかない虚偽の届出がされ，本人の知らないうちに戸籍に記載されるという事件が多発しました。この問題への対応策として，平成15年３月18日民一第748号通達により「届出の本人確認」が実施されました。これは，本人確認による「心理的抑止力」と，窓口に来ていない当該届出人への通知による「速やかな告知」を目的としたものですが，本人確認ができないからといって，当該届出を受理できないというものではありません。平成20年５月１日施行の戸籍法及び同法施行規則の一部改正で，この「届出の本人確認」が条文化され（戸27条の２第１項・２項，戸規53条・53条の２・53条の３），これまでの通達による運用から，戸籍法及び同法施行規則の規定する取扱いに変更されました。また，本人確認資料についても条文化されていますが，それ以外は，これまでの通達での運用と大きな変更はありません。しかし，届書の欄外に「受領した時分」を記載する，あるいは本人確認できなかった届出人については，不受理申出が出ていないかを確認することになり，不受理申出の運用との関連付けをしたところがこれまでの運用と異なるところです。

1 本人確認の対象となる届出（戸27条の２第１項）

　養子縁組届，養子離縁届，婚姻届，離婚届，認知届（以下「縁組等の届出」という。）が，本人確認の対象となる届出です。

2 本人確認をする範囲と通知（戸27条の２第１項・２項，戸規53条の３）

○　**養子縁組届**……養子及び養親ですが，養子が15歳未満の場合は，養子の法定代理人です。当該届出人のうち，本人確認ができなかった届出人に通知します。届書を持参した人が使者の場合は，使者本人を確認し，当該届出人全員に通知します（戸27条の２第２項）。

○　**養子離縁届**……養子及び養親ですが，養子が15歳未満の場合は，養子の法定代理人，あるいは離縁後に法定代理人となるべき者です。当該届出人のうち，本人確認ができなかった届出人に通知します。持参した人が使者の場合は，使者本人を確認し，当該届出人全員に通知します。

○　**婚姻届**……夫になる人及び妻になる人ですが，当該届出人のうち，本人確認ができなかった届出人に通知します。持参した人が使者の場合は，使者本人を確認

し，当該届出人全員に通知します。

○　**離婚届**……夫及び妻ですが，当該届出人のうち，本人確認ができなかった届出人に通知します。

持参した人が使者の場合は，使者本人を確認し，当該届出人全員に通知します。

○　**認知届**……認知する者です。本人確認ができなかった場合は，届出人とされている者（認知する者）に通知します。

3　本人確認の方法

（戸27条の2第1項，戸規53条の2・11条の2第1号〜3号，民一1000号通達第5の1⑴）

窓口での本人確認書類は以下のものです。

①　運転免許証，個人番号カード，国又は地方公共団体の機関が発行した資格証明書（規則別表第一に掲げられたもの）もしくは，身分証明書で写真の貼付されたもの等（戸規53条の2において準用する11条の2第1号に掲げられた書類。以下「1号書類」という）のうち，1点以上を提示します。

②　①の方法が採れないときは，次の書類の2点以上を提示します。国民健康保険の被保険者証，国又は地方公共団体以外の法人が発行した身分証明書（戸規53条の2において準用する11条の2第2号に掲げられた書類。以下「2号書類」という）

③　①・②の方法が採れないときは，窓口に来た本人が戸籍の記載事項を説明する方法（例：確認票等の記入），又は，市区町村長が本人と確認できる方法で適当と認める方法（例：市区町村の職員と窓口に来た本人とに面識がある等）によります。

※　1号書類，2号書類は有効期限内のものでなければなりません。

4　本人確認できなかった届出人の不受理申出の確認

窓口に当該届出人が来ていなかった場合，あるいは，届出人が窓口で前記の本人確認資料が提示できなかった場合は，その届出人から「不受理申出」がされているか否かの確認が必要です（民一1000号通達第6の2）。不受理申出は本籍地で把握しているので，受付した市区町村に届出人の本籍がない場合（非本籍地）は，届出人の本籍地に不受理申出がされていないかを確認する必要があります（前掲通達第6の2）。

:::
時間外又は休日に受付された縁組等の届出について

　戸籍担当職員，あるいは任命を受けた嘱託職員等が窓口で対応できない時間帯（時間外や休日等）に受付された届書については，受付する警備担当者等は本人確認をする資格がありません。この場合は，本人確認ができない届書として受領したことになるので，受領した翌日以降の執務時間内に書類審査と同時に，「不受理申出」がされていないかどうかの確認をし，不受理申出がされていない場合で受理したときは，届出人全員への通知をすることになります。
:::

壱の重
（基本の箱）

第6
嫡出でない子の続き柄更正申出

　父母が婚姻して生まれた子を「嫡出子」といいます。父母が婚姻しないで生まれた子を「嫡出でない子」といいます。従来は，嫡出子の父母との続き柄欄が「長男（長女）」「二男（二女）」と記載されるのに対して，嫡出でない子は「男」「女」と記載されていました。

　この続き柄欄の区別が，プライバシー侵害につながるとした訴えに対して，東京地方裁判所平成16年3月2日判決では「嫡出子と嫡出でない子を区別した記載は，戸籍の性質上必要であるが，国民のプライバシー保護の観点から，必要最低限になるような方法を選択し，嫡出でない子であることが強調されないようにすべきである……。」との判断が示されました。

　そこで，平成16年11月1日法務省令76号をもって戸籍法施行規則が一部改正され，また，同日付け法務省民一3008号民事局長通達等で，嫡出でない子の戸籍における父母との続き柄欄の記載が嫡出子の記載と同じようにすることとされました。

　同規則改正後の出生の届出における続き柄の記載については「弐の重（出生）」で説明しますが，ここでは改正前に，すでに父母との続き柄が「男」「女」と記載されている人の「続き柄の更正申出」について説明しましょう。

　窓口では，このような改正前の続き柄の記載がされている人には，できる限り「規則改正により更正できるようになったこと」を知らせなくてはなりませんから，しっかり覚えてください。

1　嫡出でない子の続き柄の数え方
　母が分娩した嫡出でない子の順番で「長男（長女）」「二男（二女）」……と数えます。

2　更正申出ができる人
○　**事件本人**（15歳未満のときは法定代理人がします。）
○　**母**（事件本人が15歳以上の場合は，母が，事件本人と同じ戸籍に在籍しているか，又は同じ戸籍に在籍していた場合に限り母からの申出が認められます。）

3 申出の対象となる戸籍

　更正できるのは現在の戸籍のみで，従前の戸籍にさかのぼって更正することはできません。

4 申出の方法

　原則は書面（申出書）で申出をしますが，口頭での申出もできます（戸27条）。届書の「その他」欄（例えば婚姻届など）に記載して，申出をすることもできます。

申出書に書く内容

○　**本人による申出で長男，長女の場合**

　申出の事由………嫡出でない子の父母との続き柄欄の記載の取扱いが変更されたため。

　申出する事項……続き柄を「長男（長女）」と更正してください。母××（母の氏名）が出産した男（女）で1番目に生まれた嫡出でない子です。

○　**本人による申出で二男，二女の場合**

　申出の事由………嫡出でない子の父母との続き柄欄の記載の取扱いが変更されたため。

　申出する事項……続き柄を「二男（二女）」と更正してください。母××（母の氏名）が出産した男（女）で2番目に生まれた嫡出でない子です。上に△△（上の子の氏名）（平成○年○月○日生　本籍地△△県△市××番地）がいます。

○　**母による申出で，子が長男，長女の場合**

　申出の事由………嫡出でない子の父母との続き柄欄の記載の取扱いが変更されたため。

　申出する事項……○○（続き柄を更正する子の氏名）の続き柄を「長男（長女）」と更正してください。○○は男の子（女の子）で1番目に生まれた嫡出でない子です。

○　**母による申出で，子が二男，二女の場合**

　申出の事由………嫡出でない子の父母との続き柄欄の記載の取扱いが変更されたため。

　申出する事項……○○（続き柄を更正する子の氏名）の続き柄を「二男（二女）」と更正してください。○○は男の子（女の子）で2番目に

生まれた嫡出でない子です。上に△△（上の子の氏名）（平成
〇年〇月〇日生　本籍地△△県△市××番地）がいます。

※　「申出する事項」は，その内容を別に「申述書」として添付することもでき
ます。
　　届書の「その他」欄に申出をする場合も，同様の内容で記載しますが，嫡
出でない子の出生届の「その他」欄に，他の嫡出でない子の続き柄の更正申
出をすることはできません。その場合には，別に申出書が必要です。

5　申出地

事件本人の本籍地の市区町村長に申出をします。

非本籍地で誤って受付したとき，あるいは，非本籍地に郵送されたときは，戸籍
発収簿に登載した上で，本籍地の市区町村長に送付します。

6　続き柄更正申出後の戸籍の再製

次の「第7　申出による戸籍の再製」で説明します。

壱の重
（基本の箱）

第7
申出による戸籍の再製

　戸籍の再製には，「滅失戸籍の再製」，「滅失のおそれがある戸籍の再製」という制度があります（戸11条）。これは，大切な戸籍が震災や水害等の災害などで滅失した場合や，戸籍の用紙が劣化して，滅失するおそれがある場合に新たに戸籍をつくる制度です。また，これらの再製制度とは別に，「申出による戸籍の再製」という制度があり，これは平成14年法律第174号をもって戸籍法の一部が改正され，同法に11条の２の規定が設けられたことによります。この新たに制度化されたものをしっかり理解し，窓口では，このような制度があることを説明する必要があります。

1　戸籍法11条の２の再製申出

　戸籍に事実でない記載がされ，その記載が戸籍訂正によって訂正されている戸籍は，申出によりその訂正に係る事項の記載のない戸籍に再製することができます。

⑴　再製申出ができる理由（戸11条の２）

　①　虚偽（うそ）の届出等によって，事実でない記載がされ，その記載が訂正されたこと（例：「婚姻無効」（戸114条）の裁判が確定して戸籍訂正がされた場合）。

　②　錯誤（間違い）の届出等によって，事実でない記載がされ，その記載が訂正されたこと（例：錯誤を理由に，裁判所で生年月日の訂正（戸113条）の裁判が確定し，戸籍訂正がされた場合）。

　③　市区町村長の過誤（誤り）によって，事実でない記載がされ，その記載が訂正されたこと（例：出生の届書に父母との続き柄を「長女」と届出したにもかかわらず，戸籍に「長男」と記載し，戸籍訂正がされた場合（戸24条２項））。

　④　市区町村長が記載誤りをし，欄外訂正をしている場合。

⑵　再製申出ができる人（戸11条の２第１項）

　再製する対象の戸籍に記載されているすべての人であり，戸籍訂正の対象者でなくてもその戸籍に記載された者であれば，申出ができます（平成14.12.18民－3000号通達第２の１⑶）。

⑶　申出されても再製できない場合（戸11条の２第１項ただし書）

　再製することによって，その戸籍の記載内容に矛盾が生じるような場合は，たとえ申出があっても再製することができません（前掲民－3000号通達第５）。

⑷　**再製手続の事務処理**

再製手続の流れは，次のとおりです。

【戸籍再製事務処理工程基準】

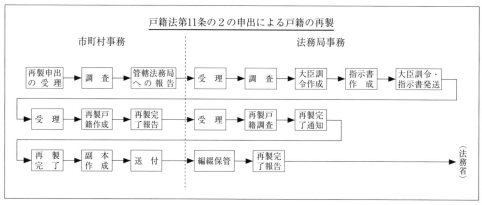

〔出典：都竹秀雄著「新版　戸籍再製の実務」（日本加除出版，2004年）97頁より〕

2　嫡出でない子の続き柄更正後の再製申出

嫡出でない子の続き柄の取扱いについて，戸籍法施行規則改正後，申出により更正をした場合は，更正に係る事項の記載が残ることになりますが，それが残らない戸籍への再製が認められています（平成16.11.1民—3008号通達4）。その再製申出があったときは，「滅失のおそれがある戸籍の再製」（戸11条，戸規9条）に準じて再製できるとされています（前掲民—3008号通達4，下記⑶再製手続の事務処理参照）。この再製によって，更正の跡が残らない戸籍に再製ができます。

⑴　**再製申出ができる戸籍**

嫡出でない子の続き柄を更正した戸籍です。

⑵　**再製申出ができる人**

続き柄の更正申出をした人，つまり，事件本人（その者が15歳未満のときは法定代理人）又は母です（事件本人が15歳以上の場合で，母が事件本人と同一戸籍に在籍するとき又は在籍していたときに限られます。前掲民—3008号通達2⑴・4）。

⑶　**再製手続の事務処理**

嫡出でない子の続き柄更正後の再製手続については，「滅失のおそれある戸籍の再製手続」に準ずる取扱いをするとされていますが，市区町村長から管轄法務局に報告するに際しては，事務処理の迅速化を図るため，前掲の「戸籍法11条の2の申出による戸籍の再製」と同様の工程手続をして差し支えないとされています（前掲「戸籍再製事務処理工程基準」参照）。

弐の重 （学習の箱）

この箱には，知識がぎっしり詰まっています。
そして，すべての料理には「なぜ」のスパイスが効いています。
あわてて食べて消化不良にならないように，
ゆっくり味わいながら学習してください。

第 1　出　生
第 2　認　知
第 3　養子縁組
第 4　養子離縁・縁氏続称
第 5　特別養子縁組
第 6　特別養子離縁
第 7　婚　姻
第 8　離婚・婚氏続称
第 9　親権（管理権）
第10　未成年後見
第11　入　籍
第12　転　籍
第13　分　籍
第14　氏の変更（戸107条 1 項）
第15　名の変更
第16　生存配偶者の復氏
第17　姻族関係終了
第18　死　亡
第19　失　踪
第20　失踪宣告取消し
第21　「その他」欄の処理

弐の重
（学習の箱）

第1

出　生

　私権の享有は出生に始まる（民3条1項）

　人間固有の権利は，生まれ出たときに始まると民法で規定されています。「出生届に始まる」とは書かずに，「出生に始まる」と書かれています。生まれたときすでに始まっている「権利」ですから，早く戸籍の届出をして，公的に存在を証明しなければなりません。人間の人生の始まりですから，戸籍の中で最も重要な届書と言えるかも知れません。また，最も難しい届出と言えるかも知れません。

　子の母は誰でしょう。父は誰でしょう。嫡出子ですか。嫡出でない子ですか。どこの戸籍に入るの……等々順番に考えていきましょう。

1 母

　法律上の母と子との関係は，出産（分娩）の事実があれば認められます（大正5.10.25民805号回答，最判昭和37.4.27民集16巻7号1247頁）。これを事実主義と言います。

　母がその子を出産した事実は，どんな書類等で確認するのでしょうか。医師，助産師の証明が一般的ですが，中には医師や助産師の立会いなしで，自宅で一人で出産したり，電車の中や，飛行機の中で出産することもあります。こんな場合，出産した事実をどんな方法で証明するかが問題になります。出生証明書が得られなかった場合の例を後に説明していますから参考にしてください。特殊な場合は，管轄法務局の長に照会が必要ですから気をつけましょう。

2 父

　妻が婚姻中に懐胎した子は，夫の子と推定する（民772条1項）

　婚姻成立の日から200日後又は婚姻解消後もしくは婚姻取消しの日から300日以内に生まれた子は，婚姻中に懐胎したものと推定する（同条2項）

　出生の届出を受理するに当たって大事な民法772条「嫡出の推定」のくだりです。

　「結婚しているときに妊娠すれば，その子は夫の子ですよ。結婚して200日経過後に子どもが生まれれば，その子は夫の子ですよ。離婚したり，夫と死別したり，婚姻が取り消されたりしても，夫と別れてから300日以内に子どもが生まれれば，その子は別れた夫の子ですよ。」と言っています。

　ここには「懐胎」という言葉が出てきます。子が生まれ出たとき父が誰なのかを判断するのではなく，その子が母の胎内に宿ったときの父は誰かを推定しているのです。これを懐胎主義と言います。

　このように民法772条で父と推定されても，本当は子の父は違う人であるという場合があります。そんなときは嫡出否認の訴え（民774条）や親子関係不存在確認の裁判（人訴4条1項，家事244条・257条）などで父子関係を否定しないと，真実の父を戸籍に記載することはできません。

　母は出産の事実があれば子の母ですが，父は，例外がありますが原則として，この民法772条の範囲内に入らなければ，認知（民779条）をしない限り，届書の父の欄に氏名を書くことができず，戸籍の父欄にも氏名が記載されません（次の「3　嫡出子」を参照のこと）。

　嫡出推定については最も重要なところですから，次頁の「5　嫡出子が入る戸籍と名乗る氏」のところでも再度説明します。

3 嫡出子

　嫡出子とは，法律上の夫婦間（婚姻届を出して婚姻した夫婦の間）に生まれた子を言います。一般には前記の民法772条の推定を受ける子を言いますが，たとえ推定を受けなくても判例で認められている子（婚姻後200日以内に生まれた子で嫡出子として出生届をした子）は，生来（生まれながら）の嫡出子とされます（大判昭和15.1.23民集19巻1号54頁）。

　また，生まれたときは嫡出でない子であっても，父が認知し，その父と母が婚姻すれば，その子は嫡出子になります。父の認知，父母の婚姻どちらが先でもこの2つの条件がそろえば，子は嫡出子となります。これを「準正」（民789条）と言います。この準正については「第2　認知」のところで詳しく説明します。

4 嫡出でない子

　父母が法律上の婚姻をしない間に生まれた子を言います。

　民法772条の規定の範囲に入らない子と言ってもいいでしょう（例外あり，3を参照のこと）。

　この嫡出でない子については，出生届をしただけでは，父の氏名は届書にも戸籍にも記載されません。認知届があってはじめて父の氏名が戸籍に記載されます。

■ 「生来の氏」について ■

　生まれたときに定まった氏を生来の氏と言います（6頁の「氏のはなし」参照）。

　嫡出子か嫡出でない子かが定まったら，次はその子が入る戸籍，名乗る氏を考えていきましょう。

5　嫡出子が入る戸籍と名乗る氏

　嫡出である子は，父母の氏を称する。ただし，子の出生前に父母が離婚したときは，離婚の際における父母の氏を称する（民790条1項）

　嫡出でない子は，母の氏を称する（同条2項）

　「嫡出子は父母の戸籍に入って父母の氏になりますが，子が生まれる前に両親が離婚してしまったときは，父母が離婚した当時（つまり，父母が結婚していた当時）の戸籍に入りますよ。嫡出でない子は母の戸籍に入って母の氏になりますよ。」と言っています。

　まず，嫡出子の戸籍，氏から勉強していきましょう。

(1)　父母婚姻中の嫡出子

　民法772条1項の嫡出推定を受ける嫡出子（父母婚姻中に生まれた子）は民法790条1項の規定に従った戸籍の取扱い（父母の戸籍に入り父母の氏を名乗る）をします（戸18条1項）。婚姻後200日以内に出生した子も，生来の嫡出子であれば（前記3参照），嫡出子として出生届ができるので（昭和15.4.8民事甲432号通牒），婚姻中の父母の戸籍に入ります。

(2)　離婚後（婚姻解消後）300日以内の嫡出子

　民法772条2項後段の嫡出推定を受ける嫡出子のことです。これは父母が婚姻をして子どもが生まれて，父母が婚姻継続中なら問題はないのですが，父母が離婚したり死別したりして300日以内に子が出生した場合は要注意です。

　ここでは，代表的な離婚後300日以内の出生子について考えていきましょう。

　離婚するということは，夫婦関係が破綻している場合がほとんどですから，中には別れた夫の子ではないこともあり，出生届をすると前夫の戸籍（前夫と母が婚姻中のときの戸籍）に入ってしまうので，届出義務者の母が，出生届をしない場合があります。しかし，法律（民772条嫡出推定）で定められたことは遵守しなくてはなりません。法律で定められた「父」が真実の父でないときは，裁判で父子関係を否定しなければなりません。いったん前夫の戸籍に入籍させて，裁判所で親子関係不存在確認の裁判又は嫡出否認の裁判を確定させた上で，父子関係を否定する戸籍訂正をするか，あるいは，どうしても前夫の戸籍に入籍させたくないときは，出生届をする前に前記の裁判を確定させた上で，その裁判書類を添付して出生の届出をするかの方法をとらなくてはなりません。

　様々な考え方はあると思いますが，窓口では，子はすでに出生していて，出生の

届出期間の定めもあり，また，いろいろな権利が発生していることから，子の福祉を考え，いったん前夫の戸籍に入れて，子の住民票を作り，その後に戸籍訂正をする方法を勧める努力も必要ではないかと思います。しかし，いったん前夫の戸籍に入れることができない事情がある人もいますし，また，裁判で前夫と接触することを避けたいという人もいます。その場合は，後の認知のところで述べる実父に対する強制認知によって，嫡出推定を排除することも考えられます。様々な事情があり，なかなか一様に運ぶことができない場面も出てきますので，事案によって，慎重な対応が必要となることがあります。

　そもそも民法772条の「嫡出の推定」は，前にも述べたように，婚姻期間中に懐胎したということが前提になっています。では，後婚の夫との間に懐胎した子が早産によって出生して，その子は，母の前夫との婚姻中に懐胎していないにもかかわらず，計算上前夫の子になってしまうことが生じることもありますが，それはおかしいですよね。また，前夫とは事実上別居状態が長く，その後正式に離婚の届出をした後，再婚禁止期間経過後に後夫と婚姻したが，すでに後夫の子を懐胎し，前夫との離婚後300日以内に子が出生する場合があります。この場合は，前夫との離婚の届出が遅れたことが原因ですが，その場合も，子を前夫の子として出生届をしなければなりません。しかし，この取扱いについては，なかなか理解が得られないのが現実です。そこで，次のような通達が出されました。

> 　平成19年5月7日民一1007号通達です。これは，離婚後300日以内の出生子であっても，医師が作成した「懐胎時期に関する証明書」によって，婚姻の解消又は取消し後の懐胎であることが認められる場合は，民法772条の推定が及ばないものとして取り扱うとするものです。そこで，この医師の証明書を添付すれば前夫との父子関係を否定できる場合があります。しかし，医師の証明があっても証明内容に注意が必要です。

　この通達は，民法772条の規定そのものを変えたわけではありません。あくまでも嫡出推定の規定は維持しながら，医学的根拠に基づいて嫡出推定の範囲外に懐胎したことを証明できる場合は，この規定を適用しないとしているだけなので間違えないようにしましょう。なお，当該出生届の受否について疑義がある場合には，管轄法務局の長に照会することとされています（平成19.5.7民一1008号依命通知1，平成20.10.3民一2669号依命通知1）。

⑶　戸籍法62条の嫡出子

　子が出生したとき父母は婚姻していなかった（嫡出推定を受けない＝嫡出でない子）

が，出生届をするまでの間に父母が婚姻の届出をして，父が出生の届出をすると，子は婚姻した夫婦の戸籍にダイレクトに入る取扱いがあります。これを，戸籍法62条の出生届と言います。この場合の子は「嫡出でない子」として生まれていますから，基本の考え方では，嫡出でない子は母の氏を名乗って母の戸籍に入る（民790条2項）べきなのですが，父母婚姻後に父が「この子は私の子だ」と署名して出生届をすると，その出生届は認知の届出の効力がある出生届（戸62条）になります。この子は生来の嫡出子ではありませんが，先にも述べたように「父母の婚姻」と「父の認知」で，子は準正嫡出子（民789条）となります。したがって，嫡出でない子としていったん母の戸籍に入れるような，わざわざ迂回した戸籍の手続を踏まずに，父母の戸籍にダイレクトに入れることにしたのです。

⑷　父未定の嫡出子

　民法772条2項前段と後段両方の嫡出推定が重なっている嫡出子が出生したときは，その子は父未定の嫡出子となります。夫と離婚したり，又は死別した女性は，原則として婚姻解消後100日（待婚期間・民733条）経たないと再婚できません。しかし，誤って待婚期間が経過していない婚姻届を受理してしまったら，後でした婚姻届は，取消事由は生じますが，婚姻は有効に成立してしまいます。こんな状態で子が生まれると，前婚を解消して300日以内で，後婚成立後200日経過後の出生となり，前夫と後夫の嫡出推定が重なった子になってしまうことがあります。このような場合は，出生した子は，どちらの夫の子どもなのか法的に定める必要があります。

　この場合は，「父未定の子」として出生届をし，父欄は空白のまま，いったんは母の現在戸籍（後婚の戸籍）に子を入籍させます（戸54条）。後で「父を定める訴え」（民773条）で父が誰かを定めてから父欄を記載したり，必要な戸籍訂正をします（戸116条）。

6　嫡出でない子が入る戸籍と名乗る氏

　嫡出でない子は母の氏を称し（民790条1項），母の戸籍に入る（戸18条2項）と規定されています。母が，すでに戸籍の筆頭者になっているときは，その戸籍に入ることになります。母が，まだ戸籍の筆頭者になっていないときは，母について新戸籍を編製し，その戸籍に子を入籍させます。このように母が新戸籍を編製するのは，母が在籍している親の戸籍に，出生子を入れてしまうと，親，子，孫の三代にわたる戸籍になってしまい，このような三代にわたる戸籍は禁止されている（戸17条）からです。

7　子の名

　子の名には，常用平易な文字を用いなければならない（戸50条１項）とされ，常用平易な文字の範囲は，法務省令でこれを定める（同条２項）とされています。

　子の名につけられる文字は上記のとおり戸籍法に規定されていて，常用平易な文字の範囲については法務省令で定めるとしていますが，この法務省令とは，戸籍法施行規則のことです。同規則60条でそのことが示されています。それには，常用漢字表に載っている文字と規則別表第二に載っている漢字と，ひらがな，カタカナ，先例で定められた符号（々，ゝ，ゞなど）とされていますから，それ以外の文字は原則として子の名につけられません。

8　続き柄

　嫡出子の続き柄は，父母が同じ子の順番に，長男（長女），二男（二女）……の順とし（昭和23. 1 .13民事甲17号通達），嫡出でない子の続き柄は，母が分娩した嫡出でない子の順番に長男（長女），二男（二女）……とするとされています（平成16.11. 1民一3008号通達１）。

9　届出地

　戸籍の届出地は，原則的には，届出事件本人の本籍地又は届出人の所在地（戸25条１項）とされていますが，出生届はそれに加えて出生地でも届出することができます（戸51条１項）。また，交通機関で出生したときは，母が出産後最初に降りた地でも届出をすることができます（戸51条２項）。

　届出人の「所在地」とは住民登録地だけを指すのではなく，一時的に居るところ（例えば，本籍地，住所地，出生地でもない実家とか旅行先，仕事先などの一時的な滞在地）も所在地とされていますから留意が必要です（明治32.11.15民刑1986号回答）。

10　届出人（届出義務者・資格者）

　嫡出子出生届の第一順位の届出義務者は，父又は母（戸52条１項前段）ですが，出生前に父母が離婚しているときの届出義務者は母です（戸52条１項後段）。また，嫡出でない子の届出義務者は母です（戸52条２項）が，父未定の子の届出義務者も母（戸54条１項）です。しかし，届出義務者である父又は母が届出できないときの届出義務者は，同居者や出産に立ち会った者（医師，助産師など）（戸52条３項）になります。以上の者が届出をしないときはその他の法定代理人（戸52条４項）が，届出資格者として届出をすることができます。

それでは，どのような根拠で届出義務者が定められているのか考えてみましょう。

　理由1……届出しやすい人。絶対に届出をするだろうと思われる人

　理由2……子どもの名を付けられる権利（命名権）のある人

　理由3……出生届をする責任のある人

　届出義務者の父又は母が届出できない理由があって，その理由を「その他」欄に記載すれば，戸籍法52条3項の同居者や出産に立ち会った者（医師，助産師など）が届出をすることができます。しかし，「理由2」の「命名権」の問題があるため，父又は母が届出できない特別な理由がない場合は，戸籍法52条1項・2項の父又は母が届出をするのが適当だと考えます。

11 届出期間

　出生届はすでに起こった事実を報告する届出です。これを報告的届出といいます。報告的届出には届出（報告）しなければならない期間があります。これを法定届出期間といいます。出生届の届出期間は，子が国内で生まれたときは，14日以内（戸49条1項），国外で生まれたときは，3か月以内と定められています（戸49条1項括弧書）。

　届出期間の起算日は，戸籍法43条1項で「届出事件発生の日から」とされていて，出生届は「事件発生の日＝生まれた日」から起算するから，「生まれた日」を入れて14日以内（14日目が休日に当たったときは翌日）ということになるので間違えないようにしましょう。届出期間を過ぎた場合は，その届出義務を怠ったのですから，届出義務者は「遅れた日数」や「遅れた理由」を書き，市区町村長は，失期通知（戸規65条）を簡易裁判所あてに通知しなければなりません。届出が遅れた場合は過料に処されることになります（戸135条）。義務教育を受ける年齢以上（学齢に達した子─6歳以上）になって出生の届出がされたときは，失期通知と同時に管轄法務局の長に受理照会が必要となります（昭和34.8.27民事甲1545号通達）。

　※　「科料」と「過料」の違い
　　科料……罪をあがなう料金……とが料
　　過料……過失（あやまち）をあがなう料金……あやまち料

12 添付書類

　出生届をするには，確かに母がこの子を出産したという証明が必要です。一般的に，出産は病院や助産院でされますから，生まれる瞬間を確認した医師や助産師が作成した出生証明書（医19条）を添付します（戸49条3項）。その他の状況で出産して，医師や助産師の証明が得られないときは（戸49条3項ただし書），後掲の「出生届に出

生証明書（医師や助産師の証明）が添付できない場合」（36頁参照）の確認書類や申述書を添付して届出がされますが，この場合は管轄法務局の長に受理照会をします。

13 その他の留意点

(1) 出生届と子の親権

　婚姻中の嫡出子の親権は，父母が共同で行使します（民818条1項。ただし，父母の一方が親権を行うことができないときは，他の一方が行います。同条3項）。

　婚姻解消後300日以内に出生した子の親権は母が行います（民819条3項）が，親権を父に定めたいときは，協議（話合い）で親権指定届（同項ただし書，戸78条）を父母が共同で届出すれば認められます。

　子の親権は，子にとって最も大切なものです。夫婦間の未成年の子は，離婚するとき，どちらが親権を行使するのか定める（民819条1項）のですが，離婚の時点で子が出生していないときは，親権者が定められていない状態です。夫婦は離婚して共同生活をしていないのが通常ですから，子が出生したときの親権は，子を監護しやすい母に定められています（同条3項）。届書には，母が親権者になったことを明らかにするため，出生届の「その他」欄に「親権者は母である」と記載し，戸籍に「親権者母」と記載します（参考記載例5）。

　嫡出でない子の場合も，母が親権者になります（民819条4項）。また，母が未成年のときは，母の親権者（親）が親権を代行します（民833条）。

　嫡出でない子を父が認知した後，親権を父に定めたいときは，父母の協議（話合い）で親権指定届（民819条4項）を父母が共同で届出すれば認められます。

(2) 受理照会が必要な出生届

　　○　出生証明書の添付がない出生届（昭和23.12.1民事甲1998号回答）

　　○　義務教育を受ける年齢以上（6歳以上）になった子の出生届（昭和34.8.27民事甲1545号通達）

　　○　無国籍者を父母とする嫡出子出生届又は無国籍者を母とする嫡出でない子の出生届（昭和57.7.6民二4265号通達）

　　○　その他疑義がある出生届

絶対覚えてほしい条文（出生届）

民法772条　妻が婚姻中に懐胎した子は，夫の子と推定する。

　　２項　婚姻の成立の日から200日を経過した後又は婚姻の解消若しくは取消しの日から300日以内に生まれた子は，婚姻中に懐胎したものと推定する。

民法790条　嫡出である子は，父母の氏を称する。ただし，子の出生前に父母が離婚したときは，離婚の際における父母の氏を称する。

　　２項　嫡出でない子は，母の氏を称する。

出生届に出生証明書（医師や助産師の証明）が添付できない場合

　出生届書の「その他」欄に出生証明書が添付できない理由を届出人本人が記載し（昭和24.10.15民事甲2338号回答），以下の書類をできるだけ添付させた上で，市区町村長は管轄法務局の長に受理照会する。

①　自宅出産の場合，出産直後又は短期間に医師の診断を受けているときは，その診断書
②　自宅から救急車で病院へ向かう途中で出産した場合，救急隊員の申述書
③　入院したときの病院からの請求書や領収書
④　出生の事実を知っている関係者（友人や隣人等）の申述書
⑤　出生の事実を親族に知らせた手紙
⑥　母子健康手帳
⑦　保管中の「へその緒」の入っている箱
⑧　幼児の頃の母子のスナップ写真
⑨　命名のときの文書類
⑩　幼稚園や保育所に入園したときの記録
⑪　小学校等の在学証明書，卒業証書等
⑫　その他事実確認ができると思われる資料

弐の重
（学習の箱）

第2

認　知

　嫡出でない子は，その父又は母がこれを認知することができる（民779条）

　「認知」とは，嫡出でない子に対して事実上の父又は母が，自分の子であること
を承認し，法律上の親子関係を発生させる行為を言います。

　出生届の説明では「母は認知しなくても，法律上の母子関係は，分娩の事実があ
れば当然に認められる（事実主義）」と述べていたのに，認知の条文になぜ母の認知
が記されているのか不思議に思うでしょう。これは，かつて判例は，母の認知によ
り母子関係が生ずるとしていたからで（大判大正10.12.9民録27輯2100頁等），近時，最
高裁判決も母子関係についての母の認知は要しないとしています（最判昭和37.4.27
民集16巻7号1247頁等）。したがって，認知をする人は「父」であると考えてよいで
しょう。

　民法772条の規定で「嫡出推定を受ける子」は，「父」が誰であるかは出生の時点
で定まるので認知をしなくてもよいのですが，婚姻関係にない父母の間に生まれた
子は，父が認知しないと父だとは認められません。このことから，認知される子は
必ず嫡出でない子で，また，誰にも認知されていない子でなくてはなりません。

1 認知の種類

⑴　**任意認知**（民779条，戸60条・61条）

○　**未成年の子の認知**

　子が認知されることは，未成年の子にとっては，一般的には福祉にかなうことに
なります。また，認知は父の一方的届出（民781条1項）で成立し，子は認知される
ことを拒むことはできません。

○　**成年の子の認知**

　認知は，子にとっては，一般的には福祉にかなうことではあるけれど，子が監護
を必要とする未成年のときに認知をせず，子が成人して，今度は子に親が扶養され
る年齢に近づいてから，やっと認知するというのは虫が良すぎます。その考えから，
成年の子の認知には認知されても良いという，子の「承諾」が必要です（民782条）。

法改正トピックス

成年年齢の改正と成年の子の認知①

　民法等の一部改正（平成30年法律59号）により，令和4年4月1日から成年年齢（民4条）が20歳から18歳に引き下げられましたので，成年の子の認知の場合の「成年」の基準は，18歳に達したものとなります。

　なお，施行の際（令和4年4月1日）に，18歳以上20歳未満のもの（改正前，すでに婚姻により成年擬制したものを除く。）については，改正法施行日である4月1日に成年に達するものとするとされています（改正法附則2条：成年に関する経過措置）。

○　胎児認知

　母の胎内にいる子を認知するには，母の承諾が必要です（民783条1項）。この承諾は，母の名誉を尊重するというのが立法の趣旨ですが，母の意思と人格尊重，そして認知の真実性の保証のためでもあるとされています。認知された胎児は，生まれて初めて認知の効力が発生します。このため，不幸にも死産したときは，先にした胎児認知の効力は発生しません。この場合は，死産届（戸65条）をすることになります。

外国人母の嫡出でない子と胎児認知
（出生による日本国籍取得について）

　出生による日本国籍の取得について，国籍法2条1号は，「出生の時に父又は母が日本国民であるとき。」としています。これを「血統主義」と言います。出生子は「父又は母が日本人であれば，日本国籍を取得する」とありますが，「出生の時」と限定されているのです。これは「出生による日本国籍の取得は，子が生まれ出た時に確定していなければならない。」という考えからです。外国人女性と日本人男性が婚姻して子どもが生まれれば，嫡出推定（民772条）で父が確定していますので，生まれた時に父が日本人だから，子は生まれながらにして日本国籍を取得します。でも，外国人母の嫡出でない子の場合はどうでしょうか。父が日本人の場合は「認知」をしなければなりません。さらに，子が生まれながらにして日本国籍を取得するには，前記の「出生の時」に父が確定している必要があります。子が生まれてから認知（生後認知）しても，原則として出生によって日本国籍は取得しません。そこで，あらかじめ母の胎内にある子を認知（胎児認知）して，出生時に父を確定させることで，子は出生と同時に日本国籍を取得することになります。

○ **死後認知**

　子が認知されないまま死亡した場合，死亡した子に直系の卑属（子の子）がいない限り認知はできません（民783条2項）。これは，死亡すれば権利能力がなくなってしまうので，基本的には死亡後は認知できないのですが，死亡した子にさらに子があるときは，死亡した子の認知は，孫である子に認知した父（祖父）の相続権（代襲相続—民887条）を発生させる効果があるからです。孫が成人しているときは，認知届には，その孫の承諾が必要です。

○ **遺言認知**（民781条2項，戸64条）

　遺言による認知（民781条2項）は，遺言者の死亡の時から効力が生じるので（民985条1項），遺言執行者がその就職の日から10日以内に，遺言書の謄本を添付して認知届をすることが必要です（戸64条）。

(2) **強制認知**（民787条，戸63条）

　裁判による認知のことです。認知される子，子の直系卑属，子の法定代理人などが，事実上の父に対して「認知せよ」と訴える裁判です。父が死亡している場合は，父死亡後3年以内なら訴えを起こすことができます。

　出生届の嫡出推定のところで，前夫との父子関係を否定するには「嫡出否認の訴え」又は「親子関係不存在確認の裁判」が必要と述べましたが，「強制認知」も前夫との父子関係を否定する方法として訴えを起こすことがあります。生理上の父が二人いることは医学的にあり得ないので，強制認知の裁判で定められた真実の父が前夫以外の人なら，イコール前夫が父ではないという考えにたどりつくからです（裁判の反射的効果）。

2 認知の効果

(1) **遡及効**（民784条）

　嫡出でない子と認知した父との間に，法律上の親子関係が生じます。

　認知の効果は，認知した時から発生するのではなく，出生の時点までさかのぼって発生します（民784条）。この点が婚姻や養子縁組の場合とは違うところです。

(2) **準正**（民789条）

　出生のところでも述べましたが，「父の認知」と「父母の婚姻」の両方の条件が揃うと，嫡出でない子は嫡出子になります。後で条件が揃って嫡出子になることを「準正」と言います。認知で条件が揃った場合を「認知準正」（民789条2項），父母の婚姻で条件が揃った場合を「婚姻準正」（同条1項）と言います。認知の効果は，嫡出でない子と父の法律上の親子関係を発生させるとともに，父と母が婚姻をすれば，嫡出子になるという付随した効果もあるのです。

　認知で準正した場合は，認知届の「その他」欄に「この認知により被認知者は嫡出子の身分を取得する。」と記載して，子が「準正」したことを明らかにし，嫡出子としての「続き柄」に訂正をします。

3　認知の無効と取消し

　認知は，①認知者である父が真実の父でない場合，②認知者の意思のない届出の場合，③死亡した子を認知したが，その子に直系卑属がなかった場合は，認知は「無効」です。

　その他，④成年の子の認知で子の承諾がない場合，⑤胎児認知においての母の承諾がない場合，⑥死亡した子の認知で，その直系卑属が成年者であるのに，その者の承諾がない場合などの要件を満たしていない届出は，「取消し」の原因になります。

4　認知による戸籍の変動

　認知をしても戸籍の変動はありません。認知した父と認知された子の戸籍に「認知事項」が記載されるだけです。

　認知によって準正嫡出子になった子も，戸籍の変動はありません。その子が父母の戸籍に入籍したいときは，別に「入籍届」が必要です。

5　届出人

　任意認知は，認知する父が届出人です（戸60条）。また，遺言認知は遺言執行者が（戸64条），強制認知は裁判の訴えをした人が届出人となります（戸63条1項）。

6　届出期間

　任意認知は，父が認知の意思をもって認知の届出をすることで効力が生じる創設的届出ですから，届出期間はありません。

　遺言認知は，遺言執行者が就職の日から10日以内に届出します（報告的届出）。強制認知は，すでに裁判で確定した事実を報告する報告的届出ですから，訴えの提起者が裁判確定の日から10日以内に届け出なければなりません（戸63条1項）。その者が10日以内に届出をしないときは，相手方も届出をすることができます（同条2項）。

7　届出地

(1)　胎児認知届の届出地

　胎児認知の届出は，母の本籍地に限られています（戸61条後段）。母の本籍地でな

い市区町村長に届出がされた場合は，届出人に，母の本籍地に届出するように指導します。母の本籍地でない市区町村長が誤まって受付してしまった場合は，受理することができないので「戸籍発収簿」に記載をして，母の本籍地に送ります。胎児認知した子を死産したときも14日以内に母の本籍地に「死産届」を出さなければなりません（戸65条）。

胎児認知届が「母の本籍地」に限られているのは理由があります。認知された胎児が出生すれば，その子は嫡出でない子ですから，母の戸籍に入ります。出生届は必ず母の本籍地に届きます。当該認知届書は，子が出生するまで効力が生じない特殊な届書なので，母の本籍地で管理し，記載漏れがないようにするためです。

　※　日本人男性が外国人女性の胎児を認知する届出は，母の住所地で受理し，届書の一通（謄本）を認知者の本籍地に送付するとされています（昭和29．3．6民事甲509号回答）。

(2)　その他の認知届の届出地

届出事件本人の本籍地又は届出人の所在地です（戸25条1項）。

8　不受理申出，届出の本人確認……本書16頁以下を参照してください。

9　認知届に添付すべき書面──外国人母の嫡出でない子を日本人男性が認知する場合

父が認知することができるのは嫡出でない子でなければなりません（民779条）。これは，日本人男性が外国人女性の子を認知する場合も同じです。したがって，この事例の認知届をする場合は，認知される者が，外国人女性の嫡出でない子であることを証明するため，原則として，母の本国官憲が発行した独身証明書を添付しなければならないとされていますので，留意してください（平成20．12．18民一3302号通達第3）。ただし，独身証明書以外に母の本国官憲が発行した婚姻要件具備証明書や家族関係証明書等によって，認知される子が嫡出でない子であることが確認できる場合は，独身証明書でなくてもよいとされています。また，独身証明書等の発行制度がない場合や同証明書等を入手することができないやむを得ない事情があって，届出の受否に疑義がある場合は，管轄法務局の長に指示を求めることになります（前掲通達）。

なお，虚偽の認知の届出をした者は，1年以下の懲役又は20万円以下の罰金に処されるなど，過料とは違う罰則規定が新たに設けられているので覚えておきましょう（戸132条）。

10 その他の留意点

○ 認知届と子の親権

　認知される子は嫡出でない子ですから，母が親権者になっています（民819条4項）。また，母が未成年のときは，母の親権者（母の親）が親権を代行します（民833条）。父が認知しても親権者に変更はありませんが，父が認知した後，親権者を父に定めたいときは，父母の協議（話合い）で親権指定届を父母が届出すれば認められます（民819条4項，戸78条）。なお，父母の協議が調わないとき，又は協議することができないときは，家庭裁判所は，父又は母の請求によって，協議に代わる審判をすることができるとされています（民819条5項）から，審判が確定したときは，審判書の謄本及び確定証明書を添付して父から届出をする（戸79条）ことになります（調停によって成立したときは，調停調書の謄本を添付します。）。

　認知によって子が準正子となったときは（民789条2項），嫡出子になったので，父母の共同親権（民818条3項）になります。

絶対覚えてほしい条文（認知届）

民法779条　嫡出でない子は，その父又は母がこれを認知することができる。

民法784条　認知は，出生の時にさかのぼってその効力を生ずる。ただし，第三者が既に取得した権利を害することはできない。

民法789条　父が認知した子は，その父母の婚姻によって嫡出子の身分を取得する。

　　2項　婚姻中父母が認知した子は，その認知の時から，嫡出子の身分を取得する。

　　3項　前二項の規定は，子が既に死亡していた場合について準用する。

弐の重
（学習の箱）

第3

養 子 縁 組

　養子縁組とは，血縁上の親子関係のない者同士に，法律上の親子関係をつくる行為です。また，嫡出の身分のない子に嫡出の身分を取得させる行為でもあります（民727条・809条）。

　養子縁組は，戸籍法に定められた届出をすることによって成立するので，その届出は創設的届出です（民799条・739条，戸66条・68条）。

　養子縁組をしたからといって，実親との法律上の親子関係が断絶されることはありません（特別養子縁組を除く。）。

　次に，縁組を成立させる要件等を順番に考えていきましょう。

1 成立要件

(1) 主な成立要件

① お互いに縁組をする意思があること（民802条1号）。

② 養親となる者は20歳に達していること（民792条。52頁「法改正トピックス」参照）。

③ 養子が養親より年上でないこと（民793条）。

④ 養子が養親の尊属（親族図で上の位置にある人）でないこと（民793条）。

⑤ 養子が養親の嫡出子でないこと（養子が同一の養親と縁組をしていないこと―昭和23.1.13民事甲17号通達）。

⑥ 後見人が被後見人を養子とするときは，家庭裁判所の許可を要すること（民794条）。

(2) 夫婦が養子縁組をする場合の追加要件

⑦ 配偶者のある者が縁組をするには，その配偶者の同意を得て縁組をすること（民796条）。なお，(4)を参照のこと。

(3) 未成年者が養子縁組をする場合の追加要件

⑧ 配偶者のある者が未成年者を養子とするときは，配偶者がその意思を表示できない場合を除き，配偶者とともに縁組をすること（民795条）。

⑨ 養子となる者が未成年であるときは，家庭裁判所の許可を要すること（民798条本文）。なお，(5)を参照のこと。

※ 養子縁組の成立要件は以上のとおりです。①～⑥は養子縁組全般の要件ですが，「夫婦

の養子縁組」，「未成年者の養子縁組」については，さらに⑦〜⑨の要件が必要です。追加要件については，次の(4)，(5)で詳しく説明します。

(4)　夫婦が養子縁組をする場合の追加要件について

　夫婦のうち夫又は妻が養子になったり養親になったりするときは，前記の①〜⑥の成立要件に追加して，夫婦の一方のみが縁組する場合に，縁組当事者でない他の一方の配偶者（例えば夫が縁組するときは妻）の同意が必要です（民796条）。これは，縁組をすることによって，配偶者も一緒に氏が変わってしまったり，相続に影響があったり，縁組をしない方にも大きな影響があるからです。ただし，夫婦双方が養子や養親になる場合は，双方が縁組当事者になるので，配偶者の同意は必要ありません。

(5)　未成年者が養子縁組をする場合の追加要件について

　未成年者の養子縁組には，前記の①〜⑦の要件に追加して２つの大切な要件があります（民法795条・798条の「ただし書」に着目してください。）。

　○　**夫婦共同縁組**（民795条）

　　未成年の子を養子にするには，養親となる人が夫婦であれば，原則として夫婦共同で縁組しなければなりません。これは，養親夫婦がともに親子関係をつくることで，養子は夫婦双方の嫡出子になり，また，夫婦が共同で親権を行使することができるからです。このことが未成年養子の監護・教育をする上でも養子の福祉にかなうためです。ただし，配偶者の嫡出子との縁組は夫婦共同で縁組しなくても良いとされています。子はすでに実親の嫡出子であって，実親と養親はすでに婚姻しているのですから，親権を共同で行使するには問題がないからです。

　　これに対して，配偶者（実母）の嫡出でない子についてはどうでしょうか。養子縁組というのは，すでに述べたように，「親子関係をつくる効果」とともに「嫡出の身分を取得させる効果」もあります。養父（実母の夫）とだけ縁組をすると，養父とは「嫡出の効果」は生じるけれども，実母との関係は依然として「嫡出でない子」のままです。このような関係は，養子の監護・教育上問題がありますので，同時に夫婦の嫡出子とするために，夫婦共同縁組が必要となります。

　　※　52頁「法改正トピックス」を参照してください。

　○　**家庭裁判所の許可**（民798条）

　　未成年の子を養子とするには，子にとってこの縁組が幸せなものなのかどうかを深く考える必要があります。子は，たとえ意思能力があるとされる15歳以上になっていたとしても，やはり未成熟ですから，第三者機関である家庭裁判所で公正な判断をして，許可をもらわないと縁組できません（民798条本文）。た

だし，養親になる者の直系卑属（子・孫・ひ孫など）や，養親になる者の配偶者の直系卑属（妻や夫の子・孫など）は家庭裁判所の許可は必要ありません。これは，かわいい孫やひ孫を養子とすることは，養子となる子の幸せを熟考していると思われるし，夫や妻の子を養子とすることは，子の福祉にかなっているから，いずれも許可を得るまでもないと考えられているからです（民798条ただし書）。

2 届出人

(1) 未成年養子縁組の届出人

① 養子が15歳以上の場合

養子は意思能力があるとされる年齢ですから，養子本人と養親が届出人となります（民739条2項・799条）。

② 養子が15歳未満の場合

養子側の届出人は，縁組する時点の養子の法定代理人（親権者や未成年後見人，民818条・819条・838条〜841条）です。このような養子に代わって縁組を承諾する（届出をする）人を「代諾者」（民797条）と言います。届出人は代諾者（戸68条）と養親です。また，法定代理人が父や母である場合に，別に親権者になっていない母又は父が「監護者」となっている場合は，その監護者の同意も必要です（民797条2項前段）。一般的には親権者と監護者は同じ人ですが，まれに親権者は父，監護者は母となっているようなときがあります。離婚の際に協議（話合い）や裁判で定められているときがあるのですが，監護者のあるなしは戸籍を見てもわかりません。監護者がある場合，つまり，届書の「監護をすべき者の有無」欄の□の「いる」にチェック（✓）されているときは，届書に承諾書を添付するか，届書の「その他」欄に付記し署名するとされています（戸38条1項）。したがって，届書の前記欄にチェックがなく，承諾書の添付や「その他」欄の付記がない場合は，一般的には監護者はいないものとして処理することになるものと考えられますが，疑義があるときは，窓口で聞き取ることも考えられます。

平成24年4月1日施行の民法の一部改正により，父や母，あるいは未成年後見人が代諾者である場合に，養子となるものの父母で，親権を停止（民834条の2）されているものがあるときは，その親権を停止された父又は母の同意を得なければならないとされました（民797条2項後段）。この場合も，養子縁組届書の「その他」欄に同意の旨を付記し署名をすることになります（「監護すべき者の有無」欄へのチェックはいりません）。

ここで，いくつか代表的な代諾者の例を説明します。

○ **ケース１**（民818条の親権者が代諾者の場合）

① 父母の親権に服している子が，母方の祖父母と縁組をします。縁組代諾者は「親権者父母」です。

② 養母の親権に服している子が，さらに別の者と縁組をします。縁組代諾者は「親権者養母」です。

○ **ケース２**（民819条の親権者が代諾者の場合）

① 子の親権者を母と定めて，父母が離婚し，子は祖父母と縁組をします。縁組代諾者は「親権者母」です。

② 子の父は死亡し，現在母が単独で親権を行っている場合に，子が叔父夫婦と家庭裁判所の許可を得て縁組をします。縁組代諾者は「親権者母」です。

③ 嫡出でない子の親権者が，父母の協議で父になっている場合に，子が祖父母と縁組をします。縁組代諾者は「親権者父」です。

○ **ケース３**（民838条〜841条の未成年後見人が代諾者の場合）

子の親権者を母と定めて父母が離婚したが，母が死亡し，親権を行う者がないため，祖父が未成年後見人に選任されている場合に，子が家庭裁判所の許可を得て，叔母と縁組します。縁組代諾者は「未成年後見人」です。

未成年後見人の数

父母が死亡したり，親権喪失又は管理権喪失あるいは親権停止の審判を受け，親権の行使をする者がいなくなった場合は，家庭裁判所は，未成年被後見人，又はその親族その他の利害関係人の請求で，未成年後見人を選任します（民840条１項）。これまでは未成年後見人は一人であるとされていました（改正前民842条（削除））が，法改正（平成23年法律第61号・平成24年４月１日施行）後は，必要と認められるときは，複数の未成年後見人を選任することができ（民840条２項），また自然人（個人）だけではなく，法人も未成年後見人になれるようになりました（民840条３項）。

15歳未満の子の養子縁組についても，親権を行使できない親権者に代わる法定代理人として，未成年後見人が代諾をすることになりますが，複数の未成年後見人が選任されている場合は，その権限を共同行使していることから，すべての未成年後見人の代諾が必要になります（民857条の２第１項）。平成24年２月２日付け民一第271号通達（以下「271号通達」という）により改められた養子縁組届の届書には，２名の未成年後見人の署名欄がありますが，それ以上選任されている場合は，届書の「その他」欄を利用して付記し，署名をすることになります（（注１）・（注２）に留意してください）。

(注１) 父又は母が親権喪失，親権停止の場合には，未成年後見人が縁組の代諾者になりますが，管理権喪失により，未成年後見人が選任されている場合は，その未成年後見人は代諾者にはなりません。それは，管理権喪失は，親権の権利義務のうち，子の「財産管理」の権利義務を限定的に喪失しているだけで，「身上」についての権利義務は喪失していないからです。

（注2）　未成年後見は親権と同じ権利義務がありますが，複数の未成年後見人がある場合に，家庭裁判所は，一部の未成年後見人に対して，子の「財産管理」の役割のみを付与することができます（民857条の2第3項）。「財産管理」に限定した場合の未成年後見人は，子の身上に関する法的行為の代理権がないので，代諾者となることはできません。

　次のような記載がされている場合は，その未成年後見人は代諾者にはなりません。

法定記載例124　未成年後見人（法人を除く）の権限を財産に関する権限に限定する裁判が確定し，家庭裁判所書記官から戸籍記載嘱託がされた場合の，未成年者（未成年被後見人）の身分事項欄

未成年者の後見	【未成年後見人の権限を財産に関する権限に限定する定めの裁判確定日】平成25年3月2日 【未成年後見人】乙原信二 【記録嘱託日】平成25年3月5日

○　**ケース4**（民826条1項の特別代理人が代諾者の場合）

15歳未満の養子と利益相反

「利益相反」とは

　ある契約をするときに，一般的にはお互いの利益を考えて契約をしますが，一方が不利益で，他の一方が利益を得るような契約もあります。このようにお互いの利害が衝突してしまうことを「利益相反」といいます。この利益相反が生じるときは，同一人間で契約を交わすことが禁じられています（民108条）。養子縁組も「子の幸せを願う契約」だと考えましょう。養子，養親が契約を交わす当事者だとすると，届出人が同一人だったら公正な契約は成立しません。例えば，養子側の代諾者が親権者である母で，また養母となる者も母であったら，同一人の間で公正な契約は成立しません。このような場合は，養子側について，第三者である特別代理人を家庭裁判所で選任し，その特別代理人が代諾者となるのです（民826条1項）。

特別代理人を必要とする事例

○　嫡出でない子（15歳未満）の母が，子に嫡出の身分を取得させるために，その子と母が縁組をする場合
　※　52頁「法改正トピックス」参照
○　嫡出でない子（15歳未満）の母が未成年であるため，祖父母がその子の親権を代行している場合において，祖父母がその子を養子にする場合
　※　嫡出でない子（未成年者）が実母の夫と縁組をする場合，夫婦共同縁組をしな

けれがなりません。養子が15歳未満の場合，代諾者は実母，養親になるのは実
母とその夫になり，実母と養母が同じ人になるため利益相反が生じるように思わ
れますが，この場合は，特別代理人の選任は要しないとされています（昭和
63．9．17民二5165号通達）。

○　未成年後見人が選任されている場合に，その未成年後見人と15歳未満の子が，
家庭裁判所の許可を得て（民794条）縁組をする場合。

⑵　成年養子縁組の届出人

　成年の養子縁組の届出人は，縁組当事者の養親と養子です（民739条2項・799条）。
配偶者のある人が，①成年者を養子とする縁組又は②養子となる縁組については，
単独縁組ができますので，その場合は，当事者の署名に加えて，縁組しない方の
「配偶者の同意（民796条）」が必要になります。その同意は，届書の「その他」欄に
「この縁組に同意する。養父の妻（養子の妻）　○○○○（署名）」と記載します。

「縁氏」について

　民法810条は「養子は，養親の氏を称する。ただし，婚姻によって氏を改めた者
については，婚姻の際に定めた氏を称すべき間は，この限りでない。」とされてい
ます。これは，「養子は養親の氏になりますよ。でも，婚姻して氏が変わった人は，
婚姻のときに名乗った氏を名乗らなければいけない間は，養親の氏にはなりません
よ。」ということです。

　6頁の「氏のはなし」のところでも述べましたが，氏には優先順位があって，
「縁氏」は「生来の氏」よりは強いのですが，「婚氏」には負けてしまいます。この
ため，養子縁組すると，養子になった人は，生来の氏からは縁組をした氏に変わり
ますが，婚姻の際に氏を改めた人が婚姻の氏を名乗っている間は氏の変動がありま
せん。

　では，戸籍はどのようになるのでしょう。順番に考えていきましょう。

3　養子縁組による戸籍の変動

　養子縁組による戸籍の変動を，届書の「入籍する戸籍または新しい本籍」欄の☑
で考えていきましょう。

⑴　単身者の縁組と戸籍の変動

　①　☑養親の現在の戸籍に入る

　　養親（筆頭者か配偶者である者）と養子が戸籍を別にしている場合は，養子は養

親の戸籍に入ります（民810条前段）。

(例)　母が夫の氏で婚姻し，母の戸籍に残っていた子と母の夫が縁組をすると，子は母の夫の戸籍（養父と実母の戸籍）に入籍します。

② ☑養子の戸籍に変動がない

養親（筆頭者か配偶者である者）と養子が同じ戸籍に入っている場合は，もともと同じ戸籍に入っている者同士の縁組ですから，養子の戸籍が変動することはありません（民810条前段）。

(例)　父が再婚して後妻が父の戸籍に入っている場合に，父の戸籍にいる父の前妻の子が父の後妻と縁組をしたときは，子の戸籍には縁組事項が記載されるだけで，戸籍に変動はありません。

③ ☑養親の新しい戸籍に入る

養親が筆頭者でも配偶者でもない場合は，養親は縁組によって新戸籍を編製して，その戸籍に養子を入籍させます（民810条前段，戸17条）。

(例)　養親になる人が独身で親の戸籍に入っている場合，その者が養親となる縁組をすることになったときは，現在の戸籍に養子を入籍させると，親，子，孫の三代戸籍になってしまいます。このような場合は，養親となる者について新戸籍を編製して養子を入籍させます（戸17条）。

(2)　**夫婦養子と戸籍の変動**

① ☑養子夫婦で新戸籍をつくる

養子になる人が筆頭者の場合は，自分の氏で戸籍が編製されています。例えば，夫が筆頭者であれば，夫は婚姻のときに氏を変えていないので，その氏は「生来の氏」か，あるいは，すでに縁組をしていれば，その縁組をした養親の氏になっています。その者が養子となる縁組をした場合，生来の氏のままであれば，縁組による養親の氏になり，すでに縁組した養親の氏になっているときは，その後の縁組の氏を称することになります。この場合は，必ず縁組によって新戸籍を編製します（戸20条）。婚姻した夫婦の戸籍は夫婦単位で編製されるので（戸16条１項本文・20条），縁組によって養親の戸籍に入ることはありません。また，縁組によって筆頭者の氏が変わるので，夫婦同氏の原則に従って配偶者は筆頭者にともなって変動し，養親の氏による夫婦の新戸籍が編製されます。夫婦で養子になる場合も筆頭者が縁組するので，同様に夫婦について新戸籍が編製されます（民810条前段，戸20条）。このように，筆頭者にともなって配偶者が入籍することを随従入籍（ずいじゅうにゅうせき）と言います。

(例)　夫の氏を称して婚姻した夫婦の夫が，父の後妻と法律上親子関係がないので，縁組をすることにした場合は，氏の異同を問わず，養子夫婦について新戸籍を編製するとされています（平成２.10.５民二4400号通達）。

② ☑養子の戸籍に変動がない

　養子になる人が，筆頭者の配偶者である場合，配偶者は筆頭者の氏である「婚氏」を名乗っているので，氏の優先順位で「婚氏」を名乗っている間は，養親の氏を名乗ることはできません。その者が離婚したり，配偶者死亡後に復氏したりしない限り，養親の氏を名乗ることはありません。この場合は，養子の戸籍に変動はなく，縁組事項が記載されるだけです（民810条ただし書）。

(例)　夫の氏を称して婚姻している妻が，自分の実家の父方の祖母と縁組した場合，縁組事項が記載されるだけで戸籍は変動しません（民810条ただし書）。しかし，縁組の効果として，祖母の養子になったのですから，実方（実家）の父とは，法律上は兄弟姉妹の関係になり，祖母について相続が開始したときは，祖母の養子として相続人になります。

4　縁組の効力発生のとき

　民法809条は「養子は，縁組の日から，養親の嫡出子の身分を取得する。」とされ，規定上は「縁組のときから」とは書かず「縁組の日から」と書いています。

　これは，縁組は，養子縁組の届出をして届出が受理されたときに成立しますが，その効果は，届出が受理された日の午前零時までさかのぼるということです。

　また，民法809条の養子と養親の親子関係はもちろん，養子と養親の血族は「養子縁組の日から」親族関係が生じます（民727条）。

注意しなければいけないこと

1　養子の血族と養親側血族との親族関係は発生しません。
2　養子に子があったとしても，縁組の効力発生前（養子縁組が受理された日の前）に生まれた子と養親との間には，養親族関係は発生しません。したがって，この場合は，養親の孫にはならないということです。

5　届出地

　原則的な届出地である届出事件本人の本籍地又は届出人の所在地です（戸25条1項）。

6　届出期間

　届出によって効力が発生する創設的届出です（民799条・739条）ので，届出期間はありません。

7 証　人

2名以上の成年の証人が必要です（民799条・739条2項，戸33条）。

8 不受理申出，届出の本人確認……本書16頁以下を参照してください。

9 その他の留意点

○　養子縁組届と子の親権

未成年の子が養子になると，親権は養親に移ります（民818条2項）。嫡出子が，実父あるいは実母の再婚相手と縁組をしたときは，「養父（養母）と実母（実父）の共同親権」（民818条2項・3項，昭和23.4.21民事甲967号回答）になります。

未成年の嫡出でない子との養子縁組は，すでに述べたように「実母」も養子縁組をしなければなりません（民795条）。この場合，子の母は実母でもあり養母でもあるという不思議な表示になります。では，資格として優先するのは「実母」なのでしょうか，「養母」なのでしょうか。その答えは「養母」です。母と縁組することによって，子は母の嫡出子としての身分を取得していますから，「養母」の資格が優先するのです。ですから，嫡出でない子が，母と母の夫との共同縁組をすると，双方の嫡出子となるとともに，親権は，「養父と養母の共同親権」（民818条2項・3項）になるのです。

養子縁組の親権に関する注意事項

未成年の養子の戸籍に変動があった場合（別の戸籍から入籍してきたとき）は，現在の親権者が誰になっているのかが，表記上わかるので問題はないのですが，同じ戸籍内で縁組した場合は注意が必要です。

（例） 妻の氏を称して婚姻した夫婦が，未成年の子の親権者を母と定めて離婚しました。子の戸籍には「母が親権者である」旨の記載がされます。その後，子の母は，再び妻の氏を称する婚姻をしたので，母と子の戸籍に再婚相手の男性が入籍してきました。子は，母の再婚相手と同じ戸籍の中で縁組をしました。この縁組によって，子は，実母と養父の共同親権になったにもかかわらず，「母の単独親権」の記載がされています。

この場合は，縁組により「共同親権」になったことを記載しなければなりません。養子縁組届書の「その他」欄に「この縁組により養子は母と養父の共同親権に服する」と記載して届出すると，子の戸籍に「母及び養父の共同親権に服した」旨の記載がされます。

絶対覚えてほしい条文（養子縁組届）

民法795条　配偶者のある者が未成年者を養子とするには，配偶者とともにしなければならない。ただし，配偶者の嫡出である子を養子とする場合又は配偶者がその意思を表示することができない場合は，この限りでない。

民法798条　未成年者を養子とするには，家庭裁判所の許可を得なければならない。ただし，自己又は配偶者の直系卑属を養子とする場合は，この限りでない。

民法809条　養子は，縁組の日から，養親の嫡出子の身分を取得する。

民法810条　養子は，養親の氏を称する。ただし，婚姻によって氏を改めた者については，婚姻の際に定めた氏を称すべき間は，この限りでない。

法改正トピックス

成年年齢・婚姻適齢の改正と養子縁組

　民法等の一部改正（平成30年法律59号）により，令和4年4月1日から，成年年齢（民法4条）が18歳，婚姻適齢（民731条）が男女ともに18歳となりましたが，養子縁組の養親となる者の年齢については，「成年に達した者」から「20歳に達した者」へと文言が修正されています（民792条）。

　これらの法改正により，次のケースには，特に注意しなければなりません。

●ケース1　配偶者の嫡出子との縁組

　19歳の男性が，前夫との嫡出子を持つ女性と婚姻することになりました。男性は，妻の子との縁組を希望していますが，養親となる者は「20歳に達した者」とされているため，現時点では縁組することはできません。窓口では，男性が20歳に達するまで縁組ができないことを説明することになりますが，男性が20歳になるのを待たずに，夫婦の婚姻後の戸籍に子を入籍させたい場合は，家庭裁判所の許可を得て「母の氏を称する入籍届」をすることになります（民791条1項）。ただし，この入籍届により，子が，母と，母の夫が在籍する戸籍に入籍したとしても，母の夫とは養親子関係ができないこと，また，子を入籍させた後，男性が20歳になり縁組が可能になった場合は，同籍内の縁組をすることができることを説明しておく必要があります。

●ケース2　配偶者の嫡出でない子との縁組

　双方が19歳，または一方が19歳の男女が婚姻することになりました。妻になる人には嫡出でない子がいます。婚姻届と同時に妻の子との縁組を希望していますが，配偶者の嫡出でない子との縁組は，夫婦共同縁組（民795条　実母とも縁組）が必要ですから，現時点では，20歳に達していない者を含む縁組はできないことになります。20歳になるのを待たずに，夫婦の婚姻後の戸籍に子を入籍させたい場合は，

民法791条1項に規定する，家庭裁判所の許可を得て「母の氏を称する入籍届」を することになり，さらにケース1後段「ただし……」の同籍内の縁組等の説明をし なければなりません。

●ケース3　自己の嫡出でない子に嫡出の身分を取得させるための縁組

　18歳の母が，自分の嫡出でない子に嫡出子の身分を取得させるために縁組をする ことを希望した場合は，たとえ母が成年に達していたとしても，20歳に達していな いため縁組をすることはできません。20歳に達した後に縁組をすることはできます が，この場合は，利益相反が生じるため，家庭裁判所で特別代理人を選任して，そ の者が縁組の代諾者となります（民826条1項）。

弐の重
（学習の箱）

第4
養子離縁・縁氏続称

　離縁をすることによって，縁組の効果（養親子関係や，養親の血族との親族関係，養親の嫡出子としての身分など）は，将来に向かって消滅します（民729条）。

　離縁には，大きく分けて，協議離縁（民811条1項）と，養親又は養子いずれかの死亡後に家庭裁判所の許可を得てする死後離縁（単独離縁・民811条6項）と裁判離縁（民814条）の3種類があります。

　協議離縁と死後離縁は届出によって成立し（民812条・739条）裁判離縁（民814条）は審判や判決の確定，調停等の成立によって効力が生じます。

　離縁で一番難しいのは，15歳未満の養子に代わって離縁を協議（届出）する離縁協議者が誰であるかの判断です。離縁のとき「親権者が誰なのか」，また，離縁後に「親権者となるべき人は誰なのか」で協議者が定まります（民811条2・3・4・5項）。

　離縁の種類から順番に見ていきましょう。

1 離縁の種類と要件

(1) 協議離縁
　協議離縁は，養子側，養親側双方の合意と届出によって成立します（創設的届出）。

(2) 成年者の離縁
　離縁の当事者が届出をすることで離縁が成立します（民811条1項）。

(3) 未成年者の離縁
　未成年者の離縁には，双方の合意のほかに大きな2つの条件があります。
　① 　夫婦が未成年者を養子にしているときに，その未成年養子と離縁する場合は，養親が婚姻継続中のときは夫婦共同で離縁することになります（民811条の2）。これは，縁組のときと同様，親権と深い関わりがあります。養子が未成年の場合，養親が夫婦であれば夫婦共同で親権を行っていますが，一方の養親とだけ離縁を認めると，養親は婚姻中であるにもかかわらず，未成年養子は一方の養親とのみ縁組が継続することになり，親権者も一方だけになるので養子の監護・教育上問題が生じることも考えられ，養子の福祉に影響が生じかねません。そのため，養父母の一方のみと離縁することは認められないこととされています。
　② 　15歳未満の養子が離縁するときは，離縁後にその法定代理人となるべき者が，養子に代わって離縁の協議（届出）をすることになります（民811条2・3・4・5項）。これは，15歳未満の子は法律上意思能力がないとされているからです。その

め，その養子に代わって離縁の協議をする人が必要になるのです。協議者については，後の「2　離縁の届出人」のところで詳しく説明します。

(4)　死後離縁（単独離縁）

養子あるいは養親が死亡してしまったら，縁組は解消してしまうと思いがちですが，縁組は続いています。縁組が続いているというよりも，縁組によって生じた親族関係（民727条）が続いているので，これを消滅させるために認められた制度というべきでしょう。

養親子の死亡の後も続いている縁組の効果を解消しようとする場合は，解消する相手方が死亡しているので，生存している側の一方的行為によって離縁することとなり，不都合なこと（例えば，養子が多額の相続を受けながら，養親の親族に対する扶養義務を逃れようとして離縁する。）が起こりかねないため，家庭裁判所の離縁許可を得ることが必要とされています（民811条6項）。

(5)　裁判離縁

いろいろな理由で縁組を継続していけないが，話合いで離縁できないときは，養子あるいは養親側から家庭裁判所に離縁の訴えをすることができます（民814条）。裁判は，調停等の成立，審判，判決等の確定によって効力が生じます。

2　離縁の届出人

(1)　15歳以上の養子の協議離縁の届出人

養子本人と養親です（民811条1項，戸71条）。

(2)　15歳未満の養子の協議離縁の届出人

養子の現在の法定代理人，又は離縁後法定代理人となるべき人が養子側の協議者（届出人）となります。届出人は離縁協議者と養親です（民811条2項，戸71条）。

法定代理人とは，本人の意思に基づかないで法律の規定によって代理権が与えられている人です（例えば親権者，未成年後見人）。

ここでいくつか代表的な協議者の例を説明します（以下のケースは，離縁時に養子が15歳未満だという設定です。）。

○　ケース1（民811条2項）

①　夫婦が子の親権者を母と定めて離婚しました。その後，母は再婚し，子は母の代諾で母の夫と縁組しました。ここで，子の親権は養父と実母の共同親権になります。再び母は離婚し，離婚時に親権者を実母と定めました。子が養父と離縁する場合，現在の法定代理人である親権者母は，離縁後も法定代理人ですから，離縁協議者は「親権者母」です。戸籍には，届出人の離縁協議者の資格は「協議者親権者母」と記載されます。

②　子は父母の代諾で子の祖父母と縁組をしていましたが，その後離縁することになりました。離縁することで法定代理人である親権者は，縁組前の父母

になりますから，離縁協議者は「親権者となるべき父母」です。「となるべき」という言葉は，「今は親権者ではないけれど，縁組が解消すると親権者になりますよ」という意味です。戸籍には届出人の離縁協議者の資格は「協議者親権者となるべき父母」と記載されます。

○　ケース２（民811条3項）

　子は父母の代諾で，子の祖父母と縁組をしていましたが，その後離縁することになりました。ところが，子の縁組後に，父母は離婚しています。この場合には，離縁後の親権者が，父，母のどちらになるのかを協議し，協議で定めた「親権者となるべき父（又は母）」が離縁協議者となります。戸籍には届出人の離縁協議者の資格は「協議者親権者となるべき父（又は母）」と記載されます。

○　ケース３（民811条4項）

　子は父母の代諾で，子の祖父母と縁組をしていましたが，その後離縁することになりました。ところが，子の縁組後に，父母は離婚しています。子の離縁後の親権者が，父母のどちらがなるのかを協議しましたが，どうしても，その話合いがつきません。この場合には，父，母，又は養親が，家庭裁判所に申立てをし，協議に代わる審判によって定められた「親権者となるべき父（又は母）」が離縁協議者となります。戸籍には届出人の離縁協議者の資格は「協議者親権者となるべき父（又は母）」と記載されます。

○　ケース４（民811条5項）

　子の父母は親権者を母と定めて離婚し，子は親権者母の代諾で，子の祖父母と縁組をしていました。このたび祖父母と離縁をしようとしましたが，離縁後に親権者となるべき母は，すでに亡くなっています。この場合は，離縁後に親権を行う人がいないので，養子，養子の親族，その他の利害関係人が，家庭裁判所に未成年後見人選任（民840条1項）の申立てをして，その選任された未成年後見人（複数選任の場合そのすべての未成年後見人（民840条2項）。ただし「財産管理権」のみを付与された未成年後見人は，協議者にはなれません。）が離縁協議者になります。戸籍には，届出人の離縁協議者である未成年後見人の資格氏名が記載されます。

　また，離縁により開始される「未成年後見」については，養子離縁届とは別に未成年後見開始届（戸81条）が必要です。家庭裁判所での未成年後見人の選任は，一般には家庭裁判所書記官からの戸籍記載嘱託（家事116条）により，戸籍に記載されますが，「離縁による未成年後見の開始」の場合については，養子離縁届が届出されて初めて未成年後見が開始するため，家庭裁判所の選任による未成年後見人であっても，戸籍記載嘱託書によらず，窓口で未成年後見開始届を届出することになります（平成25．3．28民一316号通知）。

○　ケース５（民826条1項）特別代理人を必要とする事例

　嫡出でない子が，実母の代諾で，実母（養母）とその夫（養父）との夫婦共同

縁組をしていました。このたび，実母（養母）と養父が子の親権者を「養母」と定めて離婚しました。養子は，養父と縁組を続けていくのは不可能なので，離縁協議者を養母にして，養父と離縁しました。その後，養母とも離縁するときは，離縁協議者は親権者となるべき実母となりますが，養母と離縁協議者の実母は同一人です。離縁協議者が同じ人になりますから，利益相反が生じます。この場合は，特別代理人の選任を家庭裁判所に申し立て，選任された特別代理人が離縁の協議者になります。離縁後，子は実母の親権に服することになり，嫡出でない子になります。

⑶　死後離縁（単独離縁）の届出人

死後離縁の届出人は，生存している側の養親か養子です。届出には家庭裁判所の死後離縁の許可書が必要ですが，その許可書があるからといって，これは裁判離縁ではありません。審判は離縁するための許可ですから，死後離縁は，届書に許可の審判書及び確定証明書（離縁許可の審判には即時抗告が許されています。─家事162条）を添付して，届出することによって効力が生じる創設的届出ですから，証人欄の記載も必要です（民811条6項・812条・739条）。間違えないようにしてください。

⑷　裁判離縁の届出人

裁判離縁の届出人は，裁判の提起者（訴えを起こした者）又は申立てをした者です。調停の成立，審判又は判決の確定あるいは訴訟上の和解・請求の認諾によって成立したときは，その日から10日以内に届出しなければなりません。届出期間の10日を経過した後は，相手方からも届出ができます（戸73条1項・63条1項）。

3　養子離縁による戸籍の変動

養子離縁による戸籍の変動を，届書の「離縁後の本籍」欄の☑で考えていきましょう。

原則として，離縁をすれば，養子は縁組前の氏に戻り，縁組前の戸籍に復籍しますが，意思表示をすれば新戸籍を編製したり，一定の条件があれば，離縁しても縁組当時の氏をそのまま名乗っていくことができます。

離縁をすれば民法上の氏は「縁組前の氏」に戻ります（民816条1項前段）が，氏の優先順位で「縁氏」より強い「婚氏」を名乗っている場合や，夫婦と縁組をしていて一方とだけ離縁をした場合（同項ただし書）は，戸籍の変動はありません。

次に戸籍の変動について考えていきましょう。

①　☑もとの戸籍にもどる（ここに☑されるのは単身者養子の離縁のみです。）

単身者は縁組をすると養親の氏を称し，養親の戸籍に入ります。離縁をすると，原則として「縁組前の戸籍」に戻ります（民816条1項前段，戸19条1項前段）。縁組をしていったん養親の戸籍に入って，その後に分籍しているときも同じです。しかし，養親夫婦と縁組していてその一方とだけ離縁したときは，もう一

方との縁組が続いているので，もとの戸籍には戻りません（民816条1項ただし書）。

② ☑新しい戸籍をつくる（単身者養子の離縁の場合）

　　離縁をして戻る戸籍が除籍されていたり，戻る戸籍があっても自分で新しく戸籍をつくりたい場合は，縁組前の氏で，自分を筆頭者とする新しい戸籍をつくることができます（民816条1項前段，戸19条ただし書）。ここで注意することは，戻る戸籍があるのに戻らずに新戸籍をつくった場合，分籍の効果があるので，後でもとの戸籍に戻りたいといっても戻れません。養親夫婦と縁組していて，その一方とだけ離縁したときは，もう一方との縁組が続いているので，縁組前の氏で新戸籍はつくれません（民816条1項ただし書）。

③ ☑新しい戸籍をつくる（夫婦養子の離縁の場合）

　　夫婦の筆頭者が養子になっているときは，その筆頭者が離縁すると筆頭者が縁組前の氏で新戸籍をつくり，配偶者は筆頭者にともなって新戸籍に入ります（戸20条）。これは，戸籍は夫婦単位（戸16条1項）になっているからです。もし，離縁前の戸籍に夫婦の子が在る場合に，子は父母にともなって父母の戸籍に入籍しないので，入籍を希望するときは，別に「父母の氏を称する入籍届」が必要です（民791条2項）。

　　養親夫婦と縁組していてその一方とだけ離縁したときは，もう一方との縁組が続いているので戸籍に変動がなく，縁組前の氏で新戸籍はつくれません（民816条1項ただし書）。

④ ☑養子の戸籍に変動がない（単身者養子の離縁の場合）

　○　養親夫婦と縁組していてその一方とだけ離縁したときは，もう一方との縁組が続いているので，戸籍に変動はありません（民816条1項ただし書）。

　○　同じ戸籍の中で縁組しているときは，もともと戸籍は変動していないのですから，離縁しても戸籍の変動はありません。

　（例）父が再婚して後妻が戸籍に入ってきて，父の戸籍にいる前妻との間の子と父の後妻とが縁組をした場合は，子の戸籍には縁組事項が記載されるだけで，戸籍に変動はありません。その後，子と養母とが離縁をしたとしても，もともと戸籍は変動していないので，子の戸籍に離縁事項が記載されるだけで，戸籍に変動はありません。

⑤ ☑養子の戸籍に変動がない（夫婦養子の離縁の場合）

　○　養親夫婦と共同縁組している養子夫婦が，養親の一方とだけ離縁したときは，もう一方の縁組が続いているので，戸籍に変動はありません（民816条1項ただし書）。

　○　筆頭者の配偶者だけが他の者の養子になっている場合は，縁組によって養親の氏を称していないので，離縁しても，配偶者は筆頭者の氏，つまり「婚氏」を名乗っているため，夫婦同氏の原則に従って，離縁しても戸籍の変動

はありません（民810条ただし書）。

⑥　離縁の際に称していた氏を称する届（戸73条の２の届）

　　縁組をしていた養子が離縁すると，縁組前の氏に戻るのが原則です（民816条１項前段）が，縁組の日から７年を経過した後に，離縁によって縁組前の氏に復した者は，離縁の日から３か月以内に戸籍法に定める届出をすることによって離縁当時の氏を名乗ることができます（民816条２項，戸73条の２）。これは６頁の「氏のはなし」のところでも述べましたが，離縁して縁組前の氏に戻ることによって社会的生活に影響が生じることもあることから，希望するときは，離縁の際に称していた氏を名乗ることができるということです。この届出は，離縁届と同時にすることもできますが，いったん縁組前の氏に戻っていても，離縁の日から３か月以内なら，この届出ができます。ここで注意することは，離縁の際の氏を名乗っていても，民法上の氏は「縁組前の氏」に戻っているということです。「氏のはなし」では，卵の殻と中身にたとえましたが，卵の殻は離縁の際に称していた氏ですが，中身は縁組前の氏に戻っているということです。

　　この届出は，７年以上縁組を継続した養子であればすることができますが，縁組前の氏に戻ることができるのに離縁の際に称していた氏を名乗った場合は，その後に縁組前の氏に戻りたいということになったときは，家庭裁判所に氏変更の申立て（戸107条１項）をして許可を得なければなりません。離縁の届出の際に，どちらの氏を名乗るか迷っている人がいたら，そのことを説明しておかないと後でトラブルになることもあります。

※　養子離縁届と戸籍法73条の２の届を同時に提出するときは，養子離縁届の「離縁後の本籍」欄は空欄にして，「その他」欄に「戸籍法73条の２の届を同時に提出する。」と記載してもらって処理をします。

届出人と戸籍の変動の関係

　　離縁による養子の戸籍の変動は，前記のパターンです。重ねて書きますが，離縁して養子の戸籍に変動がある場合は，原則として，養子は縁組前の氏に戻り，縁組前の戸籍に復籍します（夫婦養子は縁組前の本籍で新戸籍を編製します。）。

　　原則がそうであっても，戸籍に変動がある養子は，「もとの戸籍に戻るか」，「新戸籍をつくるか」，また，７年以上の縁組期間があれば「縁組の氏をそのまま名乗っていくか」を選択する意思表示をすることができます。協議離縁の届出の場合は，養子と養親の双方が届出人になるので，養子は自由に前記の意思表示をして選択することができますが，裁判離縁の場合はどうでしょうか。

　　例えば，養親側が訴えを起こして裁判が確定し，養親が裁判確定後10日以内に届出をしたとしましょう。意思表示をすべき養子は届出人ではありません。その場合，養子は届書の「その他」欄に養子が新戸籍を編製する旨の申出を記載し（又は申出書の提出），署名して意思表示をすれば，新戸籍を編製することができます（昭和53.7.

22民二4184号通達）。しかし，その記載がない場合は，原則に戻りましょう。養子は縁組前の氏に戻り，縁組前の戸籍に復籍します（夫婦養子は縁組前の本籍で新戸籍を編製します。）。また，単身者はもとの戸籍に戻りますが，もとの戸籍が除籍になっている場合は，もとの戸籍と同じ同所同番地に新戸籍を編製します。夫婦養子の場合は縁組前の戸籍と同じ同所同番地に夫婦で新戸籍を編製します（戸30条3項）。これは，届出人でない養子について，「養子が思わぬところに戸籍がつくられていた。」ということがないように考えられた処理です。また，もとの場所に戻しておけば，単身者養子は分籍できるし，夫婦養子は転籍ができます。7年以上の縁組期間があれば離縁して3か月以内なら戸籍法73条の2の届出もできるということで，養子に意思表示の余地を残すためなのです。

4 届出地

原則的な届出地である届出事件本人の本籍地又は届出人の所在地です（戸25条1項）。

5 届出期間

協議離縁，死後離縁（単独離縁）の場合は，創設的届出なので，届出期間はありません。

裁判離縁は，訴えを提起した者（申立人）が，調停の成立，審判又は判決等の確定した日から10日以内に届け出なければなりません。届出期間経過後は相手方からも届出ができます（戸77条・63条）。

6 証　人

協議離縁及び死後離縁の場合は，2名以上の成年の証人が必要です（民812条・739条2項，戸33条）。

7 不受理申出，届出の本人確認……本書16頁以降を参照してください。

8 その他の留意点

(1) 養子離縁届と子の親権

未成年者が離縁をすると，親権は縁組前の親権者に移ります。

15歳未満の養子が離縁するときは，「届出人」のところでも説明したとおり，離縁協議者が離縁の届出をするから，戸籍には「協議者親権者父（又は母）」又は「協議者親権者となるべき父（又は母）」と記載され，親権者が誰になるのかが一目でわかります。しかし，15歳以上の未成年養子は自分が協議者であって届出人になるから，離縁した後に誰が親権者になるのかは届書又は戸籍の記載の上ではわかりません。また，15歳未満の養子でも，利益相反が生じる離縁の場合は，親権者が協議者にはなれないので特別代理人が協議者になりますが，この場合も，離縁後の親権者

が誰になるのかわかりません。このような場合は，民法等の規定や先例等によって，誰が親権者になるかはわかりますが，実務上は，親権者を明らかにするため，届書の「その他」欄に「この離縁により養子は○○の親権に服する」と記載することとしています（昭和31．1．6民事二発436号回答）。そして離縁後の子の戸籍には「年月日○○の親権に服する」と記載します。これで離縁後の親権者がはっきりします。未成年者についての親権者の記載は大切なものですから，遺漏のないようにしましょう。

⑵　連れ子縁組の離縁後の戸籍……素朴な疑問から

　母が再婚し，母の子が母の夫と縁組する場合の，いわゆる「連れ子縁組」について考えてみましょう。子は，縁組により母の戸籍から養父と母の戸籍に入籍しました。その後，母と母の夫（養父）が離婚し，母は婚姻前の戸籍が全員除籍になって除かれているので，婚姻前の氏で新戸籍を編製しました（戸19条1項ただし書）。その後，子も養父と離縁すると，子は縁組前の戸籍に戻ることになりますが，子が戻るべき戸籍も同じく除かれています。この場合，子が離婚後の母の戸籍に入りたいとすれば，届書の「離縁後の本籍」欄の☑はどこに付ければよいのでしょうか。戸籍法19条1項ただし書から考えれば，戻るべき戸籍は除かれているのですから，子が新戸籍を編製することになると考えられます。しかし，養子は離縁後の母の戸籍に入りたいと希望しているのですから，もし戻るべき戸籍がないとして，子について新戸籍をつくったとしても，子は母と民法上の氏が同じですから，後で母と同籍する入籍届をするでしょう。離縁した子が，母の戸籍に入ることを希望しているのなら，わざわざ迂回するような，無駄な届出や戸籍をつくる必要はありません。この場合は届書の「☑もとの戸籍にもどる」にチェックをして母の新本籍を記載すると，母の戸籍にダイレクトに入れることになります。ここにチェックをした意味は「もとの戸籍にもどる」というのではなく「もとの状態の戸籍（母と子の戸籍）に戻る」と考えてもよいでしょう。

　では，母が離婚後「戸籍法77条の2」の届出をして，離婚の際に称していた氏で新戸籍をつくったらどうでしょうか。「もとの状態の戸籍」ではありませんが，民法上の氏は婚姻前の氏に戻っていますので，子が離縁して，母と同じ戸籍に入りたいときは，上記と同じ考え方で，ダイレクトに母の戸籍法77条の2の戸籍に入籍させることになります（昭和52．2．24民二1390号依命回答）。ただ，母の戸籍は，戸籍法77条の2の届出によって，呼称上の氏の殻をかぶっているので，届書の☑は「もとの戸籍にもどる」にチェックをしても，「その他」欄に「母と同籍することを希望する」と記載しなければ，母の戸籍に入籍できませんから注意しましょう（昭和51．11．4民二5351号通達）。

絶対覚えてほしい条文（養子離縁届）

民法811条２項　養子が15歳未満であるときは，その離縁は，養親と養子の離縁後
　　　にその法定代理人となるべき者との協議でこれをする。
　　　（１項，３項から６項省略）

民法811条の２　養親が夫婦である場合において未成年者と離縁をするには，夫婦が
　　　共にしなければならない。ただし，夫婦の一方がその意思を表示すること
　　　ができないときは，この限りでない。

民法816条　養子は，離縁によって縁組前の氏に復する。ただし，配偶者とともに養
　　　子をした養親の一方のみと離縁をした場合は，この限りでない。（２項省略）

【離縁協議者一覧】

事　例			養子側の協議者
父母婚姻中の縁組	父母の代諾で縁組	父母婚姻中の離縁	父母
		父死亡後の離縁	母
		母死亡後の離縁	父
		父母死亡後の離縁	未成年後見人
父母離婚後の縁組	親権者父の代諾で縁組	父生存中の離縁	父
		父死亡後の離縁	未成年後見人
	親権者母の代諾で縁組	母生存中の離縁	母
		母死亡後の離縁	未成年後見人
嫡出でない子の離縁	母の代諾で縁組	母生存中の離縁	母
		母死亡後の離縁	未成年後見人
	母の代諾で母及び母の夫と共同縁組	養父母婚姻中に養父母双方と離縁	養父との離縁は母，母との離縁は特別代理人
		養父母が親権者を養母と定めて離婚後，養父と離縁した後，養母とも離縁	養父との離縁は養母，養母との離縁は特別代理人
		養父母が親権者を養父と定めて離婚後，養父と離縁した後，養母とも離縁	養父との離縁は未成年後見人，養母との離縁は未成年後見人
	特別代理人の代諾で母と縁組	母と離縁	特別代理人
	認知した父が親権者となり，父の代諾で縁組	父生存中の離縁	父
		父死亡後の離縁	未成年後見人

養父母が離婚している場合	親権者である養母と離縁		未成年後見人
	親権者でない養父と離縁		親権者養母
	親権者でない養母と離縁		親権者養父
養親と実親が婚姻して共同親権になっている場合	父と養母が婚姻中の離縁		父
	父と養母が離婚後，養母と離縁	離婚後の親権者が父	父
		離婚後の親権者が養母	未成年後見人
	母と養父が婚姻中の離縁		母
	母と養父が離婚後，養父と離縁	離婚後の親権者が母	母
		離婚後の親権者が養父	未成年後見人
	父死亡後に養母と離縁		縁組代諾者が母であれば母，父であれば未成年後見人
	母死亡後に養父と離縁		縁組代諾者が父であれば父，母であれば未成年後見人
養父母と縁組中に養父のみ死亡	死亡した養父と離縁		養母
	生存している養母と離縁		未成年後見人
	死亡した養父と生存している養母の双方と離縁	代諾したのが父母	父母
		代諾したのが父又は母	父又は母
		代諾したものが死亡	未成年後見人
養父母と縁組中に養母のみ死亡	死亡した養母と離縁		養父
	生存している養父と離縁		未成年後見人
	死亡した養母と生存している養父の双方と離縁	代諾したのが父母	父母
		代諾したのが父又は母	代諾した父又は母
		代諾したものが死亡	未成年後見人
養父母双方が死亡後の離縁			未成年後見人

弐の重
（学習の箱）

第5

特 別 養 子 縁 組

　昭和62年民法の一部改正で，画期的な養子縁組制度ができました。実親との関係を断ち切り，縁組した養親と実親と同様の親子関係を築く「断絶型養子縁組」である「特別養子縁組」（民817条の2）です。実親が子を監護することが極めて困難な場合に，家庭裁判所の関与によって成立する制度です。外国では「断絶型」の養子縁組はめずらしくありませんが，「血統」を重んじる日本では，際立った特徴を持った制度と言えます。戸籍の記載については，実の親子関係がわからないような工夫がされています。また，特別養子になる子は15歳未満（民817条の5）と定められていて，幼いころに縁組をし，実親と同様の親子関係が築きやすいように配慮されています。根底に流れるのは「子の福祉」です。離縁は原則として認められません（民817条の10）。「契約型」の普通養子縁組に対して，特別養子縁組は国家による「宣言型」の縁組と言えます。実の親子関係を断ち切るという，究極の「子の福祉」を目的にした縁組を一緒に見ていきましょう。

1 特別養子縁組の効果

　基本的には，普通養子縁組の効果と同じ効果があるとともに，特別養子縁組ならではの効果も加味されています。

(1) 普通養子縁組と同じ効果

・養親の嫡出子となる（民809条）

・養親の氏を称し（民810条本文），養親の戸籍に入る（戸18条3項）

・養子は養親の親権に服する（民818条2項）

・縁組による親族関係の発生（民727条）

・婚姻障害（民735条・736条・737条）

・尊属養子の禁止（民793条）

　※　後見人が被後見人を養子にするときの家庭裁判所の許可（民794条），未成年を養子とするときの家庭裁判所の許可（民798条）は，特別養子縁組には適用されません（民817条の2第2項）。

(2) 特別養子縁組ならではの効果

・実親及びその血族との親族関係は終了する（民817条の9本文）。ただし，配偶者

（例えば妻）の実子を特別養子にした場合は，配偶者（妻）との親族関係は終了しない（民817条の9ただし書）。

・特別養子は養親の戸籍に入る（戸18条3項）が，養親の戸籍に入る前に，まず養子について養親の氏で従前の本籍地に新戸籍を編製し，同日に養子は養親の戸籍に入る（戸20条の3第1項本文）。ただし，縁組成立時に養子が養親の戸籍にすでに在籍しているときは，いったん除籍した上，その戸籍の末尾に記載する（戸20条の3第1項ただし書）。

2　特別養子縁組の成立要件

①　養親となる者は，配偶者のある者でなければならない（民817条の3第1項）。

②　養親となる者は，配偶者とともに縁組をしなければならない。ただし，配偶者の実子と縁組する場合は，実親である者は縁組をしなくてもよい（民817条の3第2項）。

③　養親となる者は25歳以上でなければならないが，夫婦の一方が25歳以上であれば，他の一方は20歳以上であればよい（民817条の4）。

④　家庭裁判所に申立てをするときは，養子は15歳未満でなくてはならない（民817条の5第1項）。ただし，養子が15歳に達する前から，継続して養親となる者が養子を監護している場合で，やむを得ない理由があるときは，申立て時の年齢は18歳未満であればよい（同条2項）。

⑤　実親（普通養子縁組している場合は養親も）の同意が必要である（民817条の6本文）。ただし，同意が得られない状況（行方不明など）あるいは，虐待，悪意の遺棄（困ることを知りながら，置き去りにすること），その他，養子となる者の利益を著しく害する場合には，同意は要しない（同条ただし書）。

⑥　実親による子の監護が，著しく困難，又は不適当なとき，子の利益のために特に必要とされた場合のみ成立させるものである（民817条の7）。

⑦　養親となる者は養子を6か月以上監護した状況がないと認められない（民817条の8第1項）。6か月の起算日は申立てをした日からであるが，申立て以前から子を監護しているときは，その期間も算入される（民817条の8第2項）。

3　届出人

審判を請求した養父又は養母です（戸68条の2・63条1項）。

4　届出地

養親若しくは養子の本籍地又は届出人の所在地

5 届出期間

特別養子縁組の審判確定の日から10日以内に届出をしなくてはなりません（戸68条の2・63条1項）。すべて家庭裁判所の関与が必要な報告的届出です。

6 添付書類

審判書謄本及び確定証明書です（戸68条の2・63条1項）。

7 その他の留意点

○　特別養子縁組による続き柄の記載について

特別養子になることによって，養親とは実親と同様の親子関係を築くのですから，その養親に養子より年少又は年長の子がいた場合は，続き柄に変更が生じます。

(1)　縁組前の戸籍

養子が除籍されることによる続き柄の変動はありません。

(2)　縁組後の戸籍

養子が入籍することによって，父母を同じくする子で，養子より年少の子がいるときは，必要に応じて続き柄を更正します。また，養子より年長の同性の子がいた場合は，届書には，その順番により続き柄を記載することになります（例えば，養子が男の子であれば，養親に年上の男の子が1人いた場合は，養子の続き柄は「二男」になります。）。

絶対覚えてほしい条文（特別養子縁組届）

　ここでは，条文見出しだけを掲載しました。

民法817条の2（特別養子縁組の成立）

民法817条の3（養親の夫婦共同縁組）

民法817条の4（養親となる者の年齢）

民法817条の5（養子となる者の年齢）

民法817条の6（父母の同意）

民法817条の7（子の利益のための特別の必要性）

民法817条の8（監護の状況）

民法817条の9（実方との親族関係の終了）

弐の重
（学習の箱）

第6
特　別　養　子　離　縁

特別養子縁組は，原則として離縁は許されていません。しかし，養子の利益のためにせっかく養親との間に実親子関係と同様の嫡出親子関係が結ばれたにもかかわらず，養親子関係がうまくいかなくなって，子の利益を著しく害するような状況に陥ったときは，養子，実父母又は検察官の請求により，家庭裁判所は，実父母が監護できる状態にある場合に限って，特別養子離縁を認めることとしています（民817条の10）。

1 特別養子離縁の効果
特別養子縁組によって生じた効果はすべて消滅します。実親とその血族との親族関係は回復し，特別養子による親族関係はすべて消滅します。ただし，縁組中にされた相続については，さかのぼって消滅はしません。

2 特別養子離縁の成立要件
①　養親による虐待，悪意の遺棄，その他養子の利益を著しく害する事由があること（民817条の10第1項1号）。
②　離縁後，実父母が監護可能であること（同項2号）。

3 届出人
審判を請求した特別養子又は実父母です（戸73条1項・63条1項）。検察官が請求した場合は，戸籍の記載を請求することになります（戸73条2項・75条2項）。

4 届出地
養親若しくは養子の本籍地又は届出人の所在地

5 届出期間
特別養子離縁の審判確定の日から10日以内に届出をしなければなりません（戸73条・63条1項）。すべて家庭裁判所の関与が必要な報告的届出です。

6 添付書類
審判書謄本及び確定証明書です（戸73条・63条1項）。

弐の重
（学習の箱）

第7

婚　姻

　婚姻の意義は「一組の男女の継続的な共同生活を目的とした法的結合関係」とされています。たとえ事実上夫婦（事実婚）として生活していても，婚姻の届出をしなければ法律上の夫婦とはみなされません（民739条1項）。婚姻の届出をして婚姻することを「法律婚」といいます。

　憲法24条に「婚姻は，両性の合意のみに基いて成立し……」とうたわれていますが，「両性」は男性と女性だとはどこにも書いていません。ただし，現在の公序良俗（公共の秩序，社会の普遍的な道徳観）から考えると，日本の法律では同性間の婚姻は認めていないものと考えられます。

1　婚姻の効果

⑴　夫婦同氏（民750条，戸16条）

　婚姻の際に定めた，夫又は妻の氏を名乗ることになります（民750条，戸16条）。

　「壱の重」の「氏のはなし」でも触れましたが，「婚氏」は氏の優先順位で1番強い氏です。

⑵　同居，協力，扶助の義務（民752条）

　夫婦は同居し，協力し合って扶助する義務があります。

⑶　姻族関係の発生（民725条）

　血のつながりのある血族と同じ親等で，婚姻した配偶者の血族と親族関係ができます。

⑷　相続権（民890条）

　配偶者は，常に相続人となります。

⑸　婚姻障害（民735条・736条）

　婚姻をして，直系の姻族，例えば，義理の親子関係になった人同士の婚姻は禁止されています。たとえ，離婚をして姻族でなくなったとしても，かつて直系姻族であった者の間では，生涯婚姻はできません。また，養子縁組をして，養子と養親の関係になった人同士も，たとえ養子離縁をして親族関係が終了したとしても，その間では生涯婚姻はできません。

(6)　準正（民789条）

　出生のところでも述べましたが，法律上の夫婦間に生まれた子は嫡出子になります。しかし，婚姻の届出をしていない男女間に生まれた子は，嫡出でない子です。その嫡出でない子を父が認知し，子の父と母が婚姻すると，子は父母が婚姻した時点から嫡出子になります。これを「婚姻準正」といいます（民789条）。婚姻をすることによって，夫婦間の子の身分関係にも影響があります。

2 婚姻の成立要件

①　婚姻しようとする者同士の間に，婚姻の意思の合致があること（民742条1号）。

②　婚姻年齢に達していること（民731条）。

　　男性も女性も，ともに18歳に達すれば婚姻することができます。これを婚姻適齢と言います。

③　重婚でないこと（民732条）。

④　女性は前婚解消又は取消しの日から100日を経過していること（民733条1項）。

　　これを待婚期間（又は再婚禁止期間）と言います。待婚期間は婚姻解消の日から数えます（平成28.6.7民一585号依命通知）。婚姻解消の日は，協議離婚の場合は離婚の届出をした日，死別の場合は配偶者死亡の日，裁判離婚の場合は調停成立の日又は審判・判決等の裁判が確定した日です。待婚期間があるのは，離婚（死別）してすぐに婚姻をすると，子が出生した場合に嫡出推定が重なり，前夫又は後夫の，どちらの夫の子なのかわからなくなる父未定の子が出生する場合があるからです。ただし，前婚解消時に女性が懐胎していなかった場合，前婚解消後に出産した場合には，この期間を待たずに婚姻できるとされています（医師がした「民法第733条第2項に該当する旨の証明書」を添付する。――民733条2項，平成28年6月7日民一584号通達）。「待婚期間は嫡出推定が重ならないように設けられた」という意味から考えて，次のように，待婚期間を待たずにすぐに再婚できる場合もあります。

待婚期間を待たずに婚姻できる例

○　離婚した直前の夫と再婚する場合（大正元.11.25民事708号回答）
○　夫の失踪宣告で婚姻が解消した後再婚する場合（昭和41.7.20甲府地方法務局戸住決）
○　夫の生死が3年以上不明であることを離婚理由とした裁判離婚が確定した後に再婚する場合（昭和25.1.6民事甲2号回答）
○　前婚解消後，優生手術を行った旨の医師の診断書を付けて再婚する場合（昭和29.3.23民事甲607号回答）
○　生理的に妊娠不可能な年齢の女性が再婚する場合（昭和39.5.27民事甲1951号回答）

⑤　近親者間の婚姻の禁止（民734条〜民736条）

　道徳的あるいは優生学的（遺伝的）なことなどを考え，近親者間の婚姻は禁止されています。これを「婚姻障害」といいます。

　　ア　道徳的，優生学的な関係から婚姻できないもの

　○　直系血族間の婚姻（民734条）……例えば，父と娘，祖父と孫。

　○　三親等内の血族間の婚姻（民734条）……例えば，兄と妹，叔父と姪。

　　イ　道徳的に婚姻できないもの

　○　養親と養子及び養子の直系卑属との婚姻（民736条）……離縁後養親子関係がなくなっても婚姻はできません。

　○　養親と養子の配偶者若しくは養子の直系卑属の配偶者との婚姻（民736条）……離縁後養親子関係がなくなっても婚姻はできません。

　○　直系姻族間の婚姻（民735条）……離婚して姻族でなくなっても，婚姻はできません。例えば，息子の妻であった者と息子の父である者とは婚姻はできません。

法改正トピックス

成年年齢・婚姻適齢の改正による父母の同意の要件削除

　民法等の一部改正（平成30年法律59号）により，令和4年4月1日から，成年年齢（民法4条）が18歳，婚姻適齢（民731条）が男女ともに18歳になり，成年年齢イコールと婚姻適齢となったため，改正前には必要だった未成年者の婚姻の父母の同意（旧民737条：削除）が不要になりました。

「婚氏」について

　民法750条では，夫婦は婚姻の際に定めた夫，又は妻の氏を名乗るとされています。前記の「氏のはなし」（6頁参照）でも述べたとおり，夫婦の氏（婚氏）の優先順位が一番です。氏と戸籍の変動は，次のとおりとなります。

3　婚姻による戸籍の変動（戸16条）

　婚姻すれば，夫又は妻の氏のどちらかの氏で新戸籍をつくります（戸16条1項前段）。しかし，婚姻後の氏を名乗る人がすでに筆頭者になっているときは，新戸籍をつくらずに，その戸籍に氏を変更する配偶者が入ります（戸16条1項ただし書・2項）。

4 夫婦間の未成年の子 （忘れてはいけない「その他」欄の記載）

　婚姻によって「準正」（民789条）する子がいる場合は，届書の「その他」欄に「この婚姻により嫡出子の身分を取得し長男（長女）となる子の氏名，生年月日，○○（子の戸籍の筆頭者）の戸籍にある××（子の氏名）『平成△年△月△日生』」と記載し，戸籍に「嫡出の身分を取得した旨の記載」をして続き柄を訂正します。

　また，離婚した同一人との再婚によって，父又は母の単独親権だった子が父母の共同親権になる場合は，届書の「その他」欄に「この婚姻により父母の共同親権に服する子の氏名，生年月日，○○（子の戸籍の筆頭者）の戸籍にある××（子の氏名）『平成△年△月△日生』」と記載し，子の戸籍に「共同親権の記載」をします。

　嫡出子の身分を取得し，父母の共同親権になっても，子の戸籍に変動はないので，子の戸籍が父母の戸籍と別の場合に，父母の戸籍に入ることを希望するときは，入籍届が必要です（戸98条）。

5 届出地

　原則的な届出地である届出事件本人の本籍地又は届出人の所在地です（戸25条1項）。

6 届出人

　夫になる人，妻になる人の双方です。

7 届出期間

　届出によって効力が発生する創設的届出（民739条）ですから，届出期間はありません。

8 証 人

　2名以上の成年の証人が必要です（民739条2項，戸33条）。

9 不受理申出，届出の本人確認……本書16頁以下を参照してください。

10 その他の留意点

○ 婚姻の無効と取消し

　「壱の重」の「届出の無効と取消し」（14・15頁参照）でも述べましたが，無効と取消しの意味は違います。

71

取消し……取消しのときから将来に向かって無いものにすることです。

無効………はじめから無いもののことです。

　婚姻は，前記2の成立要件のうち，①の「婚姻しようとする者同士の間に，婚姻の意思の合致があること」（民742条1号）を満たさなかった場合だけ無効になります。それ以外の②〜⑤の要件を満たさない届書を，届書審査のときに見落として受理してしまったとしても，婚姻は有効に成立します。たとえ重婚であっても，近親婚であっても，当事者あるいは親族又は検察官から取消しの請求があり，その「取消しの裁判」が確定するまでは有効に成立します（民743条・744条）。②の婚姻適齢の条件を満たさない婚姻の届出を見逃して受理してしまったときは，当事者が婚姻適齢に達してしまったら，もう取り消すことはできません（民745条1項）。

絶対覚えてほしい条文（婚姻届）

憲法24条1項　婚姻は，両性の合意のみに基いて成立し，夫婦が同等の権利を有することを基本として，相互の協力により，維持されなければならない。

民法739条1項　婚姻は，戸籍法の定めるところにより届け出ることによって，その効力を生ずる。

　以下は，条文見出しだけを掲載しました。

民法731条　（婚姻適齢）

民法732条　（重婚の禁止）

民法733条　（再婚禁止期間）

民法734条　（近親者間の婚姻の禁止）

民法735条　（直系姻族間の婚姻の禁止）

民法736条　（養親子等の間の婚姻の禁止）

戸籍法16条1項　婚姻の届出があったときは，夫婦について新戸籍を編製する。但し，夫婦が，夫の氏を称する場合に夫，妻の氏を称する場合に妻が戸籍の筆頭に記載した者であるときは，この限りでない。

婚姻適齢の改正と婚姻＆連れ子縁組

　令和 4 年 4 月 1 日から婚姻適齢（民731条）が男女ともに18歳になりましたが，養子縁組の養親となる者の年齢については，「成年に達した者」から「20歳に達した者」へと文言が修正されています（民792条）。婚姻届にともなって，妻（夫）の子との縁組，いわゆる連れ子縁組をする場合は，次のことに注意するとともに，当事者に十分に説明をする必要があります。

●ケース 1　配偶者の嫡出子との縁組

　19歳の男性が，前夫との嫡出子を持つ女性と婚姻することになりました。男性は，妻の子との縁組を希望していますが，養親となる者は「20歳に達した者」とされているため，現時点では縁組することはできません。窓口では，男性が20歳に達するまで縁組ができないことを説明することになりますが，男性が20歳になるのを待たずに，夫婦の婚姻後の戸籍に子を入籍させたい場合は，家庭裁判所の許可を得て「母の氏を称する入籍届」をすることになります（民791条 1 項）。ただし，この入籍届により，子が，母と，母の夫が在籍する戸籍に入籍したとしても，母の夫とは養親子関係ができないこと，また，子を入籍させた後，男性が20歳になり縁組が可能になった場合は，同籍内の縁組をすることができることを説明しておく必要があります。

●ケース 2　配偶者の嫡出でない子との縁組

　双方が19歳，または一方が19歳の男女が婚姻することになりました。妻になる人には嫡出でない子がいます。婚姻届と同時に妻の子との縁組を希望していますが，配偶者の嫡出でない子との縁組は，夫婦共同縁組（民795条　実母とも縁組）が必要ですから，現時点では，20歳に達していない者を含む縁組はできないことになります。20歳になるのを待たずに，夫婦の婚姻後の戸籍に子を入籍させたい場合は，民法791条 1 項に規定する，家庭裁判所の許可を得て「母の氏を称する入籍届」をすることになり，さらにケース 1 後段「ただし……」の同籍内の縁組等の説明をしなければなりません。

第8

離婚・婚氏続称

　離婚することによって，婚姻の効果はほとんど消滅します。ただし，父母の婚姻によって嫡出子の身分を取得した「準正」（民789条）の効果は消滅しません。また，姻族関係は消滅しても「婚姻障害」（民735条・736条）は残ります。

　離婚の効果から見ていきましょう。

1 離婚によって消滅する婚姻の効果

- ○　夫婦同氏（民750条）
- ○　同居，協力，扶助の義務（民752条）
- ○　姻族関係（民725条）
- ○　相続権（民890条）

2 離婚しても残る婚姻の効果

- ○　婚姻障害（民735条・736条）
- ○　準正（民789条）

3 離婚の種類

(1)　協議離婚（民763条）

　協議離婚は，離婚の届出を市区町村長が受理することによって成立します（民764条・739条）。離婚する時点で，夫婦の意思が合致していなければなりません。窓口に提出された離婚の届書は，離婚当事者双方の署名と，成年の証人2人以上の署名がされ，その他の記載にも不備がない場合は，双方の離婚意思があるとみて，市区町村長は受理することになります。離婚の届出が，一方に離婚意思がないのに他の一方から提出される場合であっても，離婚意思について市区町村長は当事者に確認することにはなっていないので，届書の記載に不備がなければ受理することになります。この届出意思のない離婚の届出を防ぐために，「離婚する意思がないので届出がされても受理しないでほしい」旨の書面をあらかじめ市区町村長に提出をする「不受理申出」の規定があります（戸27条の2第3項から5項まで）。

　この不受理申出の制度は，従来は通達（昭和27.7.9民事甲1012号回答，その後の整理通達は，昭和51.1.23民二900号通達・同日付け民二901号依命通知）で運用されていましたが，平成20年5月1日施行の戸籍法の一部改正（平成19年法律35号）により，同法に

新たに規定が設けられました（戸27条の2）。離婚届の不受理申出をした本人が市区町村役場に出頭して離婚の届出をした場合は，市区町村長において本人確認がされたときは，不受理申出の「取下書」を提出しなくても当該離婚届は受理されます。しかし，不受理申出の効果は，取下げをするまで有効となりますので（18頁参照），不受理申出の意思を撤回したときは，取下書を提出することになります。

　協議離婚で，夫婦の意思の合致と同様に大切な要件があります。それは，夫婦間に未成年の子がある場合，その子の親権者をどちらにするかを定めなければならないことです（民766条1項・819条1項）。離婚するということは，夫婦関係が破綻しているのですから，夫婦間の未成年の子を共同で育むのは難しいため，親権（親の権利・義務）を夫又は妻のどちらかに定めて，親の責任の所在を明らかすることが，子の福祉にかなっていると考えられるからです。このため，未成年の子の親権者を定めていない協議離婚届は受理できないことになります。

　※　令和4年4月1日施行の法改正により成年年齢（民4条）が18歳となったため，離婚の際に親権者指定すべき未成年者は，18歳未満の子です。

⑵　裁判離婚

　いろいろな理由で婚姻を継続していけなくなったが，話合いで離婚をすることができないときは，夫あるいは妻から家庭裁判所に離婚の訴えをすることになります（民770条）。しかし，離婚の裁判は，まず当事者間での話合いによる解決が図られますので，訴えを提起しようとする者は，まず調停の申立てをすることとされています。これを調停前置主義といいます（家事257条）。調停において合意が成立したときは，調停調書に記載されますが，この調書に記載したときに，調停は成立します（家事268条1項）。これが調停離婚です。また，調停以外で調停による離婚が成立しない場合において調停に代わる審判（家事284条）が確定したときも離婚は成立します。しかし，この審判は，異議の申立てがされると効力を失うので（家事287条），その場合は，人事訴訟法に基づく離婚訴訟を提起することになります。この訴訟において，判決，訴訟上の和解・請求の認諾によって解決が図られます（人訴2条1号・37条）。このように離婚の裁判は，調停，審判，判決等の確定によって成立します。離婚する意思はあるが，未成年の子の親権等について話合いが調わないときも，家庭裁判所の関与が必要です（民819条2項）。親権者の指定は離婚の必須条件です。

4　離婚による戸籍の変動

　離婚による戸籍の変動を届書の「婚姻前の氏にもどる者の本籍」欄の☑で考えていきましょう。

　離婚をすれば，原則として，婚姻で氏が変わった者は婚姻直前の氏に戻り，婚姻直前の戸籍に復籍します（縁組しているときは養親の戸籍に戻ります）が，意思表示をすれば，婚姻前の氏で新戸籍を編製したり（戸19条1項ただし書後段），離婚しても離婚

の際に称していた氏をそのまま名乗って新戸籍を編製することもできます（民767条2項，戸77条2）。

では，戸籍の変動について考えていきましょう。

① ☑もとの戸籍にもどる

離婚をすると，婚姻で氏が変わった者は，原則として婚姻前の戸籍に戻ります（民767条1項・771条，戸19条1項前段）。

② ☑新しい戸籍をつくる

離婚をして戻る戸籍が全員除籍で除かれていたり，戻る戸籍があっても自分で新しく戸籍をつくりたい場合は，婚姻前の氏で，自分を筆頭者とする新しい戸籍をつくることができます（民767条1項・771条，戸19条1項ただし書）。ここで注意することは，戻る戸籍があるのに自分の意思で新戸籍をつくった場合は，分籍の効果があるので，その後に，もとの戸籍に戻りたいといっても戻れません。

③ 離婚の際に称していた氏を称する届（戸77条の2の届）

離婚すると，婚姻前の氏に戻るのが原則です（民767条1項・771条）が，離婚しても離婚の際（婚姻中）に称していた氏を名乗ることができます（民767条2項・771条，戸77条の2）。これは「氏のはなし」のところでも述べましたが，離婚して婚姻前の氏に戻ることによって社会的生活に影響があるときに，希望すれば離婚当時の氏をそのまま名乗ることが認められるということです。離婚届と同時に届出することもできますが，いったん，婚姻前の氏に戻っていても，離婚の日から3か月以内であれば，離婚当時の氏に戻る届出をすれば，戻ることができます。ここで注意することは，離婚当時の氏を名乗っていても，民法上の氏は「婚姻前の氏」に戻っているということです。「氏のはなし」のところで卵の殻と中身にたとえましたが，卵の殻は離婚当時の氏ですが，中身は婚姻前の氏に戻っているということです。

この届出は，婚姻で氏を変えた者はすることができますが，婚姻前の氏に戻れるのに，離婚の際の氏を名乗った場合に，その後に婚姻前の氏に戻りたいときは家庭裁判所の許可を得なければなりません（戸107条1項）。どちらの氏を名乗ろうか迷っている人がいたら，そのことを説明しておかないと後でトラブルになることもあります。

※ 離婚届と戸籍法77条の2の届を同時に提出するときは，離婚届の「婚姻前の氏にもどる者の本籍」欄は空欄にして，「その他」欄に「戸籍法77条の2の届を同時に提出をする。」と届出人に記載してもらい，それによって処理をします。

届出人と戸籍の変動の関係

　離婚による戸籍の変動は，上記の①〜③のパターンです。重ねて述べますが，離婚した場合，原則として，婚姻で氏が変わった者は，婚姻直前の氏に戻り，婚姻直前の戸籍に復籍します（縁組しているときは養親の戸籍に戻ります。）。原則がそうであっても，戸籍に変動を来す配偶者は「もとの戸籍にもどるか」，「新戸籍をつくるか」，又は「離婚当時の氏をそのまま名乗っていくか」を選択する意思表示をすることができます。協議離婚の場合は，夫と妻双方が届出人になるので，婚姻のとき氏を変えた者は自由に意思表示をして選択できます。

　これに対し，裁判離婚の場合は少し違います。例えば，夫の氏を称して婚姻した夫婦で，夫が裁判の訴え（申立て）をしてその裁判が確定し，夫が裁判確定後10日以内に届出をした場合，復氏，復籍についての意思表示をすべき妻は届出人ではありません。その場合，妻は届書の「その他」欄に妻が新戸籍を編製する旨の申出を記載し（又は申出書の提出），署名して意思表示をすれば，新戸籍が編製できる扱いがあります（昭和53．7．22民二4184号通達）。その記載がない場合は，原則どおり妻は婚姻前の氏に戻り，婚姻前の戸籍に復籍します。もとの戸籍が全員除籍で除かれている場合は，もとの戸籍と同じ同所同番地に新戸籍を編製します（戸30条3項）。これは，「妻が思わぬところに戸籍ができていた。」ということがないように考えられた処理です。また，妻をいったん婚姻前の戸籍に戻しておけば，新戸籍をつくりたいときは「分籍」できるし，復氏して3か月以内なら「戸籍法77条の2の届」もできます。

　なお，前掲民二4184号通達とは別に，離婚の調停調書の条項中に，復氏者となる相手方について離婚により新戸籍を編製する旨，及び新本籍の場所が記載されている場合は，復氏者でない申立人からの届出であっても，新戸籍を編製する取扱いになっています（昭和55．1．18民二680号通達）。

離婚による復氏の特殊な例

　離婚による復氏は，婚姻事項を確かめて，婚姻前の氏を特定するのが原則です。ところが，以下のようなパターンもあります。離婚したら復氏するのは実方の氏しかないと思い込んでいたら大変なことになりますよ。

転婚者の離婚

　「あれ？　婚姻事項を見たら，実方の氏でもない，養子縁組の氏でもない人が，従前戸籍の筆頭者になってる。これってなぜ？」こんな婚姻事項があったら，それは「転婚者」かもしれません。婚姻前の戸籍をさかのぼって調べてみましょう。

　転婚者とは，配偶者と死別して，「復氏届」を出さないまま再婚した際に相手方の氏を称して婚姻した人をいいます。その転婚者が離婚した場合は，直前の死別した配偶者の氏も名乗れるし，実方の氏も名乗れます（昭和23．1．13民事甲17号通達）。これは，「離婚届」の中に「復氏届」の効果が含まれていますが，配偶者と死別して転婚する人は，前婚の復氏届がされていないので，離婚の際にどの氏に復するかを選べると考えてください。

帰化者の離婚

　「あれ？　婚姻事項を見ても，従前戸籍の表示がない。これってなぜ？」。こんな婚

姻事項があったら，「帰化者」かもしれませんので，確認してみましょう。

外国人が日本に帰化したときは，戸籍をつくらなければならないので，帰化時に日本の「氏」を設定します。ところが，帰化前にすでに日本人と婚姻していて，その日本人配偶者の氏を帰化後も名乗る場合は，帰化者本人は「氏」の設定をせず，筆頭者である日本人の戸籍に入って，その氏を名乗ります。そんな状態で離婚した場合には，帰化したときに氏を設定していないから，離婚の際に初めて「自分の氏」を設定することになるのです（昭和23.10.16民事甲2648号回答）。この場合は，自分の希望の氏を設定できます。もちろん，離婚した配偶者の氏と同じ呼称の氏を設定してもかまいませんが，同じ呼称の氏であっても「戸籍法77条の2の届」は必要ないのはいうまでもありませんので，注意してください。帰化者の離婚届は「その他」欄に次の記載が必要です。「妻（夫）の復する戸籍がないため，離婚後に称する氏を『○○』と定め，同人につき新戸籍を編製する。」とします。

なお，夫を原告とする裁判離婚が確定したが，帰化によって日本人夫の戸籍に入籍した妻が，離婚後に称する氏及び新本籍地の申出をする意思がない場合は，届書の「その他」欄にその旨を記載し，離婚の際に称していた氏で，戸籍法30条3項により新戸籍を編製する取扱いをします（平成元.3.10民二662号回答）。

5 届出人

協議離婚届は，夫と妻の双方です。裁判離婚届は，裁判を提起した者（申立人）ですが，その者が期間内に届出しないときは，相手方も届出ができます（戸77条1項・63条2項，昭和32.9.20民事二発395号回答）。

※　なお，調停調書に「相手方の申出により調停離婚する。」と記載されていた場合は，相手方は調停申立人と同順位の届出資格を付与されているため，届出期間内（調停成立後10日以内）であっても，相手方からの届出を受理することができる，との見解があります（昭和50年2月12日第124回東京戸籍事務連絡協議会第3問結論等，「戸籍」誌766号53頁）。

6 届出地

原則的な届出地である届出事件本人の本籍地又は届出人の所在地です（戸25条1項）。

7 届出期間

協議離婚の場合は，創設的届出なので，届出期間はありません。

裁判離婚の場合は，調停の成立，審判又は判決の確定等の日から10日以内に裁判を提起した者（申立人）が届け出なければなりません。11日目からは相手方からも届出ができます。

8 証　人

協議離婚の場合は，2名以上の成年の証人が必要です（民764条・739条2項，戸33条）。

9　不受理申出・届出の本人確認……本書16頁以下を参照してください。

10　その他の留意点

○　面会交流及び養育費の取り決めについて

　離婚届には「面会交流及び養育費の取り決め」欄があります。この欄は，平成24年4月1日施行の民法等の一部改正により，改正された民法766条1項の趣旨を周知するため，新たに設けられたものです。

　この改正後の民法766条1項でいう，「子の監護に関する事項」は，本章「3　離婚の種類」で述べた「親権者指定」のような，離婚の要件ではありません。したがって当該欄については，「取り決めをしていない」あるいは「まだ決めていない」に☑がされていたり，どこにも☑をしていない場合であっても，離婚届の不受理の対象とはならないので注意しましょう。ただし，窓口で質問を受けた場合は，「子の利益を最優先で考える」という民法の趣旨を説明し，取り決めをしていただくことも必要と考えます。

○　未成年の子の親権と入籍届

　離婚するときに夫婦間に未成年の子がある場合は，子の親権者を父母のどちらかに定めなければなりません（民819条1項・2項）。例えば，夫の氏で婚姻していた夫婦が，親権者を母と定めて離婚したとします。離婚届で母は戸籍の変動がありますが，子は，たとえ母が親権者になったとしても戸籍の変動はありません。この場合，子が母の戸籍に入籍することを希望するときは，家庭裁判所の許可を得て（民791条），母の戸籍に入籍するための入籍届が必要です（戸98条）。しかし，親権者になると，子が親権者にともなって自分の戸籍に移動すると思っている人がいますから，必ず，入籍届の方法を窓口で説明してください。

絶対覚えてほしい条文（離婚届）

民法766条　父母が協議上の離婚をするときは，子の監護をすべき者，父又は母と子との面会及びその他の交流，子の監護に要する費用の分担その他の子の監護について必要な事項は，その協議で定める。この場合においては，子の利益を最も優先して考慮しなければならない。

　　2項　前項の協議が調わないとき，又は協議をすることができないときは，家庭裁判所が同項の事項を定める。（3項，4項省略）

民法767条　婚姻によって氏を改めた夫又は妻は，協議上の離婚によって婚姻前の氏に復する。（2項省略）

民法771条　第766条から第769条までの規定は，裁判上の離婚について準用する。

弐の重
（学習の箱）

第9

親　権（管理権）

　窓口で，「親権っていったい何なの？」と質問を受けたことがあります。また，「離婚のとき，なぜ親権者を定めなければならないの？」と質問されたこともありますが，この質問に明確に答えられますか。

　簡単に言えば，親権とは未成年の子を「監護養育する義務」，また，未成年の子を「保護監督する権利」です。父母が婚姻中の場合は共同で親権を行いますが，離婚すると父母が協力して親権を行うことが困難な状況になるので，どちらが親権者になるかを定めなければならないのです。「義務」を果たすために「権利」があると考えてください。親権の義務と権利は表裏一体で，親権者は「義務」の方が優先します。未成年の子にとって，「親権」は最も大切なものです。親権者の表示に関しては，①戸籍に親権者の表示をしないもの（2の(1)参照），②届書に記載して親権者を明示し，戸籍に記載するもの（2の(2)参照），③「親権（管理権）届」を提出して親権者を明示するもの（2の(3)参照）の3種類があります。

　親権者の表示があるなしに関わらず，私たちは常に親権者の把握が必要です。それは，親権者には法律上最も大切な「身分行為」の代理権があり，戸籍の届出とも関係してくるからです（民797条・811条等）。

1　親権の効力

(1)　身上に関する親権の効力
- 　監護教育権（民820条）
- 　居所指定権（民821条）
- 　職業許可権（民823条1項）
- 　未成年後見人，未成年後見監督人の選任権（民841条・848条）
- 　子の身分行為の代理権（民833条）

> ## 身分行為の代理権の例
>
> - 　嫡出でない子を出産した母が未成年の場合，母の親権者が出生子に対する親権を代行します（民833条）。
> - 　嫡出否認の訴え（民775条），認知の訴え（民787条），縁組取消しの訴え（民804条），15歳未満の養子の離縁の訴え（民815条）等については，親権者が子を

　　代理します。
○　15歳未満の子の養子縁組届の代諾をします（民797条）。
○　15歳未満の子の養子離縁届の協議をします（民811条2項）。
○　15歳未満の子の氏変更許可の申立て，及び入籍届の代理をします（民791条3項）。

⑵　**財産に関する親権の効力**
○　財産管理権（民824条）
○　財産行為の代理権（民824条）

2　親権の表示

⑴　**戸籍に親権者の表示をしないもの**

　未成年者であるのに親権者の表示がないときは，次の5つの場合が考えられます。これは，戸籍を見て当然わかるものは，親権者の記載をしない取扱いになっているためです。

①　父母共同親権（818条1項・3項）

　婚姻した父母の間に生まれた嫡出子は，当然，父母が共同で親権を行うので親権者の表示はしません。

②　養父母共同親権又は養父（養母）の親権（民818条2項）

　養子縁組をすると，当然，親権者は養父母あるいは養父（養母）になるので，親権者の表示はしません。

③　養父（養母）と実母（実父）の共同親権

　前夫（妻）との間に子がある母（父）が再婚し，その再婚相手と子が養子縁組をして，子が夫婦の戸籍に入籍した場合，当然，養父（養母）と実母（実父）の共同親権になりますから（昭和23.4.21民事甲967号回答），親権者の表示はしません。

④　共同親権に服していたが，実父母又は養父母の一方が死亡した場合（民818条3項ただし書）

　当然，生存している方の実父（母）あるいは養父（養母）が単独で親権を行うので，親権者の表示はしません。

⑤　嫡出でない子の母の親権（民819条4項）

○　嫡出でない子は，出生すれば，当然，母が親権を行うので，親権者の表示はしません。

○　嫡出でない子の親権者は母（民819条4項）ですが，その母が未成年の場合，母が成人するまでは「母の親権者」が親権を代行します（民833条）。この場合も親権者の表示はしません。

⑵　**各届書に記載して親権者を明示するもの**

　戸籍の届出をすることによって，親権者が定まる場合，あるいは親権者に変動が

ある場合は，届書の「その他」欄に記載をするか，又は必要な欄に記載をして，親権者を明確にします。その記載がされていないと戸籍に親権事項が反映されません。また，離婚届においては，届書の「未成年の子の氏名」欄の「夫（妻）が親権を行う子」の欄に子の氏名が記載がされていないと受理されません。

① 出生届

離婚後300日以内の出生子について，母が親権者であることを明示します（民819条3項）。その場合は届書の「その他」欄に「親権者は母である。」と記載し，戸籍には，出生事項の次行に「親権者母」と記載します（参考記載例5）。

② 認知届

父母が婚姻し，父に認知されたことによって「準正」（民789条2項）となった子については「嫡出子となった＝父母の共同親権」（民818条3項）であることを届書及び戸籍に明示しておくことになります。そのため，認知届書の「その他」欄に「この認知により被認知者は嫡出子の身分を取得し，長男（長女）となる。」と記載して，子が「準正子」であることを明らかにし，戸籍には認知事項と父母との続き柄を訂正した旨を記載します（法定記載例16）。これは「準正事項」といって，親権を明示しているわけではありませんが，父の認知によって嫡出子になる（準正する）ことで，共同親権になったことを間接的に示しています。

③ 養子縁組届

未成年の養子の戸籍に変動があった場合（別の戸籍から入籍してきたとき）は，現在の親権者が誰になっているかが，戸籍上わかるので問題はないのですが，同じ戸籍内で縁組した場合は，届書の「その他」欄に「この縁組により養子は母（父）と養父（養母）の共同親権に服する。」と記載し，子の戸籍に共同親権に服したことを記載します（昭和23.4.21民事甲967号回答）。

④ 養子離縁届

養子は離縁すると，親権者は，原則として縁組前の親権者になります。15歳未満の養子が離縁するときは，離縁協議者が離縁の届出をするから，戸籍には「協議者親権者○○」又は「協議者親権者となるべき○○」と記載され，親権者が誰であるのか一目でわかります。しかし，15歳以上の未成年養子は自分で署名して届出人になるから，離縁したら誰が親権者になるのかわかりません。また，15歳未満の養子でも，利益相反が生じる離縁の場合は，親権者が協議者にならず，特別代理人が協議者になるから，離縁後の親権者が誰になるかは戸籍上はわかりません。そこで，親権者を明らかにするために，届書の「その他」欄に「この離縁により養子は○○の親権に服する。」と記載します。離縁後の子の戸籍には「年月日○○の親権に服する」と記載されます（参考記載例145）。

⑤ 婚姻届

ア 父が認知し，父母が婚姻したことによって「準正」（民789条1項）した子に

ついては，「嫡出子となった＝父母の共同親権」（民818条3項）であることを届書及び戸籍に明示しておくことになります。そのため，婚姻届書の「その他」欄に「この婚姻により嫡出子の身分を取得し，長男（長女）となる子の氏名生年月日　○○（子の戸籍の筆頭者）の戸籍にある××（子の氏名）『平成△年△月△日生』」と記載し，戸籍に「嫡出の身分を取得した旨の記載をして続き柄を訂正します（法定記載例78）。これは「準正事項」といって，親権を明示しているわけではありませんが，父母の婚姻によって嫡出子になる（準正する）ことで，共同親権になったことを間接的に示しています。

　イ　父母が同じ人と再婚することによって，先に父母が離婚して単独親権だった子が，同父母の婚姻で，再び父母の共同親権になった（民818条3項）ときは，婚姻届の「その他」欄に「この婚姻により父母の共同親権に服する子の氏名生年月日　○○（子の戸籍の筆頭者）の戸籍にある××（子の氏名）『平成△年△月△日生』」と記載し，子の戸籍に「平成　年　月　日父母婚姻により父母の共同親権に服するに至る　月　日記載㊞」（参考記載例144）と記載をします。

⑥　離婚届

　離婚をするとき，夫婦間の未成年の子の親権を，夫又は妻のどちらが行使するのかを定めなければなりません（民819条1項・2項）。離婚届書の「未成年の子の氏名」欄に夫，妻どちらが親権を行うかを記載し，戸籍には子の身分事項欄に「平成　年　月　日親権者を父と定める旨父母届出㊞」と記載をします（法定記載例101）。

⑶　**親権届の提出，または裁判所書記官からの嘱託書により親権者を明示するもの**

　窓口に届出されるのは，ほとんどが「親権者指定届」又は「親権者変更届」ですが，他の「親権辞任届」等もありますから，内容を覚えておきましょう。

　親権に関する届出様式は「親権（管理権）届」となっていますが，一般的には，実務上同届書の「届出事件の種別」欄の種別を付け加えて，「親権者指定届」，「親権者変更届」等と呼んでいますので，以下においては，そのように表記しています。

①　親権者指定届（民819条3項・4項・5項）

　「親権者指定」とは，まだ子の親権者を定めていない場合や，出生時に法律で親権者が定められているが，父母の協議によって親権者を定める場合に届出をするものです。すでに父母の協議によって親権者を定めている場合に，これを他方に定めるのは，「親権者変更」になりますが，この変更については，家庭裁判所に申立てをすることになります（民819条6項）から間違えないようにしましょう。

　親権者指定は協議（親権者指定届に父母の署名をすること）で行いますが，協議が調わない場合は裁判（調停，審判等）で定めることになります（民819条5項）。

　ア　嫡出でない子の親権者は母ですが，父が認知した後，父母の協議で父を親

権者にする場合（民819条4項・5項）。

- イ　離婚後300日以内の出生子の親権者は母ですが，父母の協議で父を親権者にする場合（民819条3項・5項）。

- ウ　父母の代諾で縁組した養子が，離縁するときに，父母が離婚している場合は，離縁した養子が未成年者であるときは，父母が協議して，どちらが離縁後の親権者になるかを定めることになります。それを定めた場合は，親権者指定の届出をします（民811条3項，戸78条）。なお，養子が15歳未満の場合は，離縁は，養親と養子の離縁後に法定代理人となるべき者との協議することになります。したがって，前記の親権者に定められた者が協議者になります。

② 親権者変更届（民819条6項）

親権者変更は，裁判（調停，審判等）によって，親権者を他の一方に変更することです。

父母あるいは養父母が離婚し，単独親権になっている場合に，子の利益に必要があると認められるときは，子の親族の請求によって，家庭裁判所が親権者を，他の一方に変更することになります。

その他の親権届には以下の届出がありますが，すべて家庭裁判所の関与のもとになされます。

③ 親権喪失（民834条）

父又は母による虐待又は悪意の遺棄（困ると知りながら放っておくこと）があるとき，又は親権の行使が著しく困難又は不適当であることにより，子の利益を著しく害するときは，子，その親族，未成年後見人，未成年後見監督人，検察官からの請求によって，家庭裁判所は親権の喪失の審判をすることができます。この審判が確定した場合は，裁判所書記官から，戸籍記載嘱託書が送付されます（嘱託書の説明は後述）。

④ 親権停止（民834条の2）

親権停止制度は，民法の一部改正（平成23年法律第61号・平成24年4月1日施行）で新たに設けられた制度です。前述した親権喪失（民834条）の要件は，とても厳格で，子の利益をそこなうような行為があっても，要件を満たすことができず「親権喪失」までには至らない場合がありました。また，いったん親権を喪失した場合，その効果は大きく，親権を取り戻し，再び親子としてやり直すことが大変難しい状態になることがありました。そこで，法改正後は，親権を喪失させるまでには至らない比較的程度が軽いケースについては，子，子の親族，未成年後見人，未成年後見監督人，検察官が，2年以内の一定期間を定めて，親権を停止する「親権停止の審判（民834条の2）」を請求することができるようになりました。

この審判が確定した場合は，家庭裁判所書記官から，戸籍記載嘱託書が送付されます（嘱託書の説明は後述）。

⑤　管理権喪失（民835条）

　親権者が，財産管理ができず，子の財産を危うくした場合，子，子の親族，未成年後見人，未成年後見監督人又は検察官からの請求によって，家庭裁判所は管理権の喪失の審判をすることができます。これは財産上の管理の問題なので，管理権が喪失しても，身上の権利には影響ありません。この審判が確定した場合は，裁判所書記官から戸籍記載の嘱託書が送付されます（嘱託書の説明は後述）。

⑥　親権者の職務執行停止及び代行者選任の裁判発効・失効（家事116条 2 号・174条，家事規76条 2 項）

　親権喪失，管理権喪失又は親権停止の申立てをした場合において，未成年者の保護のために必要が生じたときは，当該審判を申し立てた者の請求により，その審判が確定するまでの間，親権（管理権）を行えない親権者の職務の執行を停止し，代行者を選任することができるとされています，これを「審判前の保全処分」と言います（家事105条）。

　この裁判が発効（効力が発生）した場合は，家庭裁判所書記官から，戸籍記載嘱託書が送付されます。

　また，親権を行えない親権者に代わる親権者が指定されたり，もう一方の親権者に変更されたりして，新たな親権者が親権を行うことになった場合には，すでに発効し，戸籍に記載された保全処分によるものは効力を失うので，その場合は裁判所書記官から「保全処分の失効」による戸籍記載嘱託書が送付されます（嘱託書の説明は後述）。

⑦　親権喪失取消届，管理権喪失取消届，親権停止取消届（民836条）

　親権喪失，管理権喪失，親権停止の事由があって親権や管理権を喪失あるいは停止された親権者について，その喪失や停止の原因となった事由が消滅したときは，喪失又は停止された本人又はその親族の請求によって，家庭裁判所は親権又は管理権の喪失の取消し，あるいは親権停止の取消しをすることができるとされています。この取消しの届出は，裁判を請求した者がします（戸79条）。

⑧　親権辞任届，管理権辞任届（民837条 1 項）

　やむを得ない事由で，親権や財産管理を行うことが困難なときは，親権者は家庭裁判所の許可を得て，親権又は管理権を辞任することができます。この辞任の届出は，辞任をしようとする者がします（戸80条）。

⑨　親権回復届，管理権回復届（民837条 2 項）

　やむを得ない事由で，親権や管理権を辞任していたが，辞任の事由が消滅し，親権の行使ができるようになったときには，親権者は家庭裁判所の許可を得て，親権又は管理権を回復することができるとされています。この回復の届出は，回復しようとする者がします（戸80条）。

> **戸籍記載の嘱託**（家事116条）
>   戸籍記載の嘱託とは，家事事件手続法116条に規定する審判が効力を生じた場合に裁判所書記官が市区町村長に対し，戸籍の記載を依頼（嘱託）することをいいます。したがって，事件本人が届出するものではありません。嘱託は，例えば，親権又は管理権の喪失又は親権停止の審判，未成年後見人又は未成年後見監督人を選任又は解任する審判などがあります。裁判所書記官から嘱託書が市区町村長あてに送付されたときは，嘱託書に基づいて戸籍の記載をすることになります（戸15条）。

3 親権（管理権）届の届出人

① 親権者指定届

　父母（養父母）の協議による場合は，創設的届出で父母（養父母）双方が届出人です（戸78条）。

　裁判（調停，審判等）による場合は，報告的届出で新たに親権者になった父（養父），又は母（養母）です（戸79条・63条）。

② 親権者変更届

　親権者の変更は，子の利益のため必要があると認められるときに，子の親族の請求によって，家庭裁判所が親権者を他の一方に変更するものであるから，父母の協議によって変更するものでないことは，すでに述べたとおりです。したがって，この変更届は，必ず裁判（調停，審判等）を得てする報告的届出で，届出人は新たに親権者になった父（養父），又は母（養母）であり，変更請求をした人が誰であれ，必ず新しい親権者が届出人です（戸79条・63条）。

> **注意！**　他の届において，裁判の場合の届出義務者は「申立人」です。これに対し，裁判による親権者指定届，親権者変更届の場合は，請求者によって指定又は変更されますが，その請求者が誰であれ，届出人は裁判で親権者になった新しい親権者です。

③ 親権管理権喪失・親権停止の取消届（報告的届出―戸79条・63条）

　審判を請求した者です。

④ 親権管理権辞任届（創設的届出―戸80条）

　家庭裁判所の審判が必要です（民837条1項）が，これは「許可の審判」であって，決定したものを報告する届出ではありません。親権を辞任する父又は母が届出することによって効力が生じる，創設的届出です。

⑤ 親権管理権回復届（創設的届出―戸80条）

　家庭裁判所の審判が必要です（民837条23項）が，これは「許可の審判」であって，決定したものを報告する届出ではありません。親権を回復する父又は母が届

出することによって効力が生じる，創設的届出です。

※　嘱託書に基づくものについては，届出人はありません。

4　親権（管理権）届の届出期間

　協議による親権者指定届，親権・管理権辞任届，親権・管理権回復の各届出は，いずれも届出によって効力が生じる創設的届出なので，届出期間はありません。

　裁判による親権者指定届，親権者変更届，親権・管理権の喪失の取消届，親権停止の取消届は，調停等の成立又は審判確定の日から10日以内に届出しなければなりません（戸79条・63条）。

5　添付書類

①　裁判による親権者指定届，親権者変更届

　調停による場合は，調停調書の謄本。

　審判（判決）の場合は，審判（判決）の謄本及び確定証明書。

②　親権管理権喪失取消届，親権停止取消届

　審判の謄本及び確定証明書。

③　親権管理権辞任届，親権管理権回復届

　許可審判の謄本。

6　届出地

　原則的な届出地である届出事件本人の本籍地又は届出人の所在地です(戸25条１項)。

7　その他の留意点

　親権のようで，「親権」ではないものがあります。

　「親権」とは，読んで字のとおり「親の権利」ですが，これは「権利」でもあり「義務」でもあることは，第9親権（管理権）の冒頭で述べたとおりです。この親権は，親の立場で行うものですから，以下の権利，義務は，親権の作用ではありません。

○　扶養の権利，義務（民877条）

○　離婚の際の監護権（民766条）

○　認知の際の監護権（民788条）

○　胎児認知に対する母の承諾権（民783条）

○　相続権（民882条～）

絶対覚えてほしい条文（親権）

民法818条　成年に達しない子は，父母の親権に服する。

　　2項　子が養子であるときは，養親の親権に服する。

　　3項　親権は，父母の婚姻中は，父母が共同して行う。ただし，父母の一方が
　　　　親権を行うことができないときは，他の一方が行う。

民法819条　父母が協議上の離婚をするときは，その協議で，その一方を親権者と定
　　　　めなければならない。

　　2項　裁判上の離婚の場合には，裁判所は，父母の一方を親権者と定める。

　　3項　子の出生前に父母が離婚した場合には，親権は，母が行う。ただし，子
　　　　の出生後に，父母の協議で，父を親権者と定めることができる。

　　4項　父が認知した子に対する親権は，父母の協議で父を親権者と定めたとき
　　　　に限り，父が行う。

　　5項　第1項，第3項又は前項の協議が調わないとき，又は協議をすることが
　　　　できないときは，家庭裁判所は，父又は母の請求によって，協議に代わる
　　　　審判をすることができる。

　　6項　子の利益のため必要があると認めるときは，家庭裁判所は，子の親族の
　　　　請求によって，親権者を他の一方に変更することができる。

弐の重
（学習の箱）

第10
未成年後見

　未成年者が成人するまでの間，本来は親権者である父母の身上監護と財産管理を受ける立場にあります。しかし，何らかの理由で親権者がいなくなった場合は，その親権者に代わる者が必要になります。それが「未成年後見人」（民839条・840条）です。未成年後見人は「親の立場」ではありませんが，基本的に親権と同様の権利義務を有します（民857条）。たとえ戸籍に「未成年後見人の記載」がなくても，親権者がいなくなったときに，すでに未成年後見は始まっていますが，法的な手続きをして，未成年後見人にならなければ，法的な代理権は発生しません。なお，従前は，未成年後見人は一人と規定されていましたが，自然人（個人）が一人で未成年後見の職務を行うのは負担が大きい場合があり，また，未成年者に多額の財産がある場合には法律の専門家に財産管理を任せた方が適当との声もあったことから，民法の一部が改正（平成23年法律第61号・平成24年4月1日施行）され，必要があれば複数の未成年後見人を選任することができ（民840条2項），また，自然人（個人）だけではなく，法人も未成年後見人になれるようになりました（民840条3項）。

　親権者がいないときに，身分行為の代理権を持つのは未成年後見人ですから，未成年者の身分行為の代理をした者が，戸籍に記載された未成年後見人か否かについて確認を要するので，親権と同様，重要な役割を果たしていることに留意する必要があります。

未成年後見人複数選任の場合の注意点

　複数の未成年後見人が選任されている場合は，共同してその権限を行うことになります（民857条の2第1項）が，家庭裁判所は，職権で未成年後見人の一部の者に「財産に関する権限のみ」を定めることができるようになりました（民857条の2第2項）。財産管理の権限のみを与えられた未成年後見人は，未成年者の「身上に関する権限」は与えられていないので，戸籍実務で言えば「縁組の代諾権」「離縁の協議権」などの法的な代理権がないということに注意する必要があります。

1 未成年後見開始の原因

(1) 親権を行う人がいない

① 共同親権者双方が死亡したとき

② 共同親権者双方が失踪宣告（民30条・31条）を受けたとき

③ 共同親権者双方が親権喪失（民834条），親権停止（民834条の2）又は親権を辞任（民837条）したとき

④ 離婚により単独親権者になった者が死亡したとき

⑤ 離婚により単独親権になった親権者が親権喪失（民834条），親権停止（民834条の2），親権を辞任（民837条）したとき

⑥ 嫡出でない子の親権者（父又は母）が死亡したとき

⑦ 嫡出でない子の親権者（父又は母）が親権喪失（民834条），親権停止（民834条の2），親権を辞任（民837条）したとき

⑧ 単独親権者が死亡，精神上の障害により意思能力を欠く状況にあるとき，行方不明，長期不在，重病等により，親権を行使できなくなったとき（昭和6.10.8民事710号回答）

⑨ 単独親権者が成年被後見人になったとき（大正4.2.10民95号回答）

⑩ 親権代行者が死亡したとき（昭和25.12.6民事甲3091号回答）

(2) 親権を行う人に管理権がない

① 単独親権者が管理権を喪失したとき（民835条）

② 単独親権者が管理権を辞任したとき（民837条）

未成年後見開始の年月日

　未成年者は切れ間なく保護されなくてはいけないため，後見開始の日は親権を行う者がいなくなったとき，あるいは親権者に親権・管理権がなくなったときから開始されることになります（民838条）。

● 親権者が死亡したとき……親権者死亡の年月日

● 親権代行者が死亡したとき……代行者死亡の年月日

● 親権者が行方不明になったとき……親権者が行方不明になった年月日

● 親権者が親権・管理権を喪失したとき……親権・管理権喪失の審判確定の年月日

● 親権者の親権が停止したとき……親権停止の審判確定の年月日

● 親権者が成年被後見人になったとき……親権者が成年被後見人になった年月日

2　未成年後見終了の原因

　未成年後見は，当然終了するものと，身分行為等の結果終了するものがあります。いずれも戸籍記載上終了したことが明らかなので，本人から記載申出がない限り，職権による戸籍記載はしないとされています（大正5.3.22民69号回答，昭和54.8.21民二4391号通達）。

① 　未成年後見に服している未成年者が死亡したとき，又は失踪宣告を受けたとき

② 　未成年後見に服している未成年者が成年に達したとき（95頁「法改正トピックス」参照）

③ 　親権者が親権又は管理権を回復したとき

④ 　新たな親権者が生じたとき

　　ア　未成年後見に服していた者が養子縁組により，養親の親権に服したとき

　　イ　養子である被後見人が，養子離縁によって実親の親権に服したとき

　（例）養親が死亡し，未成年後見に服していた養子について，死亡養親との離縁によって，縁組代諾者であった縁組前の親権者である父母が親権者になったとき

　　ウ　嫡出でない子が未成年後見に服していた場合に，父母の婚姻により子が準正嫡出子となったとき

　（例）嫡出でない子の母が，親権あるいは管理権を喪失し，子が未成年後見に服していたが，子を認知した父と母が婚姻し，準正嫡出子となり，父が親権者になったとき

3　窓口に届出するものと家庭裁判所からの戸籍記載嘱託によるもの

　民法の一部が改正（平23年法律第61号・平成24年4月1日施行）される前までは，未成年後見人開始届については，すべて窓口で届出をしていましたが，法改正後は，民法839条に定められた「指定未成年後見人（遺言で指定した未成年後見人）」（戸81条）および離縁による未成年後見人選任（民811条5項）の場合だけが，窓口に後見開始届の届出をすることになりました（平成25.3.28民一315号回答）。

　なお，離縁による未成年後見人の選任以外の家庭裁判所が関与する「選定未成年後見人」は，家庭裁判所書記官からの戸籍記載の嘱託（家事116条）によることとなりますから，届出人が誤って窓口に審判書を持参して，未成年後見開始の届出があったときは，届書としては受理できないので返戻し，家庭裁判所から嘱託書が届いてから戸籍記載をすることを説明しなければなりません。

窓口に届出するもの

⑴　窓口に届出する未成年者の後見に関する届出の種類と届出人

　①　指定未成年後見人の未成年後見開始届（戸81条）……届出人：指定された未成年後見人

　　・最後に親権を行うもの（遺言で未成年後見人を指定したもの）が死亡したとき

　　・共同親権者の一方が管理権を喪失し，もう一方の親権者が未成年後見人を遺言で指定した後，その遺言をした者が死亡したとき

　②　未成年養子について，離縁後に親権を行う者がないときに選任された未成年後見人の未成年後見開始届（平成25．3．28民一315号回答）……届出人：家庭裁判所で選任された未成年後見人

　　　次のような例の場合は，家庭裁判所は離縁後に未成年後見人となるべき者を選任しますが，養子離縁届が届出されて初めて未成年後見が開始するため，家庭裁判所の選任による未成年後見人であっても，戸籍記載嘱託書によらず，届出により未成年後見の戸籍記載を行うことになります（平成25．3．28民一315回答）。

> # 離縁による未成年後見人選任の例
>
> （例１）　養父母の一方が死亡した後，生存養親と離縁する場合
> （例２）　養親と実親が未成年の子の親権者を養親と定めて離婚した後，養親と離縁する場合
> （例３）　単独親権者である父（母）の代諾で縁組をした養子について，縁組前の親権者であった父（母）の死亡後に離縁する場合
> （例４）　父母の代諾で縁組をした養子について，父母が死亡後に離縁する場合

　③　未成年後見人地位喪失届（戸82条）……届出人：後任の後見人（複数選任されている場合は他の未成年後見人）

　　・未成年後見人が死亡したとき

　　・未成年後見人が欠格事由（民847条2号〜5号）に該当したとき

　④　未成年後見終了届（戸84条）……届出人：未成年後見人

　　　前記「2　未成年後見の終了の原因」で示した理由で，未成年後見が終了したとき

　⑤　指定未成年後見監督人の未成年後見監督人就職届（戸85条・民81条）……届出人：指定された未成年後見監督人

　　　最後に親権を行うもの（遺言で未成年後見監督人を指定したもの）が死亡したとき

⑥　未成年後見監督人地位喪失届（戸85条・民82条）……届出人：後任の未成年後見監督人（複数選任されている場合は他の未成年後見監督人）

・未成年後見監督人が死亡したとき

・未成年後見監督人が欠格事由（民847条2号～5号）に該当したとき

⑦　未成年後見監督人任務終了届（戸85条・民84条）……届出人：後任の未成年後見監督人

未成年後見監督人の任務を終了するとき

⑵　窓口に届出するものの届出期間

①　未成年後見開始届

就職の日から10日以内（戸81条）

②　未成年後見人等地位喪失届

後任の未成年後見人（未成年後見監督人）が就職した日から10日以内（戸82条），複数選任されている場合は，他の未成年後見人（未成年後見監督人）が，その事実を知った日から10日以内

③　未成年後見終了届

後見終了原因が発生した日から10日以内（戸84条）

④　未成年後見監督人就職届

後見監督人が就職した日から10日以内（戸85条・81条）

⑤　未成年後見監督人任務終了届

未成年後見監督人終了の原因が発生した日から10日以内（戸85条・84条）

⑶　窓口に届出するものの添付書類

指定未成年後見人（指定未成年後見監督人）の未成年後見開始届……遺言書の謄本（戸81条2項）

離縁による未成年後見人の選任の場合の未成年後見開始届……審判書謄本（平成25.3.28民一315号回答）

⑷　窓口に届出するものの届出地

基本の届出地である事件本人の本籍地又は届出人の所在地（戸25条1項）

家庭裁判所からの戸籍記載嘱託書によるもの

「戸籍記載の嘱託」（家事116条）とは，家庭裁判所が，市区町村長に直接戸籍記載を依頼することをいいます。未成年後見人選任の審判（民840条）が確定（離縁による未成年後見人の選任以外のもの）したときなどの次の⑴で掲げる裁判が確定したとき，家庭裁判所書記官は，当該審判による戸籍記載の嘱託書を市区町村長あてに送付し，送付された市区町村長は，嘱託書に基づいて戸籍記載をします。これらは窓口では

届出できないので，もし誤って窓口への届出があった場合は受理できないということに注意が必要です。誤って受理し，戸籍に記載された場合は，届出による記載を消除する戸籍訂正をすることになります（平24.6.4民一1385号回答）。

（参考）民法の一部改正（平成23年法律第61号・平成24年4月1日施行）の主な改正点について

① 未成年後見人を複数選任できるようになった（民840条2項）

父又は母が親権管理権喪失あるいは親権停止の審判を受け，親権の行使ができなくなった場合，又は，親権者の死亡，行方不明などの理由により，親権者がいなくなった場合に，家庭裁判所は，未成年被後見人，又はその親族，その他の利害関係人の請求で，未成年後見人を選任します（民840条1項）が，これまでは未成年後見人の数は一人とされていました（改正前民842条削除）が，改正後は，必要があれば複数の未成年後見人を選任することができ（民840条2項新設），また，自然人（個人）だけではなく，法人も未成年後見人になれるようになりました（民840条3項新設）。

② 未成年後見人の役割の分担ができるようになった（民857条の2第2項・第3項）

未成年後見は，基本的に親権と同様の権利義務があります（857条）。複数の未成年後見人が選任されている場合は，共同してその権限を行うことになります（民857条の2第1項）が，家庭裁判所は，職権で未成年後見人の一部の者に「財産に関する権限のみ」を定めることができるようになりました（民857条の2第2項）。財産管理の権限のみを与えられた未成年後見人は，未成年者の「身上に関する権限」は与えられていないので，戸籍実務で言えば「縁組の代諾権」「離縁の協議権」などの法的な代位権がないということに注意する必要があります。

③ その他の改正として，新たに未成年後見人等の地位喪失届（戸82条）が設けられました。

---

(1) 裁判所書記官からの戸籍記載嘱託書によるものの種類

次の表の裁判が確定した場合は，窓口での届出ではなく，家庭裁判所書記官からの戸籍記載嘱託書に基づき，戸籍記載されます。

1	未成年後見人の選任（ただし離縁による未成年後見人の選任は除く）
2	未成年後見監督人の選任
3	未成年後見人が数人ある場合の財産管理権限に限定する定め
4	未成年後見人が数人ある場合の財産管理権限の単独行使の定め

5	未成年後見人が数人ある場合の財産管理権限の事務分掌の定め
6	未成年後見人が数人ある場合の財産管理権限に限定する定めの取消し
7	未成年後見人が数人ある場合の財産管理権限の単独行使の定めの取消し
8	未成年後見人が数人ある場合の財産管理権限の事務分掌の定めの取消し
9	未成年後見監督人が数人ある場合の財産管理権限に限定する定め
10	未成年後見監督人が数人ある場合の財産管理権限の単独行使の定め
11	未成年後見監督人が数人ある場合の財産管理権限の事務分掌の定め
12	未成年後見監督人が数人ある場合の財産管理権限に限定する定めの取消し
13	未成年後見監督人が数人ある場合の財産管理権限の単独行使の定めの取消し
14	未成年後見監督人が数人ある場合の財産管理権限の事務分掌の定めの取消し
15	未成年後見人の辞任許可
16	未成年後見監督人の辞任許可
17	未成年後見人の解任
18	未成年後見監督人の解任

法改正トピックス

成年年齢の改正と未成年後見終了届

　民法等の一部改正（平成30年法律59号）により，令和4年4月1日から成年年齢（民4条）が20歳から18歳に引き下げられましたが，この改正法は，施行日である4月1日以後に18歳に達するものについて適用し，施行の際に18歳以上20歳未満のもの（改正前，すでに婚姻により成年擬制したものを除く。）については，改正法施行日である4月1日に成年に達するとされています（改正法附則2条：成年に関する経過措置）。

　したがって，本書88頁2の②「後見終了の原因」である「未成年者が成年に達したこと」を理由に後見終了届をする場合の「成年に達したとき」は，上記を基準に考えますが，後見終了は戸籍記載上明らかなので，届出あるいは申出がない限り戸籍に記載する必要はありません（大正5.3.22民69号回答，昭和54.8.21民二4391号通達）。

弐の重
（学習の箱）

第11

入　籍

　親子（養親子関係も含む）は，たとえ氏が違っていても，戸籍が別になっていても，親子に変わりはありませんが，親と子が共同生活をするに当たって氏や戸籍が同じでないと支障があることもあります。その支障を解消するための手段のひとつが「入籍届」です。子が父母と氏を異にしている場合の入籍については，昭和62年9月26日の民法等の一部が改正される（同年法律101号）までは，家庭裁判所の許可が必要でした。ところが，改正後の民法791条では，許可が「必要な場合」と「必要でない場合」に分けられました（後に詳しく説明します）。家庭裁判所の許可が必要なのに許可なしで受理してしまった入籍届は，その届出は「無効」になります（昭和26. 7 . 23民事甲1505号回答）。また，事件本人が15歳未満の場合の届出人は，法定代理人になります（民791条3項）。この場合に正しい届出人でない者からの入籍届を受理してしまったときも，その届出は無効になりますので十分注意しましょう。

　入籍届は，親子の民法上の氏が違う場合と，民法上の氏が同じであるが呼称上の氏が違う場合があります。ここでも「ゆで卵の原則」が活躍します。「ゆで卵の中身（民法上の氏）」の状態を知ることが，この勉強のキーワードです。すでに述べた壱の重の「氏のはなし」（6頁）を参照してください。

　次に，入籍届の種類から見ていきましょう。

1 入籍届の種類

(1)　父又は母の氏を称する入籍届（民法791条1項・3項）

　父母（養父母も含む。）が離婚すると，父又は母は婚姻前の氏に復しますから，民法上は違う氏になります。たとえ戸籍法77条の2の届出によって，離婚の際の氏を称していて同じ氏であっても，卵の殻と卵の中身は違う氏です。この事例で，子が，氏の変わった父又は母の氏になりたいときは，家庭裁判所の許可を得て「父」又は「母」の氏を称する入籍に☑チェックをして届出をします（民791条1項・3項，戸98条）。父母が死別して，父又は母が復氏した場合も同じです。

　なぜ家庭裁判所の許可が必要なのでしょうか。それは，父母が離婚しており，父母間に争いがあったりするときは，その間の利害の調整をし，子がどちらの氏を名乗るのが幸せかを考える必要があるからです。そして，その判断は家庭裁判所がすることとされています。

⑵　父母の氏を称する入籍届（民法791条2項・3項）

　父母（養父母も含む。）が身分行為（縁組や離縁など）をして，父母と子が民法上違う氏になったときは，父母が婚姻中に限って家庭裁判所の許可なしで入籍届ができます。

　ここで注意することは，民法791条2項の規定中に「父又は母が氏を改めたことにより子が父母と氏を異にする場合……」と書かれているので，子が身分行為（離婚など）をして，子の側において民法上の氏が変わったときは，たとえ父母が婚姻中であっても家庭裁判所の許可が必要な入籍届（民791条1項）になります。これは，もともと入籍届には必ず家庭裁判所の許可が必要だったのですが，氏の基盤である「父母」が氏を改めたこと，また，父母が婚姻中で子の入籍について争いがないことを条件に，特別に家庭裁判所の許可が不要になっただけなのです。このことから，子が氏を改めたため，子と父母の氏が違うようになった場合は，家庭裁判所の許可が必要になります。

　　※　従来，子が準正子になったときは，子は直ちに父母の戸籍に入籍する取扱いでした（昭和35.12.16民事甲3091号通達）。これは，子が準正子の身分を取得したとしても，子自身に氏の変動を生じる身分行為がないにもかかわらず，氏が変動するという前掲民事甲3091号通達による取扱いは，民法の定める氏の原則からいって理論上説明が困難であるとの理由があります。民法の一部を改正する法律（昭和62年法律101号・昭和63.1.1施行）の施行により，民法791条2項の規定が新設されたことによって，父母婚姻中であるときは，家庭裁判所の許可を得ないで父母の氏を称することとされたので，前掲民事甲3091号通達の取扱いが改められました（昭和62.10.1民二5000号通達第5の1・2参照）。

⑶　従前の氏を称する入籍届（民法791条4項）

　子が未成熟な未成年のときに，離婚して復氏した父や母の氏を称し，あるいは認知した父の氏を称する入籍届で，父や母の戸籍に入籍していた子が，子本人が成年になって，やっぱり元の氏の方が良かったので戻りたいと思ったときは，子が成年になってから1年以内であれば，家庭裁判所の許可なしで元の氏に戻ることができます。民法791条4項の規定では「前三項の規定により氏を改めた未成年の子は，成年に達した時から1年以内に戸籍法の定めるところにより届け出ることによって，従前の氏に復することができる」とされています。ここで言う「前三項」は，民法791条1項・2項・3項のすべての入籍届を含みます。このため，たとえ前の入籍時に，子が15歳になっていて，子の意思で子自身が届出人になって入籍届をしていたとしても，成年になった時から1年以内であれば家庭裁判所の許可を得ないで元の氏に戻ることができるのです。

法改正トピックス

成年年齢の改正と従前の氏に復する入籍届

　民法等の一部改正（平成30年法律59号）により，成年年齢（民４条）が20歳から18歳に引き下げられましたが，この改正法は，施行日である４月１日以後に18歳に達するものについて適用し，施行の際に18歳以上20歳未満のもの（改正前，すでに婚姻により成年擬制したものを除く。）については，改正法施行日である４月１日に成年に達するものとするとされています（改正法附則２条：成年に関する経過措置）。

　したがって，民法791条４項に規定する，「成年に達した時から１年以内に戸籍法の定めるところにより届け出ることによって，従前の氏に復することができる」との規定に基づく「従前の氏に復する入籍届」の場合の，「成年に達した時」の「成年」の基準日は，上記の通りとし，その日から１年以内となります。

⑷　父又は母，あるいは父母と同籍する入籍届

　父や母（養父や養母も含む。）と子が民法上の氏が同じ場合で，戸籍が別になっている場合に，子が父や母の戸籍に入りたいときは，「父（母）あるいは父母と同籍する入籍届」をします。この場合の入籍届は，民法上の氏が同じであるから家庭裁判所の許可は得られないので，戸籍の先例上で認められた取扱いです。例を挙げてみましょう。

　（例１）　子を持つ母が再婚して夫の氏になりました。子は母の夫とは養子縁組はしないで，母の婚姻前の戸籍に残っています。その後，母は離婚して戸籍法77条の２の届出で，離婚のときに称していた氏で新戸籍を編製しました。この場合に，母の婚姻前の戸籍に在籍している子は，母と同籍できるかについて考えてみましょう。

　　子は母の婚姻前の氏ですし，母は戸籍法77条の２の届出による氏（離婚のときに称していた氏）ですから，呼称上の氏は違います。しかし，母の氏の卵の殻（呼称上）は婚姻した相手の氏ですが，中身（民法上）は婚姻前の氏に戻っています。つまり，子と母の民法上の氏は同じですから，この場合は，「母と同籍する入籍届」で母の戸籍に入籍できます（昭和62.10.１民二5000号通達第４の２⑵）。

　（例２）　子の母は日本人，父は韓国人です。母は韓国人である夫の氏「朴」を称するため戸籍法107条２項の氏変更の届出をし，母は「朴」の氏で新戸籍をつくりました（戸20条の２）。戸籍法107条２項の氏変更の効果は同じ戸籍に在籍している子には及ばないので，子は母の氏変更前の戸籍に在籍しています。この場合に，子は母の戸籍に入籍できるかについて考えてみましょう。

　　外国人には「日本の戸籍の氏の概念」がありませんから，母がたとえ表面

上韓国人の夫の氏を名乗っていても，氏の中身（民法上の氏）は変更前の氏のままです。したがって，子と母の民法上の氏は同じですから，子は「母と同籍する入籍届」で母の戸籍に入籍できます（昭和59.11.1民二5500号通達第2の4(1)カ）。

> **注意！**　　そのほか，民法上の氏が同じ親と子の場合であれば，家庭裁判所の許可を得ないで入籍届ができますが，この「同籍する入籍届」は，通達で認められている特別な取扱いです。したがって，子が単身者である場合のみ認められるものですから，子が夫婦で戸籍を編製している場合（子が自己の氏を称して婚姻し，新戸籍編製後に離婚しているような場合）は，この入籍届で父や母と同籍する入籍をすることはできません。また，子が，父又は母（又は父母）の戸籍から分籍している場合も，父・母と氏を異にするわけではないので，分籍後に同籍する入籍ができないのは言うまでもありません。

2　入籍届と戸籍の変動

入籍届と戸籍の変動を入籍届書の「入籍する戸籍または新しい本籍」欄の☑で考えていきましょう。

① ☑すでにある戸籍に入る

　基盤となる父又は母あるいは父母の戸籍が，すでにある場合，子はその戸籍に入籍します。

② ☑父または母の新戸籍に入る

　基盤となる父又は母が戸籍の筆頭者でない場合は，子がその戸籍に入ると，祖父母，父（母），孫の三代戸籍になるので，父又は母について新戸籍をつくって，子はその戸籍に入籍します（戸17条）。

(**例**) 母が離婚し，母は婚姻前の父母の戸籍に復籍しました。その後父の戸籍に在籍する子が，家庭裁判所の許可を得て母の氏を称する「入籍届」をした場合は（民791条1項），この「入籍届」により母について新戸籍を編製し，子はその戸籍に入籍します（戸17条）。

③ ☑新しい戸籍をつくる

　父又は母あるいは父母が氏を改めている場合に，子がその改めた父母の氏に変更するときに，子はすでに婚姻し，自己の氏で戸籍を編製している場合は，子夫婦について，父（母）の変更後の氏で，新しい戸籍をつくります（戸20条）。この場合，子夫婦が父や母の戸籍に同籍することはありません。

3　入籍届の届出人

　家庭裁判所の許可の要，不要に関わらず，届出人は，子が15歳以上なら子本人，15歳未満なら子の法定代理人（親権者，未成年後見人※）です（民791条3項，戸98条1項）。

> ※　未成年後見人が複数の場合は，共同で届出することになります。なお，民法等の一部を改正する法律（平成23年法律第61号，平成24年4月1日施行）の施行に伴い，戸籍届書の標準様式の一部も改正されました（271号通達）。これによって，入籍届書の様式も届出人欄が変更され，未成年後見人が複数の場合の記載方法は同欄に示されました。

　また，入籍届をする人に配偶者がある場合は，配偶者とともに届出をしなければなりません（戸98条1項・2項）。

　配偶者が共同で届出をするのは，筆頭者に伴って氏を変更する配偶者の意思を尊重するという趣旨に基づくものです。）が，民法791条1項に規定する家庭裁判所の許可を得てする入籍届の場合は，審判の際に筆頭者とともに氏が変更される配偶者の意思については考慮されているため，配偶者が共同で届出をする必要はありません。

届出人と戸籍の変動の注意事項

　「☑父または母の新戸籍に入る」に該当する入籍届の場合は，父又は母について，在籍する戸籍から除かれて新戸籍をつくることになります。その場合の新戸籍の場所については，届出人が15歳未満なら，新戸籍をつくる父や母が届出人になっているので，新戸籍をつくる場所をどこにするかを届出人である父や母が「意思表示」することができます。しかし，15歳以上の子が入籍届をするときは，届出人が子本人なので，新戸籍をつくる父や母が「意思表示」をすることができません。その場合は，父又は母の従前と同じ同所同番地に新戸籍をつくることとされています（戸30条3項）。

4　届出地

　原則的な届出地である届出事件本人の本籍地又は届出人の所在地です（戸25条1項）。

5　届出期間と添付書類

　家庭裁判所の許可を得た入籍届であっても，これは報告的届出ではありません。届出によって効力が発生する創設的届出なので，届出期間はありません。

　民法791条1項の入籍届には，家庭裁判所の「子の氏変更許可の審判書謄本」の添付が必要です。許可書の有効期限はありませんが，家庭裁判所の許可をもらって，

入籍届をするまでの間に，戸籍に変動があって（例えば，父や母が死亡するなど）許可当時と状況が変わっている場合は，その許可は無効になります。

絶対覚えてほしい条文（入籍届）

民法791条　子が父又は母と氏を異にする場合には，子は，家庭裁判所の許可を得て，戸籍法の定めるところにより届け出ることによって，その父又は母の氏を称することができる。

　　2項　父又は母が氏を改めたことにより子が父母と氏を異にする場合には，子は，父母の婚姻中に限り，前項の許可を得ないで，戸籍法の定めるところにより届け出ることによって，その父母の氏を称することができる。

　　3項　子が15歳未満であるときは，その法定代理人が，これに代わって，前二項の行為をすることができる。

　　4項　前三項の規定により氏を改めた未成年の子は，成年に達した時から1年以内に戸籍法の定めるところにより届け出ることによって，従前の氏に復することができる。

第12

転　　籍

　本籍とは，人の戸籍の所在場所のことですが，この本籍は，日本国領土内で不動産登記上の地番を有する地であれば，どこに設定することも可能です。そして転籍とは，この戸籍の所在場所である本籍を移転することです。また，転籍には，同じ市区町村内で本籍を変更する「管内転籍」と，他の市区町村に本籍を変更する「管外転籍」があります。

　管内転籍と管外転籍の届出では，届書の添付書類にも違いがあり，また，戸籍の記載内容にも違いがあります。管外転籍では，転籍後の新戸籍にそのまま記載する事項（移記事項）と，新戸籍で消えてしまう事項（移記しない事項）があります。転籍後の戸籍の形を頭に入れておくことが大切です。ただし，他の戸籍の変動とは違い，転籍による戸籍の変動については，転籍前の戸籍も，転籍後の戸籍も，移記されない事項等があって記載内容は違っても，「基本的には全く同じ戸籍なのだ」ということを忘れないでください。例えば，離婚で「戻る戸籍」が，転籍によって婚姻のときの市区町村から他の市区町村に変更になっていても，転籍後の戸籍に戻るのは，この「同じ戸籍である」という考え方によるものです。

1 新本籍の設定

　日本国内に存在する土地の地名地番とは，本籍を設定する時点で存在する土地の地名地番ということです。土地の地番は，枝分かれ（分筆）したり，地番が合併（合筆）して地番がなくなったり，常に変動しています。また，地名も市町村合併などで変更することもあります。本籍が設定できるかどうかを確認することが必要です。

　※　本籍は，日本領土内であれば，いずれの場所にも定めることができますが，干拓地などで，いまだいずれの市区町村の区域に属するか定められていない場所には定めることはできません（昭和25.12.27民事甲3352号回答）。

住居表示による本籍の表示

　本籍の表示は，地番号若しくは街区符号の番号によって表示されます（戸規3条）。
○番○号という地番号は，住居表示に関する法律に基づいて市区町村内の区域を道路，
鉄道，河川，水路等によって区画された地域の符号（街区符号）及び当該街区内にあ
る建物等につけられた番号（住居番号）のことです（同法2条1号）。住居表示によ
る新本籍の設定の際は街区符号の番号である「○番」までしか本籍に設定できません。
なぜ住居番号が本籍に入らないのか質問された場合は，戸籍法施行規則3条に規定し
ている趣旨を説明してください（なお，木村三男著「設題解説戸籍実務の処理Ⅰ総論
編」327頁以下参照）。

2 転籍の種類

① 管内転籍

　戸籍事項欄に本籍を変更した旨を記載して，本籍欄を変更するだけです。

② 管外転籍

　他の市区町村に戸籍を移した場合，戸籍の記載事項の中で，新戸籍に記載（移
記）する事項と，新戸籍で消えてしまう（移記しない）事項があります。また，前
の戸籍で氏名の文字が「誤字」で記載されていた者は，対応する正字に置き換えら
れます（文字の取扱いは「壱の重基本編（文字のはなし）」を参照してください）。

　次に述べる，管外転籍の場合に身分事項を「移記するもの・移記しないもの」
については，転籍に限らず，戸籍の変動がある場合にすべて適用されますので，
しっかり頭の中に入れておいてください。

移記するもの・移記しないもの

● **移記するもの**（戸籍が変動しても移記を省略せず記載するもの）
　戸籍事項欄　●氏の変更に関する事項（戸規37条本文・34条2号）
　個人欄　　　●筆頭者が除籍されている場合の，筆頭者の名欄，父母欄，生年月日
　　　　　　　　欄は，戸籍の索引的機能を有するので，身分事項欄の記載は除くが，
　　　　　　　　それ以外は移記する（戸規37条4号）。
　身分事項欄（戸規39条1項）
　　　●出生事項　●嫡出でない子の認知事項（準正している場合は不要）
　　　●継続中の縁組事項（養親は不要）　●継続中の婚姻事項
　　　●未成年者の親権・後見事項　●継続している推定相続人の廃除事項

> ●日本国籍の選択宣言，外国国籍の喪失に関する事項
>
> ●名の変更事項　●性別の取扱いの変更に関する事項
>
> ●**移記しないもの（戸籍が変動したら消えるもの）**
>
> 戸籍事項欄（戸規37条ただし書・34条）
>
> 　●以前の新戸籍編製事項　●過去にした転籍事項
>
> 　●戸籍の全部消除事項　●戸籍全部にかかる訂正，更正事項
>
> 　●戸籍の再製，改製事項
>
> 個人欄
>
> 　●筆頭者以外の者で，すでに除籍されている者のすべての事項（戸規37条３号）
>
> 身分事項欄
>
> 　●除籍された筆頭者の身分事項全部（戸規37条４号）　●準正した子の認知事項
>
> 　●成年に達した子の親権事項　●すでに離縁した縁組事項
>
> 　●すでにした離縁事項　　●すでに離婚した婚姻事項
>
> 　●すでにした離婚事項　　●すでにした入籍事項
>
> 　●すでに取り消された身分事項　●すでに無効になった身分事項
>
> 　●国籍の取得に関する事項及び就籍に関する事項
>
> ※その他すべての事項欄において，訂正を施した訂正事項は移記しません。

3 届出地

　原則的な届出地である届出事件本人の本籍地又は届出人の所在地（戸25条１項）のほか，新本籍地となる転籍地でも届出ができます（戸109条）。

4 届出人

　筆頭者と配偶者（戸108条１項）です。単身で筆頭者になっている場合は，その筆頭者（筆頭者が15歳未満の未成年者のときは，法定代理人）です。筆頭者死亡の場合は生存配偶者です。筆頭者及び配偶者の双方死亡の場合は，転籍の届出はできません。筆頭者及び配偶者以外の在籍者からの転籍の届出は前記のとおりできませんので，その在籍者が成年に達しているときは，分籍によって，希望の場所に本籍を定めればよいことになります（戸21条・100条）。

5 届出期間

　届出によって効力が発生する創設的届出なので，届出期間はありません。

6 その他の留意点

(1) 転籍届の添付書類

　管内転籍の場合は，新戸籍は編製されませんが，管外転籍の場合は，必ず新戸籍

が編製されます。戸籍記載の正確性を期するため，管外転籍には，絶対に戸籍謄本の添付が必要です（戸108条2項）。「後で持ってくるから受理して欲しい。」といわれても受理はできません。管外分籍も同じく戸籍謄本が必要です。このように，絶対添付しなくてはいけない添付書類を「法定添付書類」と言います。

> ※　戸籍法35条は，「届書には，この法律その他の法令に定める事項の外，戸籍に記載すべき事項を明かにするために必要であるものは，これを記載しなければならない。」と規定しています。戸籍の記載は原則として届書に基づいてされますが，戸籍には届書の記載事項とされているもの以外にも数多くの事項が記載されます（戸13条，戸規30条参照）。それらの事項を規定上漏れなく列挙することは不可能であるため，戸籍法35条において包括的に規定しています（青木義人・大森政輔著「全訂戸籍法」日本評論社1982年・227頁）。例えば，新戸籍又は入籍する戸籍に従前戸籍の記載を移記する事項等をすべて届書に記載するには届出人にとって負担であるため，実務上は戸籍謄抄本の添付によって届書の記載に代えることができるとされています（大正4．2．19民207号回答）。この取扱いは届書の記載をする届出人の負担軽減と市区町村側の事務処理の効率化の観点からも望ましいことと考えられます。したがって，管外転籍，管外分籍における戸籍謄本の添付は，前述の考え方によってなされるものであることを理解しておくことが必要です。

法改正トピックス

戸籍のネットワーク化に伴う戸籍謄抄本の添付

　戸籍の届出に伴う戸籍謄抄本の添付省略および国民の利便性を図ること，ならびに戸籍事務の効率化の観点から，各市区町村の戸籍システム間のネットワーク化が進められています。戸籍法の一部を改正する法律（令和元年法律17号）により，これらネットワーク化に必要な戸籍法をはじめとした関連法令の改正・整備がなされました（該当部分は未施行。施行日は，公布の日から起算して5年を超えない範囲内において政令で定める日）。新法施行後は，現在，法定添付書類とされている，管外転籍（戸108条2項），管外分籍（戸100条2項）の戸籍謄本（システム化に適さないとして紙戸籍である場合を除く。）の添付は不要となります（分籍届につき改正戸籍法120条の7・転籍届につき改正戸籍法120条の8）。

絶対覚えてほしい条文（転籍）

戸籍法108条　転籍をしようとするときは，新本籍を届書に記載して，戸籍の筆頭に記載した者及びその配偶者が，その旨を届け出なければならない。
　　　　2項　他の市町村に転籍をする場合には，戸籍の謄本を届書に添附しなければならない。

弐の重
（学習の箱）

第13

分　　籍

「親子の縁を切りたいので，戸籍を分けたい。」こんな相談を窓口等で受けたことはありませんか。養子縁組による親子関係は，養子離縁によって解消することができますが，実親子関係は，真実の親子であれば，永遠に切ることはできません。分籍は，親の戸籍から分かれて，分籍者本人を筆頭者とする戸籍を新しくつくることであって，親子関係やその他の身分関係に効果を及ぼすものではありません。しかし，窓口に来られる方は，間違った理解をしている人も多いようです。

※　旧民法施行当時は，戸籍は「家」を表わすものとして，その家に属していたか否かによって親族上の身分関係に影響していました。したがって，その家を出る（出される）ということは，その者にとって重大なこととされていました（例えば，養親が養家を去ることによる親族関係の終了―旧民730条2項，子はその家に在る父の親権に服す―旧民877条，戸主の親族でその家に在る者を家族とし，家族の家督相続人の地位―旧民732条・970条など）。

1　新本籍の設定

第12の転籍届（102頁）と同じです。

2　分籍の種類

分籍によって，同一市区町村内に新戸籍をつくる「管内分籍」と，他の市区町村に新戸籍をつくる「管外分籍」があります。

いずれも元の戸籍から分かれて，分籍者を筆頭者とする新戸籍が編製されます。必ず戸籍の変動があるので，戸籍の記載事項の中で，第12の転籍届で述べた，身分事項を「移記するもの・移記しないもの」（103頁）の判断が必要です。

3　届出地

原則的な届出地である届出事件本人の本籍地又は届出人の所在地（戸25条1項）のほか，新本籍地となる分籍地でも届出ができます（戸101条）。

4　届出人

分籍しようとする者（筆頭者及びその配偶者を除く。）です（戸100条）。ただし，分籍

しようとする者は成年に達した者（成年擬制者も含む。）に限られています（戸21条）。筆頭者や配偶者は，その者を中心にすでに戸籍が編製されているため分籍はできません。配偶者は，筆頭者死亡後も分籍はできません（昭和38．5．9民事甲1327号回答）。

5　届出期間

届出によって効力が発生する創設的届出なので，届出期間はありません。

6　その他の留意点

(1)　分籍届の添付書類

戸籍記載の正確性を期するため，管外分籍の場合は，絶対に戸籍謄本の添付が必要です（戸100条2項）。「後で持ってくるから受理して欲しい。」と言われても受理はできません。これは「法定添付書類」だからです。

※　105頁「法改正トピックス」参照。

(2)　分籍の効果

いったん分籍すると，元の戸籍には戻れません。また，分籍届をしなくても，次のように分籍と同じ効果がある場合があります。窓口では，分籍しようとする人，あるいは分籍と同じ効果がある身分行為をする人には，必ず「元の戸籍に戻れないこと」を伝えてください。

分籍の効力のはなし

養子離縁届や離婚届のところでも触れましたが，養子離縁や離婚等で戸籍に変動がある人は，もとの戸籍に戻るのが原則ですが，戸籍法19条1項ただし書により，希望すれば，新戸籍を編製することもできます。戻る戸籍があるにもかかわらず，新戸籍の申出をした場合は，もとの戸籍に戻ることはできません。これは，分籍届を出したわけではありませんが，戻る戸籍に戻らないで新戸籍を編製するという「意思表示」をしたのですから，分籍の意思表示と同じ効果があるからです。

絶対覚えてほしい条文（分籍）

戸籍法　21条　成年に達した者は，分籍をすることができる。但し，戸籍の筆頭に記載した者及びその配偶者は，この限りでない。

　　　　　2項　分籍の届出があったときは，新戸籍を編製する。

戸籍法100条　分籍をしようとする者は，その旨を届け出なければならない。

　　　　　2項　他の市町村に新本籍を定める場合には，戸籍の謄本を届書に添附しなければならない。

戸籍法101条　前条第2項の場合には，分籍の届出は，分籍地でこれをすることができる。

弐の重
（学習の箱）

第14
氏の変更（戸107条１項）

　人の氏（壱の重「氏のはなし」（６頁）参照）は，日本人の場合は，生まれたら父母（父又は母）の氏，日本人同士の縁組の場合は，養子は養親の氏，婚姻の場合は，夫婦は協議によっていずれかの氏を称し，その氏が自己の氏でないときは，その定められた氏に変動します。ゆで卵にたとえれば，「ゆで卵の中身」（民法上の氏）は身分行為によって変動しますが，この身分行為によって氏が変動するのとは別に，「ゆで卵の殻」つまり「呼称上の氏」を変更する行為があります。呼称上の氏の変更には，「戸籍法77条の２（離婚）」「戸籍法73条の２（離縁）」「戸籍法107条２項（婚姻した外国人配偶者の氏に変更）」「戸籍法107条３項（外国人配偶者と離婚したときに元の氏に変更）」「戸籍法107条４項（外国人父又は母の氏に変更）」があります。これらの氏変更には，必ず「離婚」，「離縁」，「外国人配偶者」及び「外国人父母」という，前提になる一定の身分行為や，一定の条件がないと届出をすることができません。

　しかし，ここで説明する「戸籍法107条１項の氏の変更」は，身分行為や条件は必要ありません。「やむを得ない事由があると認められるので，氏変更してもよい。」と家庭裁判所が許可をすれば，希望する氏に変更することができるのです。いわば家庭裁判所の許可だけが条件の氏変更届です。社会生活を営む上で必要とされる呼称上の氏変更ですが，戸籍実務を担当する私たちにとって，「大切な民法上の氏」をわかりにくくしているのも事実です。呼称上の氏に惑わされて，民法上の氏を見失わないように，しっかり勉強していきましょう。

1　氏変更の実例

　窓口で「この氏に変更したいのですが，何か良い方法を教えてほしい。」とよく相談されることがあります。民法791条（民法上の氏の変更），戸籍法77条の２・73条の２・107条２項・107条３項・107条４項（呼称上の氏の変更）のどの規定にも当てはまらないときは，107条１項を教えてあげましょう。ただし「認められるか否かは家庭裁判所の判断です。」と付け加えるのを忘れないようにしましょう。

（**例１**）　４か月前に離婚したときに旧姓に戻りましたが，旧姓に戻ったことで，職場でいろいろな支障が出てきたので，離婚の際の氏になりたいのですが。

　　戸籍法77条の２の届出によって離婚当時の氏が名乗れるのは，離婚して

　から３か月以内と定められています（民767条２項）。もう期間は過ぎていますので，家庭裁判所に申し立てて，同法107条１項の氏変更の許可を得る必要があります。

（例２）離婚したときに戸籍法77条の２の届出によって離婚当時の氏を名乗っていますが，事情があって旧姓に戻りたいのですが。

> 　戸籍法77条の２の届出によって，離婚当時の氏を名乗ってしまうと，旧姓に戻るには家庭裁判所に申し立てて，同法107条１項の氏変更の許可を得る必要があります。

（例３）３か月前に結婚しました。夫は中国人で，ふだんは通称名の「高田」を名乗っています。夫の通称名の「高田」に氏変更したいのですが。

> 　戸籍法107条２項の規定で，外国人配偶者の氏が名乗れるのは，配偶者の「本名」とされています。配偶者の通称名に変更するには，家庭裁判所に申し立てて同法107条１項の氏変更許可を得る必要があります。

（例４）私は父方の氏「原田」を名乗っています。母方の氏は「川崎」ですが，母方の祖父母も亡くなり，離婚して「川崎」に戻っていた母も先日亡くなりました。母方の氏「川崎」の氏が絶えてしまうので，私が「川崎」を名乗る何か良い方法はありませんか。

> 　民法791条１項の規定に基づき，家庭裁判所の許可を得て，「母の氏を称する入籍届」をして変更する方法がありましたが，その母も，すでに亡くなっており，その入籍の基盤となる母の戸籍はありません。家庭裁判所に申し立てて戸籍法107条１項の氏変更許可を得る方法があります。しかし，許可されるには，母方の氏を使用していたことの実績などが問題とされるものと考えられるので，許可されるかどうかは裁判所の判断になります。

（例５）私は両親の氏「村田」を名乗っています。両親はすでに他界しました。私は，今の氏「村田」に，少しも良い思い出がありませんので，７年前から通常は母方の氏「小島」を名乗って生活してきました。戸籍が「村田」のままなので，この際，戸籍も「小島」に変えて，名実ともに「小島」姓になりたいのですが。

> 　氏を変更したい「やむを得ない事由」がある場合は，家庭裁判所に申し立てて，許可が得られれば，希望の氏に変更できます。

（**例６**）私の戸籍の氏は「藪田」です。字が難しくて書くのに苦労するので，ふだんは「薮田」と書いています。でも戸籍の文字が「藪田」のままなので公的な書類は「藪田」と書くように言われます。戸籍も「薮田」に変えたいのです。同じ文字なら簡単に変えられる「申出」という方法があると聞きましたが教えてください。

> 　戸籍の文字は旧字体から通用字体に，あるいは誤字や俗字から正字に，一定の条件があれば申出によって変えられます。以前は「藪」から「薮」に変えたいときは「申出書」を出せば変えることができたのですが（13頁の「文字のマルマル表」を参照），平成16年９月27日民一2665号通達で「薮」は「通達別表の文字」，「藪」は「辞書で正字とされている文字」に当たるとされました。「藪」と「薮」は同じマルの中に入るため，互いに更正や訂正ができなくなりました。変更したいときは家庭裁判所に申し立てて，107条１項の氏変更許可を得てください。

2　戸籍法107条１項の氏変更の効果

　氏変更の申立てをするのは「筆頭者」と「配偶者」に限られています。筆頭者が死亡しているときは「配偶者」のみが申立人になります。また，配偶者が死亡している場合や配偶者がいない単身者が筆頭者である場合は「筆頭者」のみが申立人となります。筆頭者になっていない単身者は，分籍をして筆頭者にならなければ申立てができません。これは，「氏変更の効果」が，その戸籍に入っている者全員に及ぶから，筆頭者及びその配偶者は，いわばその戸籍の代表者として申し立てるということになります。逆に言えば，その戸籍に入っていない者に効果は及ばないということです（昭和24.９.１民事甲1935号回答）。

　例えば，ある人が戸籍法107条１項の規定によって氏を変更をして，氏を「山田」から「川口」に変えたとしましょう。他の戸籍に子がいても，その子は親が「川口」に氏変更しても氏は「山田」のまま変わらないということです。しかし，親が呼称上の氏を変更したので，子の戸籍の父母欄の氏は「川口」に変えることができます。氏変更の届書の「その他」欄に「△県△市×○番地○○（子の戸籍の筆頭者）戸籍にある長男××（子の氏名）の父（母）欄を更正してください。」と書けば，他の戸籍にある子の父母欄は「川口」に変えることができます。また，「同じ戸籍に

ある長女△△（子の名）の父（母）欄を更正してください。」と書けば，同じ戸籍に
ある子の父母欄は「川口」に変えることができます。「その他」欄に更正申出の記
載をしなければ，父母欄は変更前のままとなりますので注意してください。

戸籍法107条 1 項の氏変更で注意しなければいけない例

　父母の氏「山田」の戸籍から，長女が婚姻して除籍され，夫の氏になりました。そ
の後離婚して旧姓で新戸籍を編製しようとしたところ，父母は，長女の婚姻中に107
条 1 項の氏変更をして現在は「川口」になっています。離婚後，長女が名乗る氏は「山
田」か「川口」か……？　答えは「川口」です（昭和23. 1 .13民事甲17号通達）。
これは，107条 1 項の氏変更は「同籍者に及ぶ」という効果があるから，離婚により
復氏する長女にも及ぶためです。婚姻事項の従前の氏で復する氏を検索している私た
ちには大きな落とし穴ですね。

---

3 届出地
　原則的な届出地である届出事件本人の本籍地又は届出人の所在地です(戸25条 1 項)。

4 届出人
　夫婦なら，「筆頭者」と「配偶者」です。筆頭者が死亡しているときは「配偶者」
のみ，配偶者が死亡している場合は「筆頭者」のみが届出人です。また，配偶者が
いない単身者が筆頭者である場合は，その「筆頭者」のみが届出人となります。

5 届出期間
　家庭裁判所の許可を得ていても，届出によって効力が発生する創設的届出なので，
届出期間はありません。したがって，届出をしないと変更の効果は生じません。

6 添付書類
　許可の審判書謄本と確定証明書です。

絶対覚えてほしい条文（戸107条 1 項氏変更）

戸籍法107条 1 項　やむを得ない事由によって氏を変更しようとするときは，戸籍の
　　　　　　　　　筆頭に記載した者及びその配偶者は，家庭裁判所の許可を得て，そ
　　　　　　　　　の旨を届け出なければならない。（ 2 項から 4 項は省略）

第15
名 の 変 更

　ある人の戸籍を特定するには，筆頭者の氏名と本籍により，また個人を特定するには，そのほかに本人の氏・名・生年月日によります。名は個人を特定する大切な要素ですが，名乗っている名が，社会生活をする上で不都合があって，これを変更するための「正当な事由」があれば，家庭裁判所の許可を得て変更することができます（戸107条の2）。「氏」は民法790条で原始的に決定されますが，「名」は命名権のある者が，出生届の際に自由に選択して命名します。しかし，名は，氏とともに個人の呼称として自己を他人から識別し，その同一性を表わすものですから，命名後にみだりに名を変えることは，社会一般にも支障を来すことになるので，好ましくありません。そのため，名を変更する「正当な事由」があるかどうかを，当事者の申立てによって家庭裁判所において判断するものとされています。窓口で「名前を変えるぐらいは，自分の自由でしょう。」と言われたら，このように説明してください。

1　名の変更の許可事由

　家庭裁判所は，その人が社会的に名の変更を必要とするかどうかは，それぞれの事案ごとに判断すべきものとして，画一的な判断基準は定められていませんが，「正当な事由」の有無を判定するに当たっては，次のような事実の有無が考慮されるべきであるとしています（昭和23.1.31民事甲37号最高裁判所民事部長回答）。

① 襲　名

　営業上の目的から，名を襲名しなければならない必要がある場合。

② 同姓同名

　同姓同名の人がいて，社会生活に甚だしく支障がある場合。

③ 神官，僧侶

　神社の神主，寺の僧侶となり又はそれをやめるために必要な場合。

④ 奇異，難読

　奇妙な名，読みにくい名で社会生活に甚だしく支障がある場合。

⑤ 帰化した者の名

　帰化して日本人になって，日本風な名に変えたい場合。

※　変更後の名は，戸籍法50条，戸籍法施行規則60条の規定の趣旨に従って，常用平易な文字を用いるものとされていますが，「名に付けられる文字の範囲外の文字」が許可の審判で決定した場合には，その変更届を受理しなければなりません（東京高決昭和53. 11. 2 家月31巻 8 号64頁）。

注意！　個人的な感情や，信仰上の理由，また，姓名判断などの理由だけでは，名を変更する正当な事由に当たりません。名の変更も戸籍法107条 1 項の氏変更と同様，当事者の申立てによって家庭裁判所おいて判断するものとされています（戸107条の 2 ）。

---

2 名の変更の効果

　名は個人のものなので，その人の戸籍の名欄（筆頭者の場合は筆頭者欄も）の記載を変更します。それに伴って，名を変更した人の子の父母（養父母）欄も更正できます。配偶者の婚姻事項などの更正も，同時にすることができます。ただし，これらの更正は，名の変更届書の「その他」欄に更正の申出をしないと更正できないので注意してください。

3 届出地

　原則的な届出地である届出事件本人の本籍地又は届出人の所在地です（戸25条 1 項）。

4 届出人

　名を変更する者です。

5 届出期間

　家庭裁判所の許可を得ていても，届出によって効力が発生する創設的届出なので，届出期間はありません。したがって，届出をしないと変更の効果は生じません。

6 添付書類

　許可審判書の謄本です。

なぜ添付書類が審判書謄本だけなの？

　添付書類については，「氏の変更届」の場合は審判書謄本と，確定証明書が必要ですが，「名の変更届」は，審判書謄本のみです。これは，氏の変更の場合には，在籍者全員にその効果が及ぶことから，その効果が及ぶ者が，氏を変更されることに不服があれば，反対の意思を表明することができます（即時抗告―家事85条）。そのために，反対意見を述べる期間（家事74条・85条）を定めています。反対意見がなければ，許可の効果は確定するのです。したがって，審判が確定しない限り，許可の効果は発生しません。ところが，名の変更については，その人個人のことですから，反対意見をいう人がいません。そのため，反対意見の期間を設ける必要がなく，許可の審判だけで効果が発生するのです。添付書類の違いを覚えてください。

絶対覚えてほしい条文（名の変更）

戸籍法107条の２　正当な事由によって名を変更しようとする者は，家庭裁判所の許可を得て，その旨を届け出なければならない。

弐の重
（学習の箱）

第16

生存配偶者の復氏

　一心同体だった夫婦は，夫又は妻が死亡することで婚姻関係は終わります。この場合，生存配偶者の戸籍の身分事項欄に「年月日夫（妻）死亡」と記載され，これを「婚姻解消事項」と言います。婚姻時に氏を変えた配偶者は，「婚氏」を名乗っていましたが，婚姻解消により，必ず婚氏を名乗らなければならない（夫婦同氏）期間は終わり，婚姻前の氏に戻りたければ復氏の届出（民751条）をすれば戻ることができます（失踪宣告で配偶者が「死亡とみなされた」場合も復氏の届出ができます。）。離婚による婚姻解消の場合は，離婚の効果として，婚姻時に氏を変えた配偶者は法律上当然に婚姻前の氏に戻り（民767条1項），姻族関係も終了（民728条1項）します。しかし，死別の場合は離婚とは違い，「復氏届」，「姻族関係終了届」の届出（戸95条・96条）をしない限り，戸籍上はそのままの状態であり，また，生存配偶者と死亡配偶者の血族との間の姻族関係は継続します。

1 復する氏

　婚姻直前の氏に戻ります。転婚者（筆頭者の氏を称して婚姻した者が，筆頭者が死亡後，復氏しないで他の者の氏を称して再婚をした者）は，原則として転婚前の氏に戻りますが，実方の氏に戻ることもできます（昭和23. 1. 13民事甲17号通達(2)）。

2 戸籍の変動

　原則として婚姻前の戸籍に戻りますが，その戸籍が全員除籍で除かれていたり，その氏で新戸籍を希望した場合は，復氏者につき新戸籍が編製されます（戸19条2項・1項）。転婚者についても，婚姻直前の氏又は実方の氏に戻る場合のいずれであっても，前記の場合と同様です。

3 届出人

　婚姻の際に氏を改めた者です（戸95条）。

4 届出期間

　創設的届出なので，届出人の意思によって届出をするか否かが決まりますから，届出期間はありません。

5 届出地

　原則的な届出地である届出事件本人の本籍地又は届出人の所在地です（戸25条1項）。

弐の重
（学習の箱）

第17
姻 族 関 係 終 了

　夫婦は，婚姻することによって，互いに相手方の血族との親族関係が発生します（民725条）。これを「姻族関係」と言います。この姻族関係は，離婚することによって法律上当然に終了しますが，配偶者が死亡した場合は終了しません。終了させるには，「姻族関係終了届」をする必要がありますが，その届出をしない限り，姻族関係は継続しています。たとえ「復氏届」をしたとしても，姻族関係は継続しているので，例えば，亡夫の父母（義理の父母）への扶養義務等は消滅していません。姻族関係を終了させるには「姻族関係終了届」をすることになりますが，「復氏届」をしないで「姻族関係終了の届出」だけをすることもできます（昭和23.4.20民事甲208号回答）。

　そもそも，「復氏届」と「姻族関係終了届」は全く効果が違うのです。窓口で「姓（氏）をもとに戻したいのか，姻族関係も終わらせたいのか」をしっかり聞き取り，届出人の意思に基づく的確な届出をしてもらうようにしましょう。

1 姻族関係終了の効果

　親族の範囲である，三親等内の姻族（民725条3号）の関係が終了します。また，姻族関係によって生じた効果（権利，義務）は消滅します。ただし，直系姻族間の婚姻障害（民735条）は，姻族関係終了届をしても残ります。

> ## 姻族関係の主な効果
>
> ○　扶（たす）け合いの義務（民730条・同居の親族のみ）
> ●　婚姻障害（民735条・直系の親族のみ）
> ○　親権，管理権の喪失，親権停止の審判及びその取消し請求権（民834条〜836条）
> ○　後見人，後見監督人の選任，解任請求権（民841条，845条，849条，852条）
> ○　遺言の証人，立会人欠格事由（民974条2号）
> ○　婚姻，縁組の取消請求権（民744条，民805条〜807条）
> ○　扶養義務（民877条）
> ○　遺産に関する必要処分請求権（民895条）
> ※　姻族関係終了届によって，○の効果は消滅しますが，●の効果は消滅しません。

2 戸籍の変動

戸籍には，姻族関係終了の記載をするのみで，戸籍の変動はありません。

復氏届と姻族関係終了届が同時に提出された場合の記載について

生存配偶者の復氏届と姻族関係終了届は，それぞれ単独で届出ができますが，両届書が同時に提出された場合，届書の先後で，以下のように戸籍の記載が違います。

○　1復氏届，2姻族関係終了届，の順に届出された場合

復氏届によって，戸籍の変動があって，その後，変動した戸籍の身分事項欄に「姻族関係終了事項」が記載されます。

○　1姻族関係終了届，2復氏届，の順に届出された場合

現在の戸籍に「姻族関係終了事項」を記載してから，復氏届によって戸籍が変動します。復氏届による戸籍には，姻族関係終了事項は（移記事項ではないので）記載されません。

※　届出人の希望で，復氏後の戸籍に，姻族関係終了事項を記載しておきたい場合，あるいは，記載しておきたくない場合があると思います。届出人の希望を聞き，戸籍の記載がどうなるかを説明する必要があります。

---

3 届出人

配偶者が死亡した者，あるいは配偶者が死亡とみなされた者です。

戸籍の筆頭者でも，死別した人はこの届出ができます。ここが復氏届と違うところです。

4 届出期間

創設的届出なので届出期間はありません。

5 届出地

原則的な届出地である届出事件本人の本籍地又は届出人の所在地です(戸25条1項)。

弐の重
（学習の箱）

第18
死　　亡

　「出生」が権利能力の始まりなら，「死亡」は権利能力の終わりです。また，死亡者の権利能力が終わった時，つまり「死亡した時」は，その人がこの世で培ってきた財産などの相続の開始（民882条）の時でもあります。「死亡した時」の先後で相続関係が大きく変わってくることもあります。そのこと等から「死亡届」は「出生届」とは，違う意味で重要な届出といえます。

1　死亡届等の種類

⑴　死亡届

　戸籍法87条で定められた届出人が，死亡診断書又は死体検案書を添付して届出をする通常の死亡届です。

⑵　死亡報告

　①　事変による死亡報告

　　水難や火災，震災等の事変によって死亡した者については，取調官庁又は公署が「死亡報告」（戸89条）をします。

　②　死刑の執行があったとき，あるいは刑事施設に収容中に死亡した者については，引き取り手がいないときは，刑事施設の長が「死亡報告」（戸90条）をします。

　③　本籍がわからない者，又は誰なのか認識できない死亡者については，警察が検視調書を作成して「死亡報告」（戸92条1項・2項）をします。

　※　後日，死亡者の本籍が判明した場合，認識できなかった死亡者が誰であるか判明した場合は，本籍等判明報告書（戸26条・92条2項，死体取扱規則7条2項），又は戸籍法87条の死亡の届出人が死亡の届出をします（戸92条3項）。

2　死亡診断書と死体検案書

　その人が本当に死亡したのかどうかを確認するため，死亡届には「死亡診断書」あるいは「死体検案書」の添付が必要です（戸86条2項，医規20条）。では，死亡診断書と死体検案書はどこが違うのでしょうか。

⑴　**死亡診断書**

　死亡者を診察した医師が作成するものです。

⑵　**死体検案書**

　死亡者を診察しなかった医師が，死亡後に死体を検案して作成するものです。

3　死亡届の届出人

　死亡届の届出人は「死亡を現認（現実に認識）できる人」という意味で定められています。同居の親族，その他の同居者や家主，地主又は家屋若しくは土地の管理人が届出義務者とされています（戸87条１項）。通常は，同居の親族が届出人となると考えられますが，それ以外の親族（同条２項）から届出がされる場合もあります。一般の病院で死亡したときに，前記の親族から届出がされない場合は，その病院を管理している人が「家屋管理人」として，また，国公立の病院で死亡したときには，その病院の病院長が「公設所の長」の資格で届出をすることになります（戸93条・56条）。なお，平成20年５月１日施行の改正戸籍法（平成19年法律35号）では，戸籍法87条２項に後見人，保佐人，補助人及び任意後見人が，さらに令和元年６月20日施行の改正戸籍法（令和元年法律17号）により任意後見受任者が，届出資格者に追加されました。

死亡届の届出人がいない場合の取扱い

　わが国では，近年，独居老人が多くなり，身寄りも無く，独り自宅で死亡していて，後日発見されるということも少なくありません。届出する親族がいない場合や，また，親族がいるが届出をしない場合，さらには，同居者もいない場合や，自宅（持ち家）で亡くなったので，地主及び家主もいないため届出義務者がいないことがあります。このような場合に，死亡したことを戸籍に反映させるにはどうしたら良いのでしょうか。

⑴　**管轄法務局の長の戸籍記載許可**

　届出資格のない人（例えば，地区の民生委員や友人等）が，死亡届の届出人の欄に署名して死亡の届出をした場合は，戸籍法87条に定められた届出人の資格はありませんから，これを「死亡届」としては受理できません。このような場合は，死亡届書類を「死亡したので戸籍に記載してください」と申し出る「死亡記載申出書」として取り扱います（昭和25．６．20民事甲1722号回答）。この「死亡記載申出書」と関連戸籍を添付して，管轄法務局の長に「戸籍記載許可申請書」を提出し（標準準則22条），許可されれば市区町村長の職権で死亡の記載をします。

⑵　**福祉事務所の長又はそれに準ずる者からの戸籍記載申出による市区町村長限りの職権記載**

　　届出義務者がない，又は届出義務者はいるが，届出の催告をしても届出を期待で
　きない場合において，福祉事務所長又はこれに準ずる者から死亡の職権記載を促す
　申出があり，届出事件本人と死亡者との同一人性に疑義がない場合は，個別に管轄
　局の長の許可を得ることなく，市区町村長限りの職権で死亡の記載をするが認めら
　れています（平成23. 3. 21民一285号通知）。

4　届出地

　　原則的な届出地である届出事件本人の本籍地又は届出人の所在地（戸25条１項）の
ほか，死亡地でも届出ができます（戸88条１項）。

5　届出期間

　　死亡の事実を知った日から７日以内（国外で死亡の場合は３か月以内）です（戸86条１
項）。

6　添付書類

　　死亡診断書又は死体検案書です（戸86条２項）。

　　届出人が，後見人，保佐人，補助人，任意後見人の場合は，登記事項証明書又は
審判書，任意後見受任者の場合は，任意後見契約の公正証書の謄本の添付が必要で
す（平成20. 4. 7民一1000号通達第７の２，令和２. 4. 3民一544号通達第２の２。123頁「法改
正トピックス」参照）。

　　やむを得ない事由で死亡診断書や死体検案書が添付ができない場合は，下記の死
亡を証する書面（戸86条３項）を添付することになりますが，ほとんどの場合は，管
轄法務局の長への受理照会が必要になります（標準準則23条）。

死亡を証する書面

● **官公署その他の機関からの死亡を証する書面**
　官公署の調書に基づく証明書（昭和21. 5. 31民事甲358号通牒）
　死亡現認書（昭和22. 12. 4民事甲1717号回答）
　葬儀を営んだ僧侶の証明書（昭和22. 12. 4民事甲1717号回答(1)・(ロ)）
　水難死亡者の船長の証明書（大正６. 9. 26民1827号回答）

● **届出人からの死亡を証する資料**
　投身したところを見た乗船者等の現認書又は申述書

　　葬儀を営んだ親族の申述書，寺の僧侶の申述書

　　葬儀に出席した近隣の者や関係者の申述書

　　埋火葬許可書又はその証明書

　　葬儀の時の写真や，お墓や位牌の写真

　　寺の過去帳の写し

　　乗船名簿，航海日誌の写し

　　死亡の事実を知っている者からの手紙等

絶対覚えてほしい条文（死亡）

戸籍法86条1項　死亡の届出は，届出義務者が，死亡の事実を知った日から7日以
　　　　　　　内（国外で死亡があったときは，その事実を知った日から3箇月以
　　　　　　　内）に，これをしなければならない。（2項，3項省略）

戸籍法87条1項　左の者は，その順序に従って，死亡の届出をしなければならない。
　　　　　　　但し，順序にかかわらず届出をすることができる。
　　　　　　　第1　同居の親族
　　　　　　　第2　その他の同居者
　　　　　　　第3　家主，地主又は家屋若しくは土地の管理人
　　　　　2項　死亡の届出は，同居の親族以外の親族，後見人，保佐人，補助人，
　　　　　　　任意後見人及び任意後見受任者も，これをすることができる。

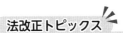
法改正トピックス

戸籍法の改正による死亡届の届出資格者

　戸籍法87条2項に定められた届出資格者は，平成20年5月1日施行の改正により，後見人，保佐人，補助人，任意後見人が追加され，さらに令和元年6月20日施行の改正により，新たに任意後見受任者が追加されました。この「後見人」「任意後見人」「任意後見受任者」の違いは何なのか，また，これらのものからの死亡の届出があった場合は，どのような取扱いをするのかを見ていきましょう。

※　後見人には，未成年後見人（戸籍に後見事項記載）と成年後見人がありますが，ここでは主に，戸籍に記載されていない「成年後見人」について説明します。

1　後見人（未成年後見人および裁判所により選任された成年後見人：以下成年後見人の説明）

　成年後見人とは，認知症や知的障害等の精神上の疾患により判断能力が著しく低下した方の財産を保護するために，家庭裁判所の審判により選任され，財産保護や身上監護を行う人のことです。選任されると，法務局に後見登記をします。

2　任意後見人・任意後見受任者

　まだ後見の必要がない人（仮にAさんとします。）が，将来，自分に後見が必要になったときに後見人になってもらう人を任意で委任し，公証人役場で任意後見契約（公正証書作成）をします。この任意後見契約で委任された人が「任意後見受任者」です。その後，Aさんに後見人が必要な状況となったときは，委任された任意後見受任者は，家庭裁判所で任意後見監督人を選任します。この過程を経て「任意後見人」としての効力が発生します。この場合も，法務局に後見登記をすることになります。

3　死亡届をする場合の「資格を証する書面」の取扱い

　死亡届の届出人が後見人等である場合は，その資格を証する書面（下記）を提出する必要があります。ただし，これらの書面は，死亡診断書や，死体検案書のような死亡届をするためにだけ発行されたものではないので，原本還付の処理をして，原本は届出人に返戻することになります（令2.4.3民一544号通達第2の2）。

　　・後見人……後見人登記事項証明書または後見人選任の裁判書の謄本

　　・任意後見受任者……任意後見契約の公正証書の謄本

　　・任意後見人……後見人登記事項証明書

弐の重
（学習の箱）

第19

失　踪

　「蒸発」という言葉が流行した時期がありました。人は突然影も形もなくなってしまうなんていうことは，物理的にはあり得ません。でも，人生はいろいろですから，戸籍上存在するのに，その実体がないということもあるのです。こんな状態が長年続くと，残された家族などが，その実体のない存在のために，社会的に不安定な状態を強いられることになります。そんなときは，利害関係人が家庭裁判所に「失踪宣告」（民30条）の請求をします。その宣告が確定すれば，失踪者は「失踪した時から７年後」（民30条１項・普通失踪）に「死亡したものとみなされる」（民31条）ことになり，失踪宣告を請求した者は，「失踪宣告の届出」をします（戸94条）。この届出により，戸籍に失踪の旨が記載されます。また，危難（戦争や災害）に遭って行方不明になった場合は「危難が去った時」（民30条２項・危難失踪）に「死亡したものとみなされ」（民31条）ますので，その宣告によって戸籍の届出をする（戸94条）と，戸籍に記載されます。死亡とみなされたのですから，相続も開始するし，配偶者であった者は，復氏も再婚もできることになります。

1 失踪宣告の要件

　失踪宣告の届出は，もちろん家庭裁判所の審判書謄本と確定証明書がないとすることができません。それでも，窓口で相談されることもあると思いますので，参考までに以下の条件を知っておきましょう。

① 不在者は一定期間（普通失踪なら７年間，危難失踪なら危難に遭った日から１年間）生死が不明であること（民30条）。……生きているけれど住所がわからないという場合は失踪に当たらない。

② 利害関係人が請求すること。……相続や身分関係に影響する人からの請求でないと失踪宣告の請求はできない。

③ 普通失踪は６か月以上，危難失踪は２か月以上公示催告しなければならない。

④ 家事事件は，一般的にはまず「調停」から始まるが（家事244条・257条），失踪宣告の場合は調停の相手方がいないので「審判」で決することになる（家事39条別表第一⑤⑥・244条括弧書）。

2　死亡とみなされる日（民31条）

普通失踪は失踪した時から7年後，危難失踪は危難が去った時です。

失踪宣告の期間計算

普通失踪の期間は，失踪した時の翌日から起算します（民140条・141条・143条）。例えば，普通失踪の場合，審判書に平成10年3月1日から所在不明と書いていたら，平成10年3月2日から計算して7年後の平成17年3月2日の応当日の前日に満了するから（民143条2項），その応当日の前日の満了日である平成17年3月1日が「死亡とみなされる日」になります。

3　届出人

失踪宣告の審判を申立てした者です（戸94条・63条1項）。

届出人の資格の「☑その他」がチェックされている場合は，その後の（　）の箇所に，具体的に失踪者との関係を記入します（例えば，弟，妹，叔父，叔母，甥，姪，など）。

4　届出期間

審判が確定した日から10日以内です（戸94条・63条1項）。

5　届出地

原則的な届出地である届出事件本人の本籍地又は届出人の所在地です（戸25条1項）。

6　添付書類

審判書謄本及び確定証明書です。

第20

失 踪 宣 告 取 消 し

　失踪宣告が確定して「死亡とみなされた人」が，生きていた，あるいは「死亡と
みなされた日」とは違う日に死亡していた，ということがあります。生きていた場
合は，「失踪宣告」を取り消さなければ，これからの生活に支障があります。また
「死亡とみなされた日」とは違う日に死亡していたことが判明した場合も，戸籍に
「齟齬（くいちがい）」が生じます。このような場合は，本人又は利害関係人が，家
庭裁判所に「失踪宣告取消し」の申立てをしなければなりません（民31条）。死亡と
みなされた後にした財産分与はどうなるのか，また，身分行為はどうなるのか考え
ていきましょう。

1　失踪宣告取消しの効果

⑴　戸籍はどうなる？

　取消しが確定すると，「失踪宣告取消届」により失踪者本人を失踪当時の戸籍の
末尾（最後の欄）に回復（復活）させることになります。失踪宣告取消届は，失踪届
書を使用し，「その他」欄に「失踪宣告取消届」である旨を記載します。

⑵　相続はどうなる？

　失踪宣告によって財産を得た者は，その取消しによって権利を失います（民32条
2項本文）。しかし，同項のただし書では「現に利益を受けている限度においてのみ，
その財産を返還する義務を負う」とされています。では「現に利益を得ている限
度」とは，一体どのようなことをいうのでしょうか。例えば，ある人の失踪宣告に
よって，100万円相続した人がいるとしましょう。その後，相続した人は70万円
使ってしまいました。ところが，失踪宣告が取り消されて，相続したお金を返還し
なければいけなくなりました。70万円は使ってしまいましたから，残った30万円を
返還すればよいということです。

⑶　失踪宣告後にした身分行為はどうなる？

　失踪者の配偶者は「死亡とみなされた日」から，再婚もできるし復氏届もできま
す。再婚していた場合は「重婚」になってしまうのか，それとも，後の婚姻が消滅
してしまうのか，ということが考えられます。この場合は，たとえ失踪宣告が取り
消されても，失踪者との婚姻は復活しません。それは，配偶者の「再婚」という身

分行為によって，後の夫との間に子が出生したり，配偶者の新しい人生がすでに始まっているからです。また，生まれた子の福祉，あるいは培った家族関係を大切にするため，失踪者との婚姻は復活しないのです（民32条1項）。

　しかし，復氏届は違います。復氏届は，たとえ失踪宣告取消届によって無効になったとしても波及する影響はないと考えられるので，失踪宣告後にした復氏届は，戸籍上無効であることが明らかとなりますので，戸籍法24条2項により管轄法務局の長の許可を得て職権で戸籍訂正をすることになります（令和2.4.3民一544号通達第1の1）が，この場合，訂正した本人に訂正したことを連絡しなければならないので，同通達の別紙を使って通知をしなければなりません（前掲通達第1の3）。

2　失踪宣告取消しと死亡届

　失踪宣告で「死亡とみなされた日」と，実際は違う日に死亡していたという場合は，まず「失踪宣告取消し」の裁判を経て，戸籍訂正申請により「失踪宣告」事項の記載を消除し，その後に，死亡の届出により戸籍の記載をするべきです。ところが，この手続をせずに死亡届のみが提出され，同届書の「その他」欄に失踪宣告取消しの裁判が確定した旨の記載がされている場合があります。このような場合は「死亡届」を拒むことはできない（昭和29.2.23民事甲291号通達）ので，これを受理し，失踪者の身分事項欄に死亡の記載をします。その結果，「死亡とみなされた日」と「死亡した日」がどちらも記載されたままの不思議な戸籍になりますが，「失踪宣告」の記載は，その取消しの届出を待って，消除することになります（前掲291号通達）。

3　届出人

　失踪宣告取消しの審判を申し立てた者です（戸94条・63条1項）。

4　届出期間

　審判が確定した日から10日以内です（戸94条・63条1項）。

5　届出地

　原則的な届出地である届出事件本人の本籍地又は届出人の所在地です（戸25条1項）。

6　添付書類

　審判書謄本及び確定証明書です。

弐の重
（学習の箱）

第21

「その他」欄の処理

　以上で，各届書の学習が終わりました。次に，日々届書を審査する上で，実務にすぐに役立つ届書の「その他」欄の処理の仕方について，いくつかの例を述べることにします。

1 届書の「その他」欄は，何のためにあるのか

　戸籍の記載をするときに，一番の基礎になるのは届書です。届書は，届出人が記載するものですが，届書の「その他」欄も原則として，「届出人が記載する欄」です。届書に届出人が記載した事項のうち，軽微な誤りの訂正や，市区町村が確認した事柄，あるいは，その他「準正」や「嫡出子の身分の取得」などの，届出によって生じる効果などは，市区町村が，届書の「その他」欄で処理する場合がありますが，その記載は必要最小限にするようにしましょう（もっとも，届書の記載に軽微な誤りがあり，それを補正する場合は市区町村長において標準準則33条の規定により符せん処理をするのが原則的な取扱いであることに留意する必要があります。）。

　ここでは，必ず必要な「その他」欄の処理について，できるだけ例を掲げて述べることにしました。いずれも参考ですので，内容が合っていれば，表現は違っていても構いません。なお，特殊な届書においては，例に挙げた処理以外の方法で処理する場合も必要となりますので，届書の内容をしっかり把握してください。

　※　この学習で使用する人名等は，実在のものではありません。

2 届書全般

①　本籍地でも住所地でもない，それ以外の届出人の居所地で届出をする場合

> 届出人の一時的滞在地での届出である。

> 届出地は，届出人の所在地（一時的滞在地）である。

②　戸籍に記載されている文字と違う文字を届書に記載していた場合

本来は届出人に訂正してもらい，訂正印を押してもらうのですが，補正する箇所があまりに多く，補正することによって届書の体裁が損なわれる場合，あるいは，届出人が窓口に来ていないため，補正してもらえない場合は，以下のような「その他」欄の処理をします（原則として付せん処理をします（標準準則33条）。）。

> 氏は「西田」が正しい。

> 夫（妻）の氏は「西田」である。

③　婚姻や転籍等によって新戸籍が編製される場合において，「誤字」が「正字」に変わる場合

「その他」欄の処理とともに告知の対応も必要です。

> 氏の文字「廣」は誤字につき対応する正字は「廣」である。

④　婚姻や転籍等の際に，氏や名の文字の訂正や更正の申出があった場合

必ず届出事件本人が書くことになります（ただし，代書が認められます。以下同じ。）。この場合，届出人の欄に署名されているので，「その他」欄に署名は不要です。

> 氏の文字「面」を「西」に訂正してください。
> 名の文字「廣」を「広」に更正してください。

⑤　届出の事件本人が嫡出でない子で，続き柄が「男（女）」と戸籍に記載されている場合において，基本の届書に続き柄の更正申出をする場合

必ず申出の事件本人が書くことになります。同時に戸籍の再製を希望するときは，さらに再製申出書を別紙で提出します。

> 私，中島完治は母中島貞子の嫡出でない子の１番目の男子なので，続き柄を「長男」と更正してください。
> （嫡出でない子の１番目ではないとき）
> 私，中島完治は母中島貞子の嫡出でない子の２番目の男子なので，続き柄を「二男」と更正してください。私の上に中島正（昭和60年９月１日生）がいます。

⑥　入籍や縁組等の届出において，届出事件本人が嫡出でない子で，続き柄が「男（女）」と戸籍に記載されている場合，届出人の親権者である母が続き柄の更正申出する場合

　　必ず申出人の母本人が書くことになります。同時に戸籍の再製を希望するときは，さらに再製申出書を別紙で提出します。

> 　中島完治は，母中島貞子の嫡出でない子の1番目の男子なので，続き柄を「長男」と更正してください。
>
> （嫡出でない子の1番目ではないとき）
>
> 　中島完治は，母中島貞子の嫡出でない子の2番目の男子なので，続き柄を「二男」と更正してください。中島完治の上に中島正（平成2年9月1日生）がいます。

⑦　他の市区町村に新本籍の場所を確認した場合

> 　新本籍確認済。

※　その他住所や本籍が正確に書かれていなかったり，書かれている文字が読みにくい場合など，「その他」欄で処理することもありますが，届出人による補正が原則です。

3 出生届

①　嫡出子出生届においての父母婚姻日

　　これは，コンピュータ入力の場合の必須項目ですので，必ず記載します。父母婚姻日は民法772条の嫡出推定を受けるかどうかの大切なところです。

> 　父母婚姻年月日「平成19年5月15日」

②　前婚があった場合の嫡出子出生届においての父母婚姻日

　　嫡出子出生届において，婚姻後200日以内に子が出生した場合は，母に前婚がないかを確認します。また，前婚があった場合は離別年月日を確認の上，前婚の推定を受けないことを確認したことを明記しておきます。

> 　父母婚姻年月日「平成19年5月15日」
> 　母の前婚確認済み（又は，母に前婚なしを確認済み）。

③ 離婚後300日以内の出生子の場合

　離婚した夫婦の間の子と推定されますが，離婚後の子の親権は，母が行使しますので，親権の記載は忘れずに行います。

> 父母離婚日「平成20年5月15日」
> 親権者は母である。

④ 父母の婚姻前に出生した子の場合

　父母の婚姻届を提出し，同時に出生届を提出する場合（戸籍法62条の出生届）は，この届出には認知の届出の効力がありますので，父からしか届出ができません。

> 父母の婚姻届は，本日別件で届出済み（又は，父母同日婚姻届出）。

⑤ 病院等からもらった出生証明書の子の氏名が空欄の場合

> 命名前の証明につき出生証明書中子の名は空白である。

⑥ 出生証明書の子の名と出生届の名が違っている場合

> 出生証明書発行後に子の名を変更した。

⑦ 出生証明書に記載されている子の名を，後日変更したため，届出人が出生証明書の子の名を訂正してしまった場合

> 子の命名後その名を変更した際，届出人が誤って出生証明書中の子の名を訂正した。

⑧ 嫡出でない子の出生届で，母につき新戸籍を編製する場合
　新本籍の記載は，必ず母本人が書くことになります。

> 母につき新戸籍を編製し，子を入籍させる。
> 新本籍「和歌山市西高松二丁目6番」

⑨　離婚後300日以内の出生子で，出生の届出未了の間に，前夫との親子関係不存在確認の裁判が確定し，裁判（審判）書の謄本と確定証明書を添付して，嫡出でない子として出生届をする場合

（前夫の氏名）

> 　平成20年7月11日河野三郎との親子関係不存在確認の裁判（審判）確定につき，裁判（審判）書の謄本及び確定証明書を添付する。

⑩　離婚後300日以内の出生子で，出生の届出未了の間に，前夫の嫡出子否認の裁判が確定し，裁判（審判）書の謄本と確定証明書を添付して，嫡出でない子として出生届をする場合

（前夫の氏名）

> 　平成20年7月11日河野三郎の嫡出子否認の裁判（審判）確定につき，判決（審判）書の謄本及び確定証明書を添付する。

⑪　胎児認知された子の出生届

> 　出生子は，平成20年6月10日父坂口信次から胎児認知されている。
> 　父の戸籍の表示　東京都千代田区○○町二丁目23番地　坂口卓三

⑫　嫡出でない子を出産した母が未成年であるため，母の親権者が出生届をする場合
　　嫡出でない子を出産した母が未成年の場合は，母の親権者が親権を代行しますから，届出義務者は母の親権者です（未成年の母からの届出もできます。）。

> 　出生子の母は未成年につき，母の親権者から届出をする。

4　認知届

①　父母が婚姻し，父が認知することによって，子が嫡出子の身分を取得（準正）した場合

> 　被認知者は嫡出の身分を取得し，「長男」となる。

② 上記の準正により，同じ父母間の嫡出子で，後で生まれた子の続柄に変更が生じた場合

> 被認知者は嫡出の身分を取得し，「長男」となるため，和歌山市×××134番地高田道夫同籍秀雄の父母との続柄を「二男」と訂正する。

③ 胎児認知届の場合

母の承諾は，必ず母本人が書くことになります。

> この届出（認知）を承諾します。
> 住所　和歌山市××345番地の１
> 　母　　川　端　里　恵

④ 認知される子が成年に達している場合

子の承諾を要します。その承諾の記載は，必ず子本人が書くことになります。

> この届出（認知）を承諾します。
> 　被認知者　　和　田　一　人

⑤ 裁判による認知届

> 添付書類　判決（審判）書の謄本及び確定証明書

5　養子縁組届

① 戸籍筆頭者の夫が，妻の未成年の嫡出子を養子とする場合（養子15歳以上）

妻の同意を要しますが，その同意は妻本人が書くことになります。

> 配偶者の嫡出子を養子とする縁組である。
> 　この縁組に同意します。養父の妻　山　田　静　子

② 戸籍筆頭者の夫が，妻の未成年の嫡出子を養子とする場合（養子15歳未満・親権者母）において，妻（母）の代諾で縁組する場合

配偶者である妻の同意は，妻本人が書くことになります。また，妻の同意は，

次のアのように記載するのが望ましいですが，もし，記載していない届書を受理した場合は，妻の同意は代諾者を兼ねることができるため，イのように処理しても構いません（代諾には同意の意思が含まれています）。

ア

> 配偶者の嫡出子を養子とする縁組である。
> この縁組に同意します。養父の妻　山　田　静　子

イ

> 配偶者の嫡出子を養子とする縁組である。
> 養父の妻の同意は，妻は養子の代諾者であるので兼ねている。

③　戸籍筆頭者の夫が，妻の未成年の嫡出でない子を養子とする場合

実母である妻も養子縁組の当事者にならなければなりませんが，家庭裁判所の許可は必要ないので，次のように記載します。

> 民法798条ただし書による縁組である。

④　夫婦が自分たちの未成年の直系卑属（孫，ひ孫）を養子にする場合

養親が夫婦であれば共同で縁組しなければなりませんが，家庭裁判所の許可は必要ないので，次のように記載します。

> 民法798条ただし書による縁組である。

⑤　未成年の子を養子にする場合（養子が自分や配偶者の直系卑属でないとき）

養親が夫婦であれば，共同で縁組しなければなりません。また，家庭裁判所の許可を要します。

> 添付書類　養子縁組許可の審判の謄本

⑥　戸籍筆頭者である夫が再婚し，後妻が夫の戸籍に入籍した場合において，その妻が夫の嫡出子である未成年の子（15歳以上・親権者父）を，同籍内で養子縁組する場合

配偶者である夫の同意は，夫本人が書くことになります。

> 配偶者の嫡出子との縁組である。
>
> この縁組に同意します。養母の夫　佐　藤　定　雄
>
> 養子はこの縁組により父と養母の共同親権に服する。

⑦　戸籍筆頭者である夫が再婚し，後妻が夫の戸籍に入籍した場合において，その妻が夫の嫡出子である未成年の子（15歳未満・親権者父）を，同籍内で養子縁組する場合

　　配偶者である夫の同意は夫本人が書くことになります。また，夫の同意は，次のアのように記載するのが望ましいですが，もし，記載されていない届書を受理した場合には，夫の同意は代諾者を兼ねることができるため，イのように記載しても構いません（代諾には，同意の意思が含まれています。）。

ア

> 配偶者の嫡出子との縁組である。
>
> この縁組に同意します。養母の夫　佐　藤　定　雄
>
> 養子はこの縁組により父と養母の共同親権に服する。

イ

> 配偶者の嫡出子との縁組である。
>
> 養子はこの縁組により父と養母の共同親権に服する。
>
> 養母の夫の同意は，夫は養子の代諾者であるので兼ねている。

⑧　嫡出でない子の母が未成年であるため，母の親権者が親権を代行している場合において，その親権代行者の代諾で縁組をする場合

> 養子の母は未成年のため，母の親権者が届出を行う。

⑨　筆頭者である夫が縁組により養親の氏で新戸籍を編製した場合において，養子の妻がその新戸籍に夫に伴って入籍する場合

> この縁組に同意します。養子の妻　山　田　美佐子
>
> 住所は養子（夫）と同じ。

（住所が夫と違う場合は住民基本台帳法9条2項通知が必要であるため，妻の住所は必ず書く。）

⑩　夫婦養子あるいは夫婦養親の縁組において，縁組をしない方の配偶者が所在不明等のため「同意の意思表示」ができない場合

届出人がその理由を付して届出をすることになりますが，その理由は，届出人本人が書くことになります。

ア

> 　養子の配偶者川本咲子は平成8年5月12日から所在不明につき，縁組についての同意の意思を表示することができない。

イ

> 　養子の配偶者川本咲子は精神上の障害により，縁組についての同意の意思を表示することができない。

ウ

> 　養母の配偶者荒井浩二は平成○年○月○日死亡

6　養子離縁届

①　母の再婚した夫と縁組し，養父と実母の共同親権に服している養子（15歳以上の未成年養子）が，養父と実母が婚姻継続中に，養父と離縁する場合

届出人は養子本人であるため，離縁後の親権者の記載が必要です。

> 　養子は離縁後母の親権に服する。

②　父母の代諾で縁組し，養親の戸籍にある15歳未満の養子について，離縁後に親権者となるべき父母が離婚しているため，実父母の協議で離縁後の親権者を定めて離縁する場合（離縁協議者は，子の離縁後に親権者となるべき者と定められた実父又は実母）

この場合，同時に親権者指定届をするときは，「その他」欄に親権者指定届を同時届出済みと記載すれば，養子離縁届に「親権者指定届」の写しの添付は不要です。

> 実父母が離婚しているので，離縁後の親権者を協議で父（母）と定め，父（母）が離縁協議者となる。
>
> 親権指定届は本日別件で届出済み。

③ 実母及びその夫と縁組した養子（妻の嫡出でない子，15歳未満）が，その養父母双方と離縁する場合

養子は，養母（実母）との離縁によって「嫡出でない子」に戻ることになりますが，養母（実母）との離縁について養子の側の離縁協議者には利益相反が生じるため，実母がなることができないので，「特別代理人」の選任が必要になります。なお，離縁後の親権者の記載については，嫡出でない子の親権者は母であることが法定されていますので不要です。

> 添付書類　特別代理人選任の審判書謄本

④ 実母及びその夫と縁組した養子（妻の嫡出でない子，15歳未満）が，親権者を養母と定めて離婚し，養父と離縁した後，実母である養母とも離縁する場合

養子は離縁によって「嫡出でない子」に戻ることになりますが，養母（実母）との離縁について養子の側の離縁協議者には，利益相反が生じるため，実母がなることはできないので，「特別代理人」の選任が必要になります。なお，離縁後の親権者の記載については，嫡出でない子の親権者は母であることが法定されているので不要です。

> 添付書類　特別代理人選任の審判書謄本

⑤ 養親死亡後，家庭裁判所の許可を得て離縁する場合

> 養親死亡につき家庭裁判所の許可を得て離縁
> 添付書類　離縁許可審判の謄本及び確定証明書

⑥　養子死亡後，家庭裁判所の許可を得て離縁する場合

> 養子死亡につき家庭裁判所の許可を得て離縁
> 添付書類　離縁許可審判の謄本及び確定証明書

⑦　夫婦の養子になっている場合において，夫婦の一方とのみ離縁する場合
　　もう一方との縁組が継続しているので，養子の戸籍に変動はありません。

（縁組が継続している方の養親）

> 養親の一方との離縁
> 養女　崎山明美の養母「崎山和子」

⑧　筆頭者である夫（養子）が離縁により実方の氏で新戸籍を編製した場合において，養子の妻がその新戸籍に夫に伴って入籍する場合

（住所が夫と違う場合は住民基本台帳法9条2項通知が必要であるため，妻の住所は必ず書く。）

> 養子の妻○○の住所は養子（夫）と同じ

⑨　離縁の届出と同時に，離縁の際に称していた氏を称する届（戸籍法73条の2の届）をする場合
　　7年以上縁組を継続した場合に認められる届出です（民816条2項）。

> 戸籍法73条の2の届を同時届出

⑩　母の再婚相手と縁組し，母の戸籍から養父と母の婚姻後の戸籍に入籍している養子について，養父と母が離婚し，母が戸籍法77条の2の届出をして新戸籍を編製した場合において，養子が養父と離縁し，離婚後の母の戸籍に同籍を希望する場合
　　この記載がないと，養子は縁組前の戸籍に戻ります。その後，母の離婚後の戸籍（戸77条の2の届出戸籍）に入籍するには，同籍する入籍届が必要になります。
　　同籍する旨の記載は，届出人本人が書くことになります。

> 養子は離縁後母と同籍することを希望する。

⑪ 裁判による離縁が成立し（調停，審判等も含む）訴えの提起者から離縁届をする
場合

> 添付書類　判決（審判）書の謄本及び確定証明書（又は，調停（和解，認諾）
> 調書の謄本）

7 婚姻届

① 夫妻は挙式も同居もしていないため(5)欄「同居したとき」が空欄になる場合

> 式も挙げず，同居もしていないため(5)欄空欄

② 嫡出でない子を父が認知し，その父と母が婚姻した場合
子は嫡出子になる（準正する）ため，その旨を記載します。

> 父母の婚姻により嫡出子の身分を取得し「長女」となる者
> 戸籍の表示　妻（母）に同じ
> 田中しおり（平成15年3月12日生）

③ 離婚した者同士が再婚したため，同夫婦間の未成年の子が，単独親権から共同
親権になる場合
離婚した直前の同一人間の婚姻は，待婚期間の必要がありません。

> 離婚した直前の同一人間の婚姻である。
> この婚姻により父母の共同親権に服する者の氏名生年月日
> 妻（母）の戸籍にある，長男田中卓也（平成11年2月12日生）

※　その他にも，待婚期間を待たずに婚姻できるときがあります（弐の重「婚姻」(67頁)参照）。

8 離婚届

① 夫婦はまだ同居中のため，⑺欄「別居したとき」⑻欄「別居する前の住所」が空欄になる場合

> 夫妻は同居中のため⑺⑻欄空欄

② 戸籍の筆頭者である配偶者（夫）が死亡後，復氏することなく再婚（転婚）した妻について，離婚後，直前の氏（死亡した夫の氏）に戻らないで実方の氏に復して，新戸籍を編製する場合

　この場合は，復氏届も兼ねていますが，直前の氏に戻るときは，この記載は必要ありません。

> 妻は実方の氏「佐藤」に復し，新戸籍を編製する。

③ 離婚の届出と同時に，離婚の際に称していた氏を称する届（戸籍法77条の2の届）をする場合

　この場合，離婚届書の「婚姻前の氏にもどる者の本籍」欄は記載をしません。

> 戸籍法77条の2の届を同時届出

④ 裁判（判決・審判，調停等）による離婚届の場合

> 添付書類　判決（審判）書の謄本及び確定証明書（又は，調停（和解，認諾）調書の謄本）

⑤ 裁判（判決・審判，調停等）による離婚届の際，裁判を提起した者（夫）が届出するに当たって，その相手方である妻が新戸籍を編製する旨を署名して届出した場合

　この「その他」欄の記載がないときは，妻は復籍します。また，復籍する戸籍が全員除籍で除かれている場合は，従前と同じ同所同番地に新戸籍を編製します（新戸籍編製の申出は，必ず本人が書きます。）。

```
    妻は，新戸籍を編製します。
    新本籍　和歌山市×××二丁目４番
        白　川　孝　子
    添付書類　判決（審判）書の謄本及び確定証明書（又は，調停（和解，認諾）
        調書の謄本）
```

9 親権届

① 父に認知された嫡出でない子，又は離婚後300日以内の出生子の親権者は母と定められていますが，これを父母の協議で父を親権者とする「親権者指定届」をする場合

```
    父母の協議により親権者を父と定める。
```

② 未成年の子の親権者を父と定めて離婚後，親権者を母に変更する裁判（審判の確定，あるいは調停の成立）が確定したため親権者変更をする場合

　　いったん父母の協議で親権者を定めていますので，その後に他の一方に変更する場合は，裁判所の関与がなければ変更はできません。

```
    親権者を母に変更の審判確定
    添付書類　審判書の謄本及び確定証明書
    （又は）
    親権者を母に変更の調停成立
    添付書類　調停調書の謄本
```

10 未成年者の後見届

① 最後に親権を行うものが死亡し，その遺言書に指定された未成年後見人（未成年後見監督人）が，未成年後見開始届（未成年後見監督人就職届）をする場合

```
    添付書類　遺言書の謄本
```

11 死亡届

① 病院で死亡し，病院の管理者（家屋管理人）が死亡届をする場合

> 届出人は○○病院の病院長で同病院の家屋管理人である。

② 国公立病院あるいはその他の公設所で死亡し，公設所の長から死亡届をする場合
　届出人欄に公設所における役職を記載しているときは，この記載は要しないことになります。

> 届出人は国立病院機構○○病院の病院長である。

> 届出人は○○刑務所長である。

③ 本籍不分明者の死亡届がされた場合
　本籍が判明するまで「本籍不分明者」の綴りにつづっておくことになります。

> 死亡者の本籍は不明である。

※　その他，死亡届をする届出人がいない場合は，管轄法務局の長への記載許可申請が必要です（弐の重「死亡」（116頁）参照）。

12 氏の変更届

① 家庭裁判所の許可を得て氏の変更届をする場合

> 添付書類　氏変更許可の審判書謄本及び確定証明書

② 氏の変更に伴い，同じ戸籍の子の父母欄を更正する場合

> 次の人の父母欄の氏を更正してください。
> 同じ戸籍にある長女　鈴子，長男　一郎
> 添付書類　氏変更許可の審判書謄本及び確定証明書

③ 氏の変更に伴い，他の戸籍に在籍している子の父母欄を更正する場合

> 次の人の父母欄の氏を更正してください。
> 本籍　和歌山市××１２３番地６　山崎隆戸籍の定夫
> 添付書類　氏変更許可の審判書謄本及び確定証明書

13 名の変更届

① 家庭裁判所の許可を得て名の変更届をする場合

名の変更許可審判に対しては，即時抗告の規定がないので確定証明書はありません。

> 添付書類　名変更許可の審判書謄本

② 名の変更に伴い，同じ戸籍の子の父母欄を更正する場合

> 次の人の父母欄の名を更正してください。
> 同じ戸籍にある長女　鈴子，長男　一郎
> 添付書類　名変更許可の審判書謄本

③ 名の変更に伴い，他の戸籍に在籍している子の父母欄を更正する場合

> 次の人の父母欄の名を更正してください。
> 本籍　和歌山市××１２３番地６　山崎隆戸籍の定夫
> 添付書類　名変更許可の審判書謄本

④ 筆頭者の名の変更に伴い，同籍の者の住民票の本籍欄の表示が変更する場合において，その同籍者の住所が「名を変更した者」と違う場合

（住所が他市町村の場合は，住民基本台帳法９条２項通知が必要です。）

> 同じ戸籍にある長女　鈴子の住所
> 和歌山県岩出市○○２５６番地の８
> 添付書類　名変更許可の審判書謄本

14 入籍届

① 父又は母の氏を称する入籍届をする場合（民791条１項）

家庭裁判所の許可が必要です。

> 添付書類　子の氏変更許可の審判書謄本

② 父又は母の氏を称する入籍届（民791条１項）を15歳以上の子が届出をする場合において，父又は母が戸籍筆頭者でないため，子の入籍届によって父又は母につき新戸籍を編製する場合

父又は母について，従前の本籍と同一場所に新戸籍が編製されます。

> 父（母）の従前の戸籍の表示
> 本籍　和歌山市○○二丁目３番　高田信次
> 添付書類　子の氏変更許可の審判書謄本

15 転籍届

① 筆頭者が死亡しているため，配偶者のみが届出人になる場合

> 筆頭者死亡につき生存配偶者から届出をする。

参の重 （物語の箱）

物語は3つあります。

ひとつ目は，ひとりの男の子が親への愛，子への愛をかみしめながら人生を歩んでいく姿を描いた物語。

ふたつ目は，幸せな家庭に生まれた子が，過酷な環境の中でも，周りの人たちに支えられながら，たくましく成長していく物語。

そして最後のお話は，ひとりの女性の孤独と幸せを描いた物語。

人にはそれぞれ歴史があり，戸籍はその人生をつづるものでもあります。

この箱は，その重みと大切さを感じてほしいと願ってつくりました。

第3話「梅子　愛の物語」では，旧法の時代から現代に至るまで

さまざまな改正がされた届書や記載例も掲載しています。

第1話　がんばれ蹴人くん

第2話　ママがぼくを見つけた日

第3話　梅子　愛の物語

第1話 「がんばれ蹴人くん」

1 出 生

2 名の追完

3 嫡出でない子の続き柄更正申出

4 母の婚姻・蹴人の養子縁組

5 認 知

6 結婚相手の親との養子縁組

7 婚姻・長女さくら誕生

8 離 婚

9 養子離縁

10 子の親権者変更

11 子の入籍

　元気な男の子「蹴人くん」の人生を，届書と戸籍で見てみましょう。

　届書に込められた人々の思いを，戸籍がつづっていきます。

　それぞれの事例の説明をしっかり頭に入れて，届書や戸籍の記載がどうなるかを考えながら読んでいただけると幸いです。個々に掲載する記載例は，平成6年法務省令51号（平成6.12.1施行）のコンピュータ戸籍の法定記載例です。

※物語はすべて学習用に作成したもので，実際のお話，実在の人物ではありません。

参の重
（物語の箱）

第1話
がんばれ蹴人くん

あらすじ

出　生

平成16年9月2日，山田家に元気な男の子が生まれた。母親の山田花子は，嫡出でない子として，出生届をすることにした。

ところが，花子が考えていた名前「蹴人（シュート）」の「蹴」の文字が，子の名に付けられない文字だと判明する。

花子は，もうすぐ法が改正され，「蹴」の文字が子の名に付けられるようになると聞いて，「名未定」で出生届をした。

名の追完

花子は，名の文字の法改正を待って，「蹴人」という名を追完した。

嫡出でない子の続き柄更正申出

新聞で「嫡出でない子の続き柄が更正できる」という記事を目にした花子は，区役所で「続き柄更正申出」と「再製申出」をした。

母の婚姻・蹴人の養子縁組

平成17年秋，花子は田中一郎と婚姻し，蹴人は田中一郎と花子の養子となる。

認　知

蹴人は20歳になった。ある日，実父である鈴木太郎が現れ，蹴人を認知したいと申し出る。蹴人は苦しみながらも，鈴木太郎の申出を受け入れることにした。

結婚相手の親との養子縁組

蹴人は，蹴人の会社の社長小泉寛治，静子夫妻の一人娘である京子に恋をし，結婚することを望んだが，京子との結婚には，夫婦の養子になることが条件だった。蹴人は悩んだが，京子との結婚のため，小泉夫婦の養子になることを決断する。

婚姻・長女さくら誕生

蹴人と京子は結婚。結婚して4か月後に，女の子が生まれる。蹴人と京子は，子どもに「さくら」と名付けた。蹴人は，親になった喜びを噛みしめたのだった。

離　婚

蹴人と京子の心に，隙間風が吹き始めた。蹴人は懸命に修復しようとしたが，努力もむなしく二人は離婚することになった。

長女さくらの親権者は京子に定めた。

養子離縁

京子の両親小泉寛治と静子は，蹴人との縁組を解消することにした。

小泉夫婦は実の息子と別れるような寂しさを覚えたのだった。

子の親権者変更

さくらは父蹴人を思い出して，泣いてばかりいた。そんなさくらの心を思い，京子は，さくらの親権を蹴人に譲る決断をした。

子の入籍

蹴人は，母の戸籍に入籍していたさくらを，家庭裁判所の許可を得て，自分の戸籍に入籍させた。さくらの成長を見守りながら，蹴人は，これからも頑張っていく。

蹴人くんの戸籍年表

出生～認知

平成16年9月2日	山田花子の嫡出でない子として出生。
平成16年9月14日	「名未定」として母花子が出生届出。
平成16年9月29日	母花子は子の名を「蹴人」と追完届出。
平成16年11月15日	嫡出でない子の続き柄更正申出と再製申出。
平成18年1月5日	母花子と田中一郎が婚姻し，蹴人は一郎，花子と養子縁組届出。
令和5年3月29日	鈴木太郎が蹴人を認知届出。

養子縁組・婚姻～子の入籍

令和9年12月3日	小泉寛治，静子夫妻の養子となり，夫妻の長女京子と婚姻届出。
令和10年4月4日	長女出生。
令和10年4月10日	子に「さくら」と名付け，父蹴人が出生届出。
令和15年7月15日	妻京子と協議離婚届出。さくらの親権者は母京子と定める。
令和15年7月20日	小泉寛治，静子夫妻との離縁届出。
令和16年9月9日	さくらの親権者を，母京子から父蹴人に変更。同月10日届出。
令和16年9月21日	さくらは父蹴人の戸籍に入籍届出。

---

1 出 生

平成16年9月2日，山田家に元気な男の子が生まれました。

母親の山田花子は，赤ちゃんの父親とは結婚できない事情があったので，花子だけの子として，出生届をすることにしました。

　花子はサッカーが大好きで，男の子が生まれたら，絶対に付けたい名前がありました。「蹴人（シュート）」です。花子は，出生届に力をこめて「蹴人」と書いて，9月14日に戸籍の窓口に提出しました。しかし……。

　担当者　「あのぅ，まことに恐縮ですが，お子さんの名につけられる文字は法律で定められていまして，この『蹴』という文字は，お子さんの名に付けられない文字なんです……。」

　花　子　「えっ！　本当ですか？どうしよう他の名前は考えてないんです。」

　担当者　「もうすぐ，『蹴』という文字が付けられるようになるのですが……。」

嫡出でない子の戸籍を考えてみましょう

　父母が婚姻しないで生まれた子は，嫡出でない子です。出生届が提出されれば，子は母の氏を称して（民790条2項）母の戸籍に入ります（戸18条2項）。出生届の届出義務者は母（戸52条2項）で，子が出生してから14日以内（戸49条1項）に本籍地あるいは所在地（戸25条）又は子の出生地（戸51条）で届出をします。母が戸籍筆頭者でないときは，三代戸籍が禁止されている（戸17条）ので，母が新戸籍を編製して，子を入籍させます。

子の名に付けられる文字

　子の名に付けられる文字は，常用平易な文字（戸50条）と定められていて，常用平易な文字の範囲は，常用漢字表の文字，戸籍法施行規則別表第二の文字，ひらがな，カタカナと定められています（戸規60条）。平成16年9月2日に生まれ，同月14日に母花子が出生届をした時点では，「蹴」という文字は，この規定の範囲には入っていなかったのです。

　しかし，平成16年法務省令66号をもって，戸籍法施行規則の一部が改正され（平成16.9.27施行），同規則別表第二漢字の表（60条関係）も改正され，子の名に付けられる文字が大幅に増えました。「蹴」という字も，別表第二の一に加えられ，子の名に付けられる文字になりました。

　母花子は，もうすぐ，規則が改正されて，子の名の文字が増えることを聞いて考えました。出生届出の期間は14日以内なので，今日は出生届をしよう。でも，どうしても「蹴人」という名を付けたいので，「名未定」で届出をし，あとで名をつけることもできると聞いたので，名はそのときに手続をして戸籍に記載してもらうようにしようと決心しました。

⑴　「名未定」の嫡出でない子の出生届書（届出人母「花子」）

（注）　平成16年11月１日戸籍法施行規則の一部改正（平成16年法務省令76号）で，嫡出でない子の戸籍における父母との続き柄欄の記載が，嫡出子の記載と同じようにすることとされました。これにより出生の届書様式（規則附録第11号様式）及び戸籍届書の標準様式の一部改正もされました（平成16.11.１民一3009号通達）。この出生届は，法改正前のものです。

出　生　届	受理　平成16年9月14日　第1312号	発送　平成16年9月14日	東京都千代田区　長 印
平成16年9月14日届出	送付　平成16年9月16日　第1234号		
東京都千代田区　長殿	書類調査　戸籍記載　記載調査　調査票　附　票　住民票　通　知		

⑴　生まれた子
- 子の氏名（よみかた）：名未定　父母との続き柄：☑嫡出でない子（☑男　□女）

⑵　生まれたとき：平成16年9月2日　☑午前　6時35分

⑶　生まれたところ：東京都千代田区○○一丁目　△

⑷　住所（住民登録をするところ）：東京都千代田区○○二丁目　54　世帯主の氏名　山田花子　世帯主との続き柄　子

⑸　父母の氏名　生年月日：父　／　母　山田花子　昭和56年6月6日（満23歳）

⑹　本籍：大阪市北区○○町　16　筆頭者の氏名　山田太郎

⑺　同居を始めたとき：平成　年　月

⑻　子が生まれたときの世帯のおもな仕事：☑3．企業・個人商店等

⑼　父母の職業

その他：母につき新戸籍編製　新本籍　東京都千代田区○○二丁目54番地　命名前の届出につき名未定で届出をする。命名前の証明につき出生証明書中子の氏名欄は空白である。

届出人：☑母　住所（4）欄と同じ　本籍（6）欄と同じ　署名　山田花子　印　昭和56年6月6日生

事件簿番号

※届書を見やすくするため，ここでは様式中の出生証明書及び記入の注意を省略しています。

(2)　子の出生届出によって，母「花子」につき新戸籍が編製される旨の記載がある
　　母の従前戸籍

（1の1）　全部事項証明

本　　籍	大阪市北区○○町１６番地
氏　　名	山田　太郎
戸籍事項 　戸籍改製	【改製日】平成１６年５月２０日 【改製事由】平成６年法務省令第５１号附則第２条第１項 　　　　　　による改製
戸籍に記録されている者	【名】太郎 【生年月日】昭和２２年９月２０日　　【配偶者区分】夫 【父】山田四郎 【母】山田貞子 【続柄】長男
身分事項 　　出　　生 　　婚　　姻	（省　略） （省　略）
戸籍に記録されている者	【名】節子 【生年月日】昭和２６年１１月２日　　【配偶者区分】妻 【父】井本義男 【母】井本美千代 【続柄】二女
身分事項 　　出　　生 　　婚　　姻	（省　略） （省　略）
戸籍に記録されている者 　除　　籍	【名】花子 【生年月日】昭和５６年６月６日 【父】山田太郎 【母】山田節子 【続柄】長女
身分事項 　　出　　生 　　子の出生	（省　略） 【届出日】平成１６年９月１４日 【除籍事由】子の出生届出 【送付を受けた日】平成１６年９月１６日 【受理者】東京都千代田区長 【新本籍】東京都千代田区○○二丁目５４番地
	以下余白

発行番号

⑶ 「名未定」の嫡出でない子の出生届によって，母「花子」につき編製された新
　戸籍

（注）　平成16年11月１日戸籍法施行規則の一部改正（平成16年法務省令76号）で，嫡出で
　　　ない子の戸籍における父母との続き柄欄の記載が，嫡出子の記載と同じようにする
　　　こととされました。

（１の１）　全部事項証明

本　　　籍	東京都千代田区○○二丁目５４番地
氏　　　名	山田　花子
戸籍事項 　　戸籍編製	【編製日】平成１６年９月１４日
戸籍に記録されている者	【名】花子 【生年月日】昭和５６年６月６日 【父】山田太郎 【母】山田節子 【続柄】長女
身分事項 　　　出　　生 　　子の出生	（省　略） 【入籍日】平成１６年９月１４日 【入籍事由】子の出生届出 【従前戸籍】大阪市北区○○町１６番地　山田太郎
戸籍に記録されている者	【名】 【生年月日】平成１６年９月２日 【父】 【母】山田花子 【続柄】男
身分事項 　　　出　　生	【出生日】平成１６年９月２日 【出生地】東京都千代田区 【届出日】平成１６年９月１４日 【届出人】母 【特記事項】名未定
	以下余白

発行番号

2 名の追完

　出生届は提出したものの，子の名が空欄のままです。

　花子は，名の文字の規則が改正（平成16年法務省令66号，平成16. 9. 27施行）されるのを待って，平成16年9月29日，「蹴人」という名を戸籍に記載してもらうため，「追完届」をしました。

追完って何？

　「追完」とは法律用語です。辞書では「一旦なされた不完全な法律行為を，後から確定的に有効にする意思表示」と書かれています。戸籍実務において，「追完する」ということは，届書が不完全である場合に，追完届（戸45条）をすることで，完全な届書にすることをいいます。原則は戸籍記載前に追完します。

　母花子は，子の出生届はしましたが，出生届に記載すべき事項のうち，「名」が記載されていません。名の追完届が必要です。「蹴」の文字が，子の名に付けられるようになってから，花子は子の名の追完届をしました。

　ここで注目すべきは，コンピュータ戸籍の記載例です。身分事項に「追完」というタイトルが2つあり，その位置に違いがあります。これはどうしてだと思いますか？

　これは，まず出生事項に，段落ちタイトル（2文字下げたタイトル，処理タイトルと言われることもある）で「追完」として，出生事項の「名未定」の項目を追完し，さらに，基本タイトルで「追完」と示し，名欄を追完しているのです。これで「2つのタイトル」の謎が解けましたか？

改正後の法律で追完できるのか

　蹴人くんは，名の文字の法改正前に生まれています。改正前に生まれたのに改正後の法律で追完できるのかという疑問が生まれます。名未定の出生届は，いまだ名についての届出がされていないので，名の追完届は追完する時点の法律を適用して良いとされています（「戸籍」563号69頁）。

---

(1) 「名未定の子」が「蹴人」と命名された旨の追完届出

追 完 届

東京都千代田区 市⊠町村 長 殿

平成 16 年 9 月 29 日届出

						受付	平成 16 年 9 月 29 日		戸 籍	
							第 1420 号		調査	
(一)	追完を要する届出事件	種 類	出生届	届出の年月日	平成16年9月14日	基本届出事件の受付年月日及び受付番号	平成 16 年 9 月 14 日		記載	
(二)		届 出 人	山 田 花 子				第 1312 号		記載調査	
(三)		事件本人	本 籍	東京都千代田区○○二丁目54番地					送付	
			筆頭者氏名	山 田 花 子					住 民 票	
(四)			住所及び世帯主氏名	東京都千代田区○○二丁目54番地　山田花子					記載	
			氏 名	名 未 定					通知	
(五)			生年月日	平成16年9月2日					付 票	
									記載	
(六)	追 完 の事 由		届出期間内に子の名が決まらなかったため，名未定で出生届をしたが，名が決定したので追完をする。						通知	
(七)	追 完 す る事 項		事件本人の名を「蹴人」と追完する。 シュート							
(八)	添 付 書 類									
(九)	届出人	本 籍	(三)欄と同じ							
		筆頭者氏名	(三)欄と同じ							
		住 所	(四)欄と同じ							
		届出人の資格及び署名押印	母 山 田 花 子　⊕山田							
		生 年 月 日	昭和56年6月6日							

（注意）
一　事件本人又は届出人が二人以上であるときは，必要に応じ該当欄を区切って記載すること。
二　(六)欄は，追完を要するにいたった錯誤，遺漏の事情を簡明に記載すること。
三　(七)欄は，追完すべき箇所及び事項を簡明に記載すること。

(2)　「蹴人」と命名された子の出生届の追完届によって記載された戸籍

（1の1）　全部事項証明

本　　籍	東京都千代田区○○二丁目５４番地
氏　　名	山田　花子
戸籍事項 　　戸籍編製	【編製日】平成１６年９月１４日
戸籍に記録されている者	【名】花子 【生年月日】昭和５６年６月６日 【父】山田太郎 【母】山田節子 【続柄】長女
身分事項 　　出　　生 　　子の出生	（省　略） （省　略）
戸籍に記録されている者	【名】蹴人 【生年月日】平成１６年９月２日 【父】 【母】山田花子 【続柄】男
身分事項 　　出　　生	【出生日】平成１６年９月２日 【出生地】東京都千代田区 【届出日】平成１６年９月１４日 【届出人】母
追　　完	【追完日】平成１６年９月２９日 【追完の内容】名 【届出人】母 【従前の記録】 　　【特記事項】名未定
追　　完	【追完日】平成１６年９月２９日 【追完の内容】名 【届出人】母 【記録の内容】 　　【名】蹴人
	<div align="right">以下余白</div>

発行番号

3 嫡出でない子の続き柄更正申出

　ある日，新聞で「嫡出でない子の続き柄が更正できる」という記事を目にした花子は，早速区役所に向かいました。

　担当者　「嫡出でない子の場合，以前は戸籍の続き柄欄が『男』『女』と記録されていましたが，平成16年11月1日から，『長男』『長女』と記録するように改正されました。お客様のお子さんの場合は，いったん『男』と記録されていますが，申出していただきますと『長男』に更正することができます。さらに，更正した跡のない戸籍に再製することもできます。」

　花子は，「更正申出」と「再製申出」をすることにしました。

嫡出でない子の続き柄更正申出と戸籍の再製申出

　戸籍の続き柄欄については，以前は，嫡出子の父母との続き柄が「長男（長女）」「二男（二女）」と記載されるのに対して，嫡出でない子は「男」「女」と記載されていました。これには，嫡出子と嫡出でない子は，相続上違いがあるため，表記を区別していたという理由があります（現在は，法改正（民900条4号）され，嫡出子と嫡出でない子の相続は同じとされています。）。

　この続き柄欄の区別が，プライバシー侵害につながるとした訴えに対して，東京地方裁判所平成16年3月2日判決では「嫡出子と嫡出でない子を区別した記載は，戸籍の性質上必要であるが，国民のプライバシー保護の観点から，必要最小限になるような方法を選択し，嫡出でない子であることが強調されないようすべきである……。」との主旨の判示がされました。

　そこで，平成16年11月1日戸籍法施行規則の一部が改正され（平成16年法務省令76号），また，同日付け法務省民一3008号民事局長通達等で，嫡出でない子の戸籍における父母との続き柄欄の記載が嫡出子の記載と同じようにすることとされました。

　この改正後は，すでに父母との続き柄が「男」「女」と記載されている人も「続き柄の更正申出」をすると「長男（二男）」「長女（二女）」とすることができるようになりました。また，更正申出により更正をしたにもかかわらず，更正前の記載が残っている戸籍については，戸籍の再製申出によって，更正の跡が残らない戸籍に再製できるようになりました。この再製は，戸籍の滅失のおそれある再製（戸11条）として，戸籍法施行規則9条に準じた手続することとされています（前掲民一3008号通達4）。

　嫡出でない子の続き柄の数え方は，母が分娩した嫡出でない子の順番に長男（長女），二男（二女）……とします（前掲民一3008号通達1）。

　窓口では，このような改正前の続き柄の記載がされている人には，特に求められない場合でも，できる限り「規則改正により更正できるようになったこと」また，「再製申出で戸籍が再製できるようになったこと」を伝え，説明するようにしてください。

(1) 「蹴人」の父母との続き柄を「長男」と更正する申出書

申　出　書

東京都千代田　市 ⊠ 長　殿
　　　　　　　町村

平成 16 年 11 月 15 日申出

				受付	平 成 16 年 11 月 15 日	戸　籍	
					第　　11543　　号	調査	
(一)	事件本人	本　籍	東京都千代田区○○二丁目54番地			記載	
		筆頭者氏名	山 田 花 子			記載調査	
(二)		住所及び世帯主氏名	東京都千代田区○○二丁目54番地　山田花子			送付	
(三)		氏　名	山 田 蹴 人			住 民 票	
		生 年 月 日	平成16年9月2日			記載	
(四)	申 出 の 事 由		嫡出でない子の父母との続き柄欄の記載の取扱いが変更されたため。			通知	
						附　票	
						記載	
						通知	
(五)	申 出 す る 趣 旨		山田蹴人の続き柄を「長男」と更正してください。山田蹴人は男の子で一番目に生まれた嫡出でない子です。				
(六)	添 付 書 類						
(七)	申出人	本　籍	(一)欄に同じ				
		筆頭者氏名	〃				
		住　所	(二)欄に同じ				
		申出人の資格及び署名押印	母　山 田 花 子　㊞				
		生 年 月 日	昭和56年6月6日				

（注意）事件本人又は申請人が二人以上であるときは、必要に応じ該当欄を区切って記載すること。

(2) 「蹴人」の父母との続き柄を「長男」と更正する申出書によって更正された戸籍

（1の1） 全部事項証明

本　　　籍	東京都千代田区○○二丁目５４番地
氏　　　名	山田　花子
戸籍事項 　戸籍編製	【編製日】平成１６年９月１４日
戸籍に記録されている者	【名】花子 【生年月日】昭和５６年６月６日 【父】山田太郎 【母】山田節子 【続柄】長女
身分事項 　出　　生 　子の出生	（省　略） （省　略）
戸籍に記録されている者	【名】蹴人 【生年月日】平成１６年９月２日 【父】 【母】山田花子 【続柄】長男
身分事項 　出　　生 　追　　完 　追　　完 　更　　正	【出生日】平成１６年９月２日 【出生地】東京都千代田区 【届出日】平成１６年９月１４日 【届出人】母 （省　略） （省　略） 【更正日】平成１６年１１月１５日 【更正事項】父母との続柄 【更正事由】親権者母の申出 【従前の記録】 　　【父母との続柄】男
	以下余白

発行番号

(3)　「蹴人」の父母との続き柄を更正した戸籍を，申出によって再製された記載

（1の1）　全部事項証明

本　　　籍	東京都千代田区○○二丁目５４番地
氏　　　名	山田　花子
戸籍事項 　戸籍編製 　**戸籍再製**	【編製日】平成１６年９月１４日 **【再製日】平成１６年１２月２日**
戸籍に記録されている者	【名】花子 【生年月日】昭和５６年６月６日 【父】山田太郎 【母】山田節子 【続柄】長女
身分事項 　出　　　生 　　子の出生	（省　　略） （省　　略）
戸籍に記録されている者	【名】蹴人 【生年月日】平成１６年９月２日 【父】 【母】山田花子 【続柄】長男
身分事項 　　出　　　生 　　　追　　　完 　　追　　　完	【出生日】平成１６年９月２日 【出生地】東京都千代田区 【届出日】平成１６年９月１４日 【届出人】母 （省　　略） （省　　略）
	以下余白

発行番号

（注）再製前の戸籍の戸籍事項欄の記載

戸籍事項 　戸籍編製 　戸籍消除	【編製日】平成１６年９月１４日 【消除日】平成１６年１２月２日 【特記事項】再製につき消除

4 母の婚姻・蹴人の養子縁組

　母花子は，幼い子を抱えて大変でした。でも，その苦労も，元気に育つ蹴人を見ると嘘のように消えました。「元気で素直に育ってね。」花子はいつも心の中で，そう願っていました。

　平成17年秋，けなげに生きる花子に思いを寄せていた田中一郎は，思い切って花子にプロポーズしました。花子は迷いましたが，蹴人を自分の子どものように可愛がってくれるやさしい一郎の姿に，結婚を決めたのです。

　平成18年1月5日花子と一郎は婚姻届と養子縁組届を，戸籍の窓口に提出しました。

担当者　「養子縁組届ですが，お母さんも養子縁組していただくことになります。」

花　子　「私は実の母親なのに，どうして養子縁組しないといけないんですか？」

嫡出でない子の養子縁組

　未成年の子の養子縁組には，基本の要件に加えて，二つの大切な追加要件があります。夫婦共同縁組（民795条）と，家庭裁判所の許可（民798条）です。この二つの要件には，必ずただし書があります。「弐の重『養子縁組』」のところでも説明しましたが，養親となる人が夫婦であれば必ず夫婦共同で縁組しなければなりません。これは養親夫婦が，ともに親子関係をつくることで，子は夫婦双方の嫡出子になり，また，夫婦が共同で親権を行使することができるからです。ただし，配偶者の嫡出子との縁組は夫婦共同で縁組しなくてもよいとされています。子はすでに実親の嫡出子であって，実親と養親はすでに婚姻しているのですから，親権を共同で行使するには問題がないからです。でも，配偶者の嫡出でない子は，養親とだけ縁組をすると，養親との間では嫡出子の身分を取得しますが，実親とは嫡出でない子のままです。そこで，同時に夫婦の嫡出子とするために夫婦共同縁組が必要なのです。蹴人くんの縁組の場合，蹴人くんは嫡出でない子ですから，夫婦共同縁組は必要ですが，家庭裁判所の許可は，民法798条のただし書に「……配偶者の直系卑属を養子とする場合は，この限りでない。」とされていますから，蹴人くんはこの規定の適用があるため必要ありません。また，15歳未満の子の縁組代諾者（民797条）については，養母と代諾者親権者母が同一人となり，「利益相反」（民826条1項）が生じて，特別代理人が必要ではないかと考えてしまいますが，母の夫との縁組の場合は，利益相反は生じませんから，特別代理人の選任は必要ありません（昭和63.9.17民二5165号通達）。

※15歳未満の子の養子縁組の代諾者，及び戸籍の変動については「弐の重『養子縁組』42頁」を参照してください。

⑴　「蹴人」の母「山田花子」と「田中一郎」の婚姻届書

婚　姻　届

平成 18 年 1 月 5 日届出

東京都中央区　　長殿

受理	平成 18 年 1 月 5 日	発送	平成 18 年 1 月 5 日
第 120 号			
送付	平成 18 年 1 月 7 日	東京都中央区　　長 印	
第 112 号			
書類調査	戸籍記載	記載調査	調査票	附　票	住民票	通　知

		夫 に な る 人		妻 に な る 人	
⑴	（よみかた）	た　なか　　　　いち　ろう		やま　だ　　　はな　こ	
	氏　　名	氏 田中　名 一郎		氏 山田　名 花子	
	生 年 月 日	昭和 55 年 4 月 2 日		昭和 56 年 6 月 6 日	
⑵	住　　所	東京都中央区○○		東京都中央区○○	
	（住民登録をしているところ）	二丁目31 番地番　号		二丁目31 番地番　号	
		世帯主の氏名 田中一郎		世帯主の氏名 田中一郎	
⑶	本　　籍	千葉県浦安市○○		東京都千代田区○○	
	（外国人のときは国籍だけを書いてください）	15 番地番		二丁目54 番地番	
		筆頭者の氏名 田中良夫		筆頭者の氏名 山田花子	
	父母の氏名父母との続き柄（他の養父母はその他の欄に書いてください）	父 田中良夫	続き柄	父 山田太郎	続き柄
		母 和子	2男	母 節子	長女

⑷	婚姻後の夫婦の氏・新しい本籍	☑夫の氏 □妻の氏	新本籍（左の☑の氏の人がすでに戸籍の筆頭者となっているときは書かないでください） 東京都中央区○○二丁目　31 番地番

⑸	同居を始めたとき	平成 18 年 1 月	（結婚式をあげたとき、または、同居を始めたときのうち早いほうを書いてください）

⑹	初婚・再婚の別	☑初婚　再婚（□死別 □離別 年 月 日）	☑初婚　再婚（□死別 □離別 年 月 日）

⑺	同居を始める前の夫婦のそれぞれの世帯のおもな仕事と	夫□ 妻□ 1．農業だけまたは農業とその他の仕事を持っている世帯
		夫□ 妻□ 2．自由業・商工業・サービス業等を個人で経営している世帯
		夫☑ 妻☑ 3．企業・個人商店等（官公庁は除く）の常用勤労者世帯で勤め先の従業者数が1人または99人までの世帯（日々または1年未満の契約の雇用者は5）
		夫□ 妻□ 4．3にあてはまらない常用勤労者世帯及び会社団体の役員の世帯（日々または1年未満の契約の雇用者は5）
		夫□ 妻□ 5．1から4にあてはまらないその他の仕事をしている者のいる世帯
		夫□ 妻□ 6．仕事をしている者のいない世帯

⑻	夫妻の職業	（国勢調査の年…　年…の4月1日から翌年3月31日までに届出をするときだけ書いてください）	
		夫の職業	妻の職業

	その他	

	届 出 人署 名 押 印	夫 田中一郎 ㊞	妻 山田花子 ㊞

	事 件 簿 番 号	

※届書を見やすくするため，ここでは様式中の証人欄及び 記入の注意 を省略しています。

161

参の重（物語の箱）

(2) 「蹴人」と母及び母の夫「田中一郎」との養子縁組届書

<table>
<tr><td rowspan="2">養 子 縁 組 届
平成18年1月5日届出

東京都中央区　長殿</td><td>受理　平成18年1月5日
第　　121　　号</td><td>発送　平成18年1月7日

東京都中央区　長　印</td></tr>
<tr><td>送付　平成18年1月7日
第　　113　　号</td><td></td></tr>
</table>

書類調査	戸籍記載	記載調査	附　票	住民票	通　知

養 子 に な る 人

（よみかた）氏　名	養子氏　や　だ　山　田　名　しゅうと　蹴　人	養女氏　　　名
生 年 月 日	平成16年9月2日	年　月　日
住　所（住民登録をしているところ）	東京都中央区○○二丁目　31　番地番　号	
	世帯主の氏名　田中一郎	
本　籍（外国人のときは国籍だけを書いてください）	東京都千代田区○○二丁目　54　番地番	
	筆頭者の氏名　山田花子	
父母の氏名父母との続き柄	父　　　　　　　続き柄　父 母　田中花子　長男　母	続き柄　男

入籍する戸籍または新しい本籍
☑養子の現在の戸籍に入る　□養子夫婦で新しい戸籍をつくる
□養親の新しい戸籍に入る　□養子の戸籍に変動がない

東京都中央区○○二丁目　31　番地番
筆頭者の氏名　田中一郎

監護をすべき者の有無（養子になる人が十五歳未満のときに書いてください）
□届出人以外に養子になる人の監護をすべき　□父　□母　□養父　□養母がいる
☑上記の者はいない

| 届出人署名押印 | 印 | 印 |

届 出 人
（養子になる人が十五歳未満のときに書いてください。届出人となる未成年後見人が3人以上のときは、ここに書くことができない未成年後見人について、その他欄又は別紙（様式任意。届出人全員の契印が必要）に書いてください。）

資　格	親権者（□父　□養父）　□未成年後見人 □特別代理人	親権者（☑母　□養母）　□未成年後見人
住　所	番地番　　号	東京都中央区○○ 二丁目　31　番地番　号
本　籍	番地番　筆頭者の氏名	東京都中央区○○二丁目 31　番地番　筆頭者の氏名　田中一郎
署名押印	印	田中花子　㊞
生 年 月 日	年　月　日	昭和56年6月6日

養 親 に な る 人

（よみかた）氏　名	養父氏　た　なか　田　中　名　いちろう　一　郎	養母氏　た　なか　田　中　名　はなこ　花　子
生 年 月 日	昭和55年4月2日	昭和56年6月6日
住　所（住民登録をしているところ）	東京都中央区○○二丁目　31　番地番　号	
	世帯主の氏名　田中一郎	
本　籍（外国人のときは国籍だけを書いてください）	東京都中央区○○二丁目　31　番地番	
	筆頭者の氏名　田中一郎	

その他　民法第798条ただし書による縁組

新しい本籍（養親になる人が戸籍の筆頭者およびその配偶者でないときは、ここに新しい本籍を書いてください）
番地番

| 届出人署名押印 | 養父　田中一郎　㊞ | 養母　田中花子　㊞ |

※届書を見やすくするため，ここでは様式を上下に分けて掲げ，証人欄及び　記入の注意　を省略しています。

162

⑶　「花子」の婚姻届と「蹴人」の養子縁組届によって，除籍された従前の戸籍

除　　籍	（1の1）　全部事項証明
本　　籍	東京都千代田区○○二丁目５４番地
氏　　名	山田　花子
戸籍事項 　　戸籍編製 　　戸籍再製 　　**戸籍消除**	（省　略） （省　略） 【消除日】平成１８年１月７日
戸籍に記録されている者 　　　除　　籍	【名】花子 【生年月日】昭和５６年６月６日 【父】山田太郎 【母】山田節子 【続柄】長女
身分事項 　　出　　生 　　子の出生 　　**婚　　姻**	（省　略） （省　略） 【婚姻日】平成１８年１月５日 【配偶者氏名】田中一郎 【送付を受けた日】平成１８年１月７日 【受理者】東京都中央区長 【新本籍】東京都中央区○○二丁目３１番地 【称する氏】夫の氏
戸籍に記録されている者 　　　除　　籍	【名】蹴人 【生年月日】平成１６年９月２日 【父】 【母】山田花子 【続柄】長男
身分事項 　　出　　生 　　　　追　　完 　　追　　完 　　**養子縁組**	（省　略） （省　略） （省　略） 【縁組日】平成１８年１月５日 【養父氏名】田中一郎 【養母氏名】田中花子 【代諾者】親権者母 【送付を受けた日】平成１８年１月７日 【受理者】東京都中央区長 【入籍戸籍】東京都中央区○○二丁目３１番地　田中一郎
	以下余白

発行番号

⑷ 「花子」の婚姻届と「蹴人」の養子縁組届によって，入籍した夫（養父母）の戸籍

（1の1）　全部事項証明

本　　籍	東京都中央区○○二丁目31番地
氏　　名	田中　一郎
戸籍事項 　戸籍編製	【編製日】平成18年1月5日
戸籍に記録されている者	【名】一郎
	【生年月日】昭和55年4月2日　【配偶者区分】夫 【父】田中良夫 【母】田中和子 【続柄】二男
身分事項 　　出　　生	（省　略）
婚　　姻	【婚姻日】平成18年1月5日 【配偶者氏名】山田花子 【従前戸籍】千葉県浦安市○○15番地　田中良夫
養子縁組	【縁組日】平成18年1月5日 【共同縁組者】妻 【養子氏名】山田蹴人
戸籍に記録されている者	【名】花子
	【生年月日】昭和56年6月6日　【配偶者区分】妻 【父】山田太郎 【母】山田節子 【続柄】長女
身分事項 　　出　　生	（省　略）
婚　　姻	【婚姻日】平成18年1月5日 【配偶者氏名】田中一郎 【従前戸籍】東京都千代田区○○二丁目54番地　山田花子
養子縁組	【縁組日】平成18年1月5日 【共同縁組者】夫 【養子氏名】山田蹴人
戸籍に記録されている者	【名】蹴人
	【生年月日】平成16年9月2日 【父】 【母】田中花子 【続柄】長男 【養父】田中一郎 【養母】田中花子 【続柄】養子
身分事項 　　出　　生	（省　略）
養子縁組	【縁組日】平成18年1月5日 【養父氏名】田中一郎 【養母氏名】田中花子 【代諾者】親権者母 【従前戸籍】東京都千代田区○○二丁目54番地　山田花子
	以下余白

発行番号

5 認　知

　蹴人は18歳になりました。花子と一郎は蹴人の成長が楽しみでなりません。二人の願いどおり，蹴人は素直でやさしい青年に育ちました。一郎は蹴人をただ一人の息子として愛するため，二人の間の子どもを希望しませんでした。

　親子三人のささやかな幸せが，花子にとってかけがえのないものでした。

　ところがある日，鈴木太郎が花子を訪ねてきました。蹴人の実父です。

　「長い間放っておいてすまなかったね。僕の子どもがいると聞いて，どうしても会いたくて来たんだ。僕が父親だと名乗ってもいいだろうか。」鈴木太郎の懇願に花子の心は揺れました。本当の父親は鈴木太郎です。父親が名乗りを上げるのは当然のことでしょう。蹴人にも本当のことを告げるチャンスでもあります。でも，花子は一心に愛してくれる一郎に申し訳ない気持ちで胸がいっぱいになり，一郎にも蹴人にも打ち明けられませんでした。

　春の陽だまりが，花子と一郎を包み込んでいます。一郎がぽつりと言いました。「蹴人はいい子に育ったね。もうそろそろ本当のことを話してもいいんじゃないかなぁ。」花子は胸が張り裂けそうになりました。そして鈴木太郎のことを打ち明けたのです。「蹴人のためだよ，その人も辛かっただろうね。」一郎のその言葉に花子は号泣しました。

　一郎の心を無駄にしないように，花子は蹴人に本当のことを話しました。ショックを隠せない蹴人でしたが，苦しみながら決断した花子と一郎のことを考えて，鈴木太郎の申出を受け入れることにしたのです。

成年の子の認知

　認知は，子の福祉等から考えると良いことではあるけれども，子が監護を必要とする未成年のときに認知をせず，子が成人して今度は子に親が扶養される年齢に近くなってから，やっと認知するというのは虫が良すぎます。そうした考えから，成年の子の認知には，認知されてもよいという，子の「承諾」が必要とされています（民782条）。

　子の戸籍は，認知によって変動することはありません。

参の重（物語の箱）

法改正トピックス

成年年齢の改正と成年の子の認知②

　民法等の一部改正（平成30年法律59号）により，令和4年4月1日から成年年齢（民4条）が20歳から18歳に引き下げられましたので，成年の子の認知の「成年」の基準は，18歳に達したものとなります。

　また，施行の際に18歳以上20歳未満のもの（改正前，すでに婚姻により成年擬制したものを除く。）については，改正法施行日である4月1日に成年に達するものとするとされています（改正法附則2条　成年に関する経過措置）。

　なお，届出人欄は署名のみで押印は任意となりました（令和2.12.23民一2103号通達）。次頁の認知届は，その改正後のものです。

⑴　「蹴人」が成人に達した後に実父からされた認知の届出

認　知　届

令和 5 年 3 月 29日届出

千葉市中央区　　長殿

受理　令和 5 年 3 月 29 日 第　　　　211　　　　号	発送　令和 5 年 3 月 29 日
送付　令和 5 年 3 月 31 日 第　　　　1357　　　　号	千葉市中央区　長 ㊞
書類調査　戸籍記載　記載調査　附　　票　住民票　通　　知	

	認 知 さ れ る 子			認 知 す る 父	
（よみかた）	た　なか	しゅうと	父母との続き柄	すず　き	た　ろう
氏　　　　名	氏　　田　中	名　　蹴 人	長 ☑男 □女	氏　　鈴　木	名　　太 郎
生 年 月 日	平成 16 年 9 月 2 日			昭和 52 年 1 月 12 日	
住　　　　所 （住民登録をしているところ）	東京都中央区○○ 二丁目 31　番地番　号			千葉市中央区○○ 11　番地番　号	
	世帯主の氏名　田 中 一 郎			世帯主の氏名　鈴 木 太 郎	
本　　　　籍 （外国人のときは国籍だけを書いてください）	東京都中央区○○ 二丁目 31　番地番			千葉市中央区○○ 11　番地番	
	筆頭者の氏名　田 中 一 郎			筆頭者の氏名　鈴 木 太 郎	

認 知 の 種 別	☑ 任意認知　　　　　　　　　　□ 審判　　　　年　　　月　　　日確定 　　　　　　　　　　　　　　　□ 判決　　　　年　　　月　　　日確定 □ 遺言認知（遺言執行者　　　　　年　　　月　　　日　就職）

子 の 母	氏 名　　田 中 花 子　　　　　昭和 56 年 6 月 6 日生
	本 籍　　東京都中央区○○二丁目　　　　31　番地番
	筆頭者の氏名　　　　田 中 一 郎

そ の 他	□ 未成年の子を認知する　☑ 成年の子を認知する　□ 死亡した子を認知する　□ 胎児を認知する この認知を承諾します。田中蹴人

届 出 人	☑父　　□その他（　　　　　　　　）	
	住　所　千葉市中央区○○　　11　番地番　号	
	本　籍　千葉市中央区○○　　11　番地番　筆頭者の氏名　鈴 木 太 郎	
	署　名 （※押印は任意）　鈴 木 太 郎　㊞	昭和 52 年 1 月 12 日生

⑵ 認知の記載がされた「蹴人」の戸籍

（1の1） 全部事項証明

本　　籍	東京都中央区○○二丁目３１番地
氏　　名	田中　一郎
戸籍事項 　戸籍編製	【編製日】平成１８年１月５日

戸籍に記録されている者	【名】蹴人 【生年月日】平成１６年９月２日 【父】鈴木太郎 【母】田中花子 【続柄】長男 【養父】田中一郎 【養母】田中花子 【続柄】養子
身分事項 　出　　生 　養子縁組 　認　　知	（省　略） （省　略） 【認知日】令和５年３月２９日 【認知者氏名】鈴木太郎 【認知者の戸籍】千葉市中央区○○１１番地　鈴木太郎 【送付を受けた日】令和５年３月３１日 【受理者】千葉市中央区長
	以下余白

発行番号

⑶ 認知した父「鈴木太郎」の戸籍

（1の1） 全部事項証明

本　　籍	千葉市中央区○○１１番地
氏　　名	鈴木　太郎
戸籍事項 　戸籍改製	（省　略）
戸籍に記録されている者	【名】太郎 【生年月日】昭和５２年１月１２日 【父】鈴木次郎 【母】鈴木道子 【続柄】長男
身分事項 　出　　生 　認　　知	（省　略） 【認知日】令和５年３月２９日 【認知した子の氏名】田中蹴人 【認知した子の戸籍】東京都中央区○○二丁目３１番地 　田中一郎
	以下余白

発行番号

6　結婚相手の親との養子縁組

　蹴人は恋をしました。相手は蹴人の会社の社長の娘小泉京子です。高嶺の花だと，なかばあきらめていた蹴人でしたが，ある日話しかけることに成功しました。その後，何度かの偶然の出会いに，蹴人はいつしか「運命」を感じるようになりました。

　京子も同じ気持ちでした。ふたりは愛を育み，結婚しようと誓ったのです。でも，京子は一人娘なので，京子の両親は蹴人との養子縁組を望みました。

　愛情いっぱいに育ててくれた花子と一郎に，他の人の子どもになると話すことができるだろうか。でも，京子との結婚はあきらめることはできない。蹴人は辛い決断を迫られたのです。

　花子と一郎は，そんな蹴人の気持ちを察していました。夫婦は何度も話し合いました。蹴人にとって一番の幸せは何かということを……。

　「蹴人，お前の好きなようにしなさい。お父さんやお母さんの幸せは，蹴人が幸せになることだからね。」寂しさをこらえて，一郎と花子は蹴人に話しました。

　両親の気持ちが痛いほどわかる蹴人は，絶対幸せになろうと心に誓ったのです。

「妻の氏の婚姻」と 「妻になる人の親との縁組後の婚姻」の違い

　婚姻届について，窓口でよく質問されることがあります。「妻の家の姓にしたいのですが，どうしたらいいですか。」という質問です。この場合に，私たちは二通りの方法があることを説明しなくてはなりません。

　「妻の氏の婚姻」と「妻になる人の親との縁組後の婚姻」です。「妻の氏の婚姻」は，妻が筆頭者になって戸籍を編製することで，たとえ婚姻して妻の氏になったとしても，妻の親とは姻族関係での親子（義理の親子）にはなりますが，実の親子関係と同様の親子関係にはなりません。これに対して「妻になる人の親との縁組後の婚姻」は，妻の親とは，法律的には実の親子関係と同様の関係が発生します。言い換えれば，妻とは縁組によって兄妹関係になるということです。

　窓口で質問された場合は，上に述べたような「効果の違い」をわかりやすく説明しましょう。

兄妹になっても結婚できるの？

　婚姻には，ある親族間では婚姻できないとする婚姻障害（民735条・736条）という要件があります。縁組による婚姻障害は，直系の親族関係（民736条）において生じるもので，傍系（兄妹）の親族関係には生じません。縁組上の兄妹関係間においては婚姻できるということです。

(1) 「蹴人」の養子縁組届書

養 子 縁 組 届

令和 9 年 12 月 3 日 届出

東京都中央区　長殿

		受理 令和 9 年 12 月 3 日	発送 令和 9 年 12 月 3 日
		第　11211　号	
		送付 令和 9 年 12 月 5 日	東京都中央区　長 印
		第　12345　号	
		書類調査 戸籍記載 記載調査 附　票 住民票 通　知	

	養　子　に　な　る　人	
（よみかた） 氏　　　名	た　なか　　しゅーと 養子 氏　　　名 田　中　　　蹴　人	養女 氏　　　名
生　年　月　日	平成 16 年 9 月 2 日	年　月　日
住　　　所 （住民登録をして いるところ）	東京都中央区○○一丁目　　10　　番地 番　　号 世帯主 の氏名　田　中　蹴　人	
本　　　籍 （外国人のときは 国籍だけを書い てください）	東京都中央田区○○二丁目　　31　　番地 番 筆頭者 の氏名　田　中　一　郎	
父母の氏名 父母との続き柄	父　鈴　木　太　郎　　続き柄 母　田　中　花　子　　長　男	父　　　　　　　続き柄 母　　　　　　　　　男
入籍する戸籍 ま　た　は 新しい本籍	☑養親の現在の戸籍に入る　□養子夫婦で新しい戸籍をつくる □養親の新しい戸籍に入る　□養子の戸籍に変動がない 東京都新宿区○○三丁目　　6　　番地 番 筆頭者 の氏名　小　泉　寛　治	
監護をすべき者 の　有　無	（養子になる人が十五歳未満のときに書いてください） □届出人以外に養子になる人の監護をすべき　□父　□母　□養父　□養母がいる □上記の者はいない	
届出人署名 （※押印は任意）	田　中　蹴　人　　　印	印

	届　　出　　人	
	（養子になる人が十五歳未満のときに書いてください。届出人となる未成年後見人が3人以上のときは、ここに書くことができない未成年後見人について、その他欄又は別紙（様式任意。届出人全員の契印が必要）に書いてください。）	
資　　　格	親権者（□父　□養父）　□未成年後見人 　　　　　　　　　　　　□特別代理人	親権者（□母　□養母）　□未成年後見人
住　　　所	番地 番　　号	番地 番　　号
本　　　籍	番地　筆頭者 番　　の氏名	番地　筆頭者 番　　の氏名
署　　　名 （※押印は任意）	印	印
生　年　月　日	年　月　日	年　月　日

- -

	養　親　に　な　る　人	
（よみかた） 氏　　　名	こいずみ　　かん　じ 養父 氏　　　名 小　泉　　　寛　治	こいずみ　　しず　こ 養母 氏　　　名 小　泉　　　静　子
生　年　月　日	昭和 55 年 5 月 4 日	昭和 58 年 9 月 11 日
住　　　所 （住民登録をして いるところ）	東京都新宿区○○三丁目　　6　　番地 番　　号 世帯主 の氏名　小　泉　寛　治	
本　　　籍 （外国人のときは 国籍だけを書い てください）	東京都新宿区○○三丁目　　6　　番地 番 筆頭者 の氏名　小　泉　寛　治	
そ の 他	養子の養父　「田中一郎」 養子の養母　「　花子」	
新しい本籍（養親になる人が戸籍の筆頭者およびその配偶者でないときは、ここに新しい本籍を書いてください） 番地 番		
届出人署名 （※押印は任意）	養父　小　泉　寛　治　　印	養母　小　泉　静　子　　印

※届書を見やすくするため，ここでは様式を上下に分けて掲げ，証人欄及び 記入の注意 を省略しています。

⑵ 「蹴人」が同籍内で養父母の長女「小泉京子」との婚姻の届出

婚 姻 届 令和 9 年 12 月 3 日届出 東京都中央区　　長殿	受理　令和 9 年 12 月 3 日 第　　　11212　　号		発送　令和 9 年 12 月 3 日	
	送付　令和 9 年 12 月 5 日 第　　　12346　　号		東京都中央区　　長　印	
	書類調査 ｜ 戸籍記載 ｜ 記載調査 ｜ 調査票 ｜ 附　票 ｜ 住民票 ｜ 通　知			

		夫 に な る 人	妻 に な る 人
⑴	（よみかた）	こいずみ　　　　しゅーと	こいずみ　　　　きょうこ
	氏　　　名	氏　　　　　名 小 泉　　　蹴 人	氏　　　　　名 小 泉　　　京 子
	生 年 月 日	平成　16 年 9 月 2 日	平成　19 年 2 月 1 日
⑵	住　　　所 （住民登録をして いるところ）	東京都中央区○○ 一丁目 10　番地／番　　号 世帯主 の氏名　小 泉 蹴 人	東京都中央区○○ 一丁目 10　番地／番　　号 世帯主 の氏名　小 泉 蹴 人
⑶	本　　　籍 （外国人のときは 国籍だけを書い てください）	東京都新宿区○○ 三丁目 6　番地／番 筆頭者 の氏名　小 泉 寛 治	東京都新宿区○○ 三丁目 6　番地／番 筆頭者 の氏名　小 泉 寛 治

			続き柄		続き柄
	父 母 の 氏 名 父母との続き柄 （他の養父母は その他の欄に 書いてください）	父 鈴 木 太 郎 母 田 中 花 子	 長男	父 小 泉 寛 治 母　　　 静 子	 長女

⑷	婚姻後の夫婦の 氏・新しい本籍	☑夫の氏　新本籍（左の☑の氏の人がすでに戸籍の筆頭者となっているときは書かないでください） □妻の氏　東京都新宿区○○三丁目　　　　6　番地／番
⑸	同居を始めた とき	令和 9 年 12 月（結婚式をあげたとき、または、同居を始め たときのうち早いほうを書いてください）
⑹	初婚・再婚の別	☑初婚　再婚（□死別　　年 月 日）｜☑初婚　再婚（□死別　　年 月 日） 　　　　　　　　　　□離別　　　　　　　　　　　　　　　□離別
⑺	同居を始める 前の夫婦のそれ ぞれの世帯の おもな仕事と	夫□ 妻□ 1．農業だけまたは農業とその他の仕事を持っている世帯 夫□ 妻□ 2．自由業・商工業・サービス業等を個人で経営している世帯 夫□ 妻□ 3．企業・個人商店等（官公庁は除く）の常用勤労者世帯で勤め先の従業者数が 　　　　　　　1人から99人までの世帯（日々または1年未満の契約の雇用者は5） 夫☑ 妻☑ 4．3にあてはまらない常用勤労者世帯及び会社団体の役員の世帯（日々または 　　　　　　　1年未満の契約の雇用者は5） 夫□ 妻□ 5．1から4にあてはまらないその他の仕事をしている者のいる世帯 夫□ 妻□ 6．仕事をしている者のいない世帯
⑻	夫 妻 の 職 業	（国勢調査の年…　年…の4月1日から翌年3月31日までに届出をするときだけ書いてください） 夫の職業　　　　　　　　　　　　　妻の職業
	その他	夫の養父「小泉寛治」　　夫の養父「田中一郎」 夫の養母「　静子　」　　夫の養母「　花子　」
	届出人署名 （※押印は任意）	夫 小 泉 蹴 人　　印 ｜ 妻 小 泉 京 子　　印
	事 件 簿 番 号	

※届書を見やすくするため、ここでは様式中の証人欄及び 記入の注意 を省略しています。

⑶ 「蹴人」の養子縁組前の戸籍

（1の1）　全部事項証明

本　　籍	東京都中央区○○二丁目３１番地
氏　　名	田中　一郎
戸籍事項 　　戸籍編製	（省　略）
戸籍に記録されている者	【名】一郎 【生年月日】昭和５５年４月２日　【配偶者区分】夫 【父】田中良夫 【母】田中和子 【続柄】二男
身分事項 　　出　　生 　　婚　　姻 　　養子縁組	（省　略） （省　略） （省　略）
戸籍に記録されている者	【名】花子 【生年月日】昭和５６年６月６日　【配偶者区分】妻 【父】山田太郎 【母】山田節子 【続柄】長女
身分事項 　　出　　生 　　婚　　姻 　　養子縁組	（省　略） （省　略） （省　略）
戸籍に記録されている者 ［除　籍］	【名】蹴人 【生年月日】平成１６年９月２日 【父】鈴木太郎 【母】田中花子 【続柄】長男 【養父】田中一郎 【養母】田中花子 【続柄】養子
身分事項 　　出　　生 　　養子縁組 　　認　　知 　　養子縁組	（省　略） （田中一郎，花子との縁組省略） （省　略） 【縁組日】令和９年１２月３日 【養父氏名】小泉寛治 【養母氏名】小泉静子 【入籍戸籍】東京都新宿区○○三丁目６番地　小泉寛治
	以下余白

発行番号

⑷　「蹴人」の養子縁組後の戸籍および「蹴人」と「京子」の婚姻による除籍の記載がされた戸籍

本　　籍	東京都新宿区○○三丁目6番地
氏　　名	小泉　寛治
戸籍事項 　　戸籍改製	（省　略）
戸籍に記録されている者	【名】寛治 【生年月日】昭和55年5月4日　【配偶者区分】夫 【父】小泉敬三 【母】小泉しのぶ 【続柄】長男
身分事項 　　出　　生	（省　略）
婚　　姻	（省　略）
養子縁組	【縁組日】令和9年12月3日 【共同縁組者】妻 【養子氏名】田中蹴人 【送付を受けた日】令和9年12月5日 【受理者】東京都中央区長
戸籍に記録されている者	【名】静子 【生年月日】昭和58年9月11日　【配偶者区分】妻 【父】井上忠司 【母】井上君子 【続柄】三女
身分事項 　　出　　生	（省　略）
婚　　姻	（省　略）
養子縁組	【縁組日】令和9年12月3日 【共同縁組者】夫 【養子氏名】田中蹴人 【送付を受けた日】令和9年12月5日 【受理者】東京都中央区長
戸籍に記録されている者 除　　籍	【名】京子 【生年月日】平成19年2月1日 【父】小泉寛治 【母】小泉静子 【続柄】長女
身分事項 　　出　　生	（省　略）
婚　　姻	【婚姻日】令和9年12月3日

発行番号

参の重（物語の箱）

（2の2）　全部事項証明

	【配偶者氏名】小泉蹴人 【送付を受けた日】令和9年12月5日 【受理者】東京都中央区長 【新本籍】東京都新宿区○○三丁目6番地 【称する氏】夫の氏
戸籍に記録されている者 　　除　　籍	【名】蹴人 【生年月日】平成16年9月2日 【父】鈴木太郎 【母】田中花子 【続柄】長男 【養父】小泉寛治 【養母】小泉静子 【続柄】養子
身分事項 　　出　　生	（省　略）
養子縁組	（田中一郎，花子との縁組省略）
認　　知	（省　略）
養子縁組	【縁組日】令和9年12月3日 【養父氏名】小泉寛治 【養母氏名】小泉静子 【送付を受けた日】令和9年12月5日 【受理者】東京都中央区長 【従前戸籍】東京都中央区○○二丁目31番地　田中一郎
婚　　姻	【婚姻日】令和9年12月3日 【配偶者氏名】小泉京子 【送付を受けた日】令和9年12月5日 【受理者】東京都中央区長 【新本籍】東京都新宿区○○三丁目6番地 【称する氏】夫の氏
	以下余白

発行番号

174

⑸　「蹴人」と「小泉京子」との婚姻後の戸籍

（1の1）　全部事項証明

本　　籍	東京都新宿区○○三丁目６番地
氏　　名	小泉　蹴人
戸籍事項 　　戸籍編製	【編製日】令和９年１２月５日
戸籍に記録されている者	【名】蹴人 【生年月日】平成１６年９月２日　　【配偶者区分】夫 【父】鈴木太郎 【母】田中花子 【続柄】長男 【養父】小泉寛治 【養母】小泉静子 【続柄】養子
身分事項 　　出　　生	（省　略）
養子縁組	（田中一郎，花子との縁組省略）
認　　知	（省　略）
養子縁組	（小泉寛治，静子との縁組省略）
婚　　姻	【婚姻日】令和９年１２月３日 【配偶者氏名】小泉京子 【送付を受けた日】令和９年１２月５日 【受理者】東京都中央区長 【従前戸籍】東京都新宿区○○三丁目６番地　小泉寛治
戸籍に記録されている者	【名】京子 【生年月日】平成１９年２月１日　　【配偶者区分】妻 【父】小泉寛治 【母】小泉静子 【続柄】長女
身分事項 　　出　　生	（省　略）
婚　　姻	【婚姻日】令和９年１２月３日 【配偶者氏名】小泉蹴人 【送付を受けた日】令和９年１２月５日 【受理者】東京都中央区長 【従前戸籍】東京都新宿区○○三丁目６番地　小泉寛治
	以下余白

発行番号

7 婚姻・長女さくら誕生

蹴人と京子は結婚しました。婚姻届を提出するときには，京子のお腹には赤ちゃんがいました。結婚して4か月後かわいい女の子が生まれました。

桜の花びらが舞う春爛漫の季節の中で，蹴人と京子は，子どもに「さくら」と名付けました。

蹴人は，親になった喜びをかみしめながら，一郎と花子，そして鈴木太郎のことを思いました。子を持って初めてわかる親の心が，蹴人には切ないほど伝わってきたのでした。

嫡出子の出生届

嫡出子とは，法律上の夫婦間（婚姻の届出をした夫婦）に生まれた子をいいます。一般には，民法772条の推定を受ける子をいいますが，たとえ推定を受けなくても婚姻した夫によって懐胎された子であれば生来（生まれながら）の嫡出子とされます（昭和15.1.23大審院判決・民集19巻1号54頁）。したがって，婚姻後200日以内に生まれた子であっても，嫡出子として出生の届出をすることができます。

蹴人くんの子，さくらちゃんは婚姻後200日以内に生まれましたが，嫡出子として出生届をしたので，生来の嫡出子として，蹴人くんと京子さん夫婦の戸籍に入籍しました。

(1)　「さくら」の出生の届出

出 生 届

令和 10 年 4 月 10 日 届出

東京都中央区　　長殿

受理　令和 10 年 4 月 10日 第　　　745　　　号	発送　令和 10 年 4 月 10日
送付　令和 10 年 4 月12日 第　　　876　　　号	東京都中央区　長　印

書類調査	戸籍記載	記載調査	調査票	附　　票	住民票	通　　知

(1)	子 の 氏 名 （よみかた） (外国人のときは ローマ字を付記 してください)	氏　こ　いずみ **小 泉**	名　さ　くら **さくら**	父母と の 続き柄　☑嫡　出　子 □嫡出でない子 ｛長｝ □男 ☑女
(2)	生まれたとき	令和 10 年　4 月　4 日		☑午前 □午後　5 時 28 分
(3)	生まれたところ	東京都中央区○○二丁目　　　　△		番地 番　　　号
(4)	住　　所 (住民登録をする ところ)	東京都中央区○○一丁目　　　　10		番地 番　　　号
		世帯主 の氏名　**小 泉 蹴 人**	世帯主と の続き柄　**子**	
(5)	父 母 の 氏 名 生 年 月 日 (子が生まれたと きの年齢)	父　**小 泉 蹴 人**	母　**小 泉 京 子**	
		平成 16 年 9 月 2 日(満23歳)	平成 19 年 2 月 1 日(満21歳)	
(6)	本　　籍 (外国人のときは 国籍だけを書い てください)	東京都新宿区○○三丁目　　　6		番地 番
		筆頭者 の氏名　**小 泉 蹴 人**		
(7)	同居を始めた とき	令和 9 年 12 月	（結婚式をあげたとき、または、同居を始め たときのうち早いほうを書いてください）	
(8)	子が生まれた ときの世帯の おもな仕事と	□1.農業だけまたは農業とその他の仕事を持っている世帯 □2.自由業・商工業・サービス業等を個人で経営している世帯 □3.企業・個人商店等（官公庁は除く）の常用勤労者世帯で勤め先の従業者数が1 　　人から99人までの世帯（日々または1年未満の契約の雇用者は5） ☑4.3にあてはまらない常用勤労者世帯及び会社団体の役員の世帯（日々または1 　　年未満の契約の雇用者は5） □5.1から4にあてはまらないその他の仕事をしている者のいる世帯 □6.仕事をしている者のいない世帯		
(9)	父 母 の 職 業	(国勢調査の年… 　年…の4月1日から翌年3月31日までに子が生まれたときだけ書いてください)		
		父の職業	母の職業	
その他	**父母婚姻年月日「令和9年12月3日」母前婚なし**			

届出人	☑1.父 　　母　□2.法定代理人(　　　　　)　□3.同居者　□4.医師　□5.助産師　□6.その他の立会者 □7.公設所の長	
	住　所	(4)欄と同じ	番地 番　　　号
	本　籍	(6)欄と同じ	番地 番　筆頭者 の氏名 (6)欄と同じ
	署　名 (※押印は任意)	**小 泉 蹴 人**　　印　　平成 16 年 9 月 2 日生	
	事 件 簿 番 号		

※届書を見やすくするため，ここでは様式中の出生証明書及び □記入の注意 を省略しています。

(2) 「さくら」の入籍した父母の戸籍

（1の1）　全部事項証明

本　　籍	東京都新宿区○○三丁目6番地
氏　　名	小泉　蹴人

戸籍事項 　　戸籍編製	（省　略）

戸籍に記録されている者	【名】蹴人 【生年月日】平成16年9月2日　　【配偶者区分】夫 【父】鈴木太郎 【母】田中花子 【続柄】長男 【養父】小泉寛治 【養母】小泉静子 【続柄】養子
身分事項 　　出　　生	（省　略）
養子縁組	（田中一郎，花子との縁組省略）
認　　知	（省　略）
養子縁組	（小泉寛治，静子との縁組省略）
婚　　姻	（省　略）

戸籍に記録されている者	【名】京子 【生年月日】平成19年2月1日　　【配偶者区分】妻 【父】小泉寛治 【母】小泉静子 【続柄】長女
身分事項 　　出　　生	（省　略）
婚　　姻	（省　略）

戸籍に記録されている者	【名】さくら 【生年月日】令和10年4月4日 【父】小泉蹴人 【母】小泉京子 【続柄】長女
身分事項 　　出　　生	【出生日】令和10年4月4日 【出生地】東京都中央区 【届出日】令和10年4月10日 【届出人】父 【送付を受けた日】令和10年4月12日 【受理者】東京都中央区長
	以下余白

発行番号

8　離　婚

　月日は人の心を変えます。あんなに愛し合った蹴人と京子でしたが，少しずつ二人の心に隙間風が吹き始めました。蹴人は懸命に修復しようとしましたが，二人の心は離れるばかりでした。

　「別れましょう。」と切り出したのは京子の方でした。長い沈黙の後，蹴人は静かにうなずきました。話合いの結果，さくらの親権者は京子と定めました。蹴人はさくらと離れたくなかったのです。でも，さくらを母親から奪ってしまうことは蹴人にはできませんでした。「パパはさくらの幸せを，遠くから見守っているからね。」胸を詰まらせながら，蹴人はさくらの頭をなでて，心の中でお別れを言ったのでした。

離婚届と子の親権

　離婚には協議離婚（民763条）と裁判離婚（民770条）があります。協議離婚では夫婦の意思の合致と同様に大切な要件があります。それは夫婦間の未成年の子の親権者をどちらにするかを定めることです（民819条1項）。離婚するということは夫婦関係が破綻しているのですから，夫婦間の未成年の子を共同で育むのは難しいことです。そのため，親権（親の権利・義務）を行う者を夫又は妻のどちらかに定めて，親の責任の所在を明らかすることが，子の福祉にかなっていると考えられるからです。未成年の子の親権を定めていない離婚届は受理できません。裁判離婚も同様に，未成年の親権者を定めることが必須条件になっています（民819条2項）。

● **離婚時に子の親権とは別に夫婦で話し合うべきこと**

　離婚後の子の監護に関する事項を定めた民法766条1項では，「父又は母と子との面会及びその他の交流，子の監護に要する費用の分担」を決めなければならない。また，話し合いについては，「子の利益を最も優先して考慮しなければならない。」と規定されています。

　離婚する場合は，夫婦の間の未成年の子について親権の指定をするとともに，子との面会交流および養育費に関する事項も併せて話し合う必要があります。

● **面会交流および養育費に関する届書の欄外記載**

> 未成年の子がいる場合は，次の□のあてはまるものにしるしをつけてください。
> （面会交流）
> 　□取決めをしている。
> 　□まだ決めていない。
> （養育費の分担）
> 　□取決めをしている。
> 　□まだ決めていない。

> 未成年の子がいる場合に父母が離婚をするときは，面会交流や養育費の分担など子の監護に必要な事項についても父母の協議で定めることとされています。この場合には，子の利益を最も優先して考えなければならないこととされています。

※　上記の欄については，「取決めをしていない」あるいは「まだ決めていない」に☑がされていたり，まったく☑をしていない場合であっても，離婚届の不受理の対象とはならないので注意しましょう。ただし，このような場合であっても，窓口では，「子の利益を最優先で考える」という民法の主旨を説明し，取決めをしてもらうように理解を求めることも必要です。

　蹴人くんは，さくらちゃんと毎日でも会いたいと思いましたが，さくらちゃんと京子さんの今後のことを思い，離婚後の面会，交流については希望しませんでした。さくらちゃんを育てる費用については，蹴人くんの精いっぱい金額を提示し，せめてもの心のよりどころとしたのでした。

⑴　「蹴人」と「京子」の離婚届書

離　婚　届

令和 15 年 7 月 15 日届出

東京都中央区　長殿

受理	令和 15 年 7 月 15 日	発送	令和 15 年 7 月 15 日
第	820 号		
送付	令和 15 年 7 月 17 日	東京都中央区　長　印	
第	1254 号		

書類調査	戸籍記載	記載調査	調査票	附　票	住民票	通　知

		夫（よみかた）こ・いずみ　しゅうと	妻（よみかた）こ・いずみ　きょうこ
⑴	氏　名	氏　小　泉　名　蹴　人	氏　小　泉　名　京　子
	生 年 月 日	平成 16 年 9 月 2 日	平成 19 年 2 月 1 日
	住　所（住民登録をしているところ）	東京都中央区○○　二丁目 10 番地番　号　世帯主の氏名　小　泉　蹴　人	東京都千代田区○○　二丁目 25 番地番　号　世帯主の氏名　小　泉　京　子
⑵	本　籍（外国人のときは国籍だけを書いてください）	東京都新宿区○○三丁目　6　番地番　世帯主の氏名　小　泉　蹴　人	
	父母の氏名父母との続き柄（他の養父母はその他の欄に書いてください）	夫の父　鈴　木　太　郎　続き柄 長男　母　田　中　花　子	妻の父　小　泉　寛　治　続き柄 長女　母　　　静　子
⑶⑷	離婚の種別	☑協議離婚　□調停　年　月　日成立　□審判　年　月　日確定	□和解　年　月　日成立　□請求の認諾　年　月　日認諾　□判決　年　月　日確定
	婚姻前の氏にもどる者の本籍	□夫　□妻　は　□もとの戸籍にもどる　☑新しい戸籍をつくる 東京都千代田区○○二丁目25　番地番　筆頭者の氏名　小　泉　京　子	
⑸	未成年の子の氏　名	夫が親権を行う子	妻が親権を行う子　小　泉　さくら
⑹⑺	同居の期間	令和 9 年 12 月から（同居を始めたとき）　令和 15 年 7 月まで（別居したとき）	
⑻	別居する前の住　所	東京都中央区○○一丁目 10 番地番　号	
⑼	別居する前の世帯のおもな仕事と	□1．農業だけまたは農業とその他の仕事を持っている世帯 □2．自由業・商工業・サービス業等を個人で経営している世帯 □3．企業・個人商店等（官公庁は除く）の常用勤労者世帯で勤め先の従業者数が1人から99人までの世帯（日々または1年未満の契約の雇用者は5） ☑4．3にあてはまらない常用勤労者世帯及び会社団体の役員の世帯（日々または1年未満の契約の雇用者は5） □5．1から4にあてはまらないその他の仕事をしている者のいる世帯 □6．仕事をしている者のいない世帯	
⑽	夫妻の職業	（国勢調査の年…　年…の4月1日から翌年3月31日までに届出をするときだけ書いてください） 夫の職業	妻の職業
	その他	夫の養父「小泉寛治」　　夫の養父「田中一郎」 夫の養母「　静子　」　　夫の養母「　花子　」	
	届出人署名（※押印は任意）	夫　小　泉　蹴　人　　　印	妻　小　泉　京　子　　　印
	事 件 簿 番 号		

※届書を見やすくするため，ここでは様式中の証人欄及び　記入の注意　を省略しています。

(2) 「蹴人」と「京子」の離婚後の夫婦の戸籍

	（2の1）　全部事項証明

本　　籍	東京都新宿区○○三丁目6番地
氏　　名	小泉　蹴人

戸籍事項 　　戸籍編製	（省　略）
戸籍に記録されている者	【名】蹴人 【生年月日】平成16年9月2日 【父】鈴木太郎 【母】田中花子 【続柄】長男 【養父】小泉寛治 【養母】小泉静子 【続柄】養子
身分事項 　　出　　生	（省　略）
養子縁組	（田中一郎，花子との縁組省略）
認　　知	（省　略）
養子縁組	（小泉寛治，静子との縁組省略）
婚　　姻	（省　略）
離　　婚	【離婚日】令和15年7月15日 【配偶者氏名】小泉京子 【送付を受けた日】令和15年7月17日 【受理者】東京都中央区長
戸籍に記録されている者 除　籍	【名】京子 【生年月日】平成19年2月1日 【父】小泉寛治 【母】小泉静子 【続柄】長女
身分事項 　　出　　生	（省　略）
婚　　姻	（省　略）
離　　婚	【離婚日】令和15年7月15日 【配偶者氏名】小泉蹴人 【送付を受けた日】令和15年7月17日 【受理者】東京都中央区長 【新本籍】東京都千代田区○○二丁目25番地
戸籍に記録されている者	【名】さくら 【生年月日】令和10年4月4日 【父】小泉蹴人 【母】小泉京子 【続柄】長女

（2の2）　全部事項証明

身分事項	
出　　生	（省　略）
親　　権	【親権者を定めた日】令和15年7月15日 【親権者】母 【届出人】父母
	以下余白

発行番号

(3)　「京子」の離婚後の新戸籍

（1の1）　全部事項証明

本　　籍	東京都千代田区○○二丁目25番地
氏　　名	小泉　京子
戸籍事項 　　戸籍編製	【編製日】令和15年7月17日
戸籍に記録されている者	【名】京子 【生年月日】平成19年2月1日 【父】小泉寛治 【母】小泉静子 【続柄】長女
身分事項 　　出　　生	（省　略）
離　　婚	【離婚日】令和15年7月15日 【配偶者氏名】小泉蹴人 【送付を受けた日】令和15年7月17日 【受理者】東京都中央区長 【従前戸籍】東京都新宿区○○三丁目6番地　小泉蹴人

発行番号

9 養子離縁

　京子の両親小泉寛治と静子は，蹴人を本当の息子のように可愛がっていました。蹴人と京子の離婚が決まったとき，小泉夫婦は養子縁組をこのまま継続していこうとも考えました。でも，この状態で縁組を継続することは，蹴人にとっても心の負担になると考え，縁組を解消することにしたのです。

　「お父さん，お母さん，お世話になりました。」蹴人は，小泉夫婦に感謝の気持ちを込めて，お別れの挨拶をしました。小泉夫婦は実の息子と別れるような寂しさを覚えたのでした。

婚姻により筆頭者になった者の養子離縁と戸籍の変動

　夫婦の筆頭者が養子離縁をすると，縁組前の氏で夫婦で新戸籍を編製します。また，離婚して単身者になった筆頭者が離縁した場合も，縁組前の戸籍に戻ることができます（戸19条1項）。この場合，もとの戸籍が全員除籍で除かれている場合や，養子本人が新戸籍編製を希望する場合は，新戸籍を編製することができます（同項但書）。さらに縁組が7年以上継続している場合は，戸籍法73条の2の届をすることによって，離縁の際に称していた氏を引き続き称して新戸籍を編製することになります。

　婚姻で筆頭者になった者が離縁した場合は，もとの戸籍に戻れないのではないかと思いがちですが，筆頭者が離婚によって単身者になった場合でも離縁したときは，当然に縁組前の氏に復します（したがって，縁組前の戸籍に戻ることができます）ので，間違えないようにしてください。

※　蹴人が養子離縁した後，さくらは家庭裁判所の許可を得て，母の氏を称する入籍届で京子の戸籍に入籍しましたが，物語の流れを考えて，届書及び記載例は省略しています。

(1)　「蹴人」と「小泉寛治・静子」の離縁の届出

<table>
<tr><td rowspan="3">養子離縁届
令和15年7月20日届出

東京都中央区　長殿</td><td>受理　令和15年 7 月20日</td><td>発送　令和15年 7 月20日</td></tr>
<tr><td>第　　813　　号</td><td rowspan="2">東京都中央区　長　印</td></tr>
<tr><td>送付　令和15年 7 月22日
第　　1534　　号</td></tr>
</table>

書類調査	戸籍記載	記載調査	附　票	住民票	通　知	

	養		子	
（よみかた） 氏　　名	こ　いずみ 養子 氏　　　名 小　泉	しゅーと 名 蹴　人	養女 氏　　　名	名
生 年 月 日	平成 16 年 9 月 2 日		年　　月　　日	
住　　所 （住民登録をして いるところ）	東京都中央区○○二丁目　　31 番地番—号			
	世帯主 の氏名　田 中 一 郎			
本　　籍 （外国人のときは 国籍だけを書い てください）	東京都新宿区○○三丁目　　6 番地番			
	筆頭者 の氏名　小 泉 蹴 人			
父母の氏名 父母との続き柄	父　鈴 木 太 郎	続き柄 父 長男	父 母	続き柄 男
	母　田 中 花 子			

離縁の種別	☑協議離縁　　　　　　　　　　　　　☐和解　　　　　年　 月　 日成立 ☐調停　　　年　 月　 日成立　　☐請求の認諾　 年　 月　 日認諾 ☐審判　　　年　 月　 日確定　　☐判決　　　　 年　 月　 日確定 ☐死亡した者との離縁　　年　 月　 日許可の審判確定
離縁後の本籍	☑もとの戸籍にもどる　☐新しい戸籍をつくる　☐養子の戸籍に変動がない 東京都中央区○○二丁目　31 番地番　筆頭者の氏名　田中一郎
届出人署名 （※押印は任意）	小 泉 蹴 人　　　　印　　　　　　　　　　　　　印

	届		出	人	
（養子になる人が十五歳未満のときに書いてください。届出人となる未成年後見人が3人以上のときは、ここに書くことが できない未成年後見人について、その他欄又は別紙（様式任意。届出人全員の契印が必要）に書いてください。）					
資　　格	離縁後の 親 権 者（☐父 ☐養父）☐未成年後見人		離縁後の 親 権 者（☐母 ☐養母）☐未成年後見人		
住　　所	番地 番　　号		番地 番　　号		
本　　籍	番地　筆頭者 番　　の氏名		番地　筆頭者 番　　の氏名		
署　　名 （※押印は任意）	印		印		
生 年 月 日	年　　月　　日		年　　月　　日		

	養		親	
（よみかた） 氏　　名	こ　いずみ 養父 氏 小　泉	かんじ 名 寛　治	こ　いずみ 養母 氏 小　泉	しずこ 名 静　子
生 年 月 日	昭和 55 年 5 月 4 日		昭和 58 年 9 月 11 日	
住　　所 （住民登録をして いるところ）	東京都新宿区○○三丁目　　6 番地番—号			
	世帯主 の氏名　小 泉 寛 治			
本　　籍 （外国人のときは 国籍だけを書い てください）	東京都新宿区○○三丁目　　6 番地番			
	筆頭者 の氏名　小 泉 寛 治			
そ の 他	養子の養父「田中一郎」 養子の養母「　 花子」			
届出人署名 （※押印は任意）	養父　小 泉 寛 治　　印		養母　小 泉 静 子　　印	

※届書を見やすくするた
　め，ここでは様式を上
　下に分けて掲げ，証人
　欄及び 記入の注意
　を省略しています。

⑵　「蹴人」と「小泉寛治・静子」の離縁後の養父母の戸籍

（2の1）　全部事項証明

本　　籍	東京都新宿区○○三丁目6番地
氏　　名	小泉　寛治
戸籍事項 　　戸籍改製	（省　略）
戸籍に記録されている者	【名】寛治 【生年月日】昭和55年5月4日　【配偶者区分】夫 【父】小泉敬三 【母】小泉しのぶ 【続柄】長男
身分事項 　　出　　生 　　婚　　姻 　　養子縁組 　　**養子離縁**	（省　略） （省　略） （省　略） 【離縁日】令和15年7月20日 【共同離縁者】妻 【養子氏名】小泉蹴人 【送付を受けた日】令和15年7月22日 【受理者】東京都中央区長
戸籍に記録されている者	【名】静子 【生年月日】昭和58年9月11日　【配偶者区分】妻 【父】井上忠司 【母】井上君子 【続柄】三女
身分事項 　　出　　生 　　婚　　姻 　　養子縁組 　　**養子離縁**	（省　略） （省　略） （省　略） 【離縁日】令和15年7月20日 【共同離縁者】夫 【養子氏名】小泉蹴人 【送付を受けた日】令和15年7月22日 【受理者】東京都中央区長
戸籍に記録されている者 　除　　籍	【名】京子 （省　略）
戸籍に記録されている者 　除　　籍	【名】蹴人 （省　略）
	以下余白

発行番号

(3)　「蹴人」の離縁・復籍前の戸籍

（2の1）　全部事項証明

本　　籍	東京都新宿区○○三丁目6番地
氏　　名	小泉　蹴人

戸籍事項 　　戸籍編製	（省　略）
戸籍に記録されている者 除　　籍	【名】蹴人 【生年月日】平成16年9月2日 【父】鈴木太郎 【母】田中花子 【続柄】長男 【養父】小泉寛治 【養母】小泉静子 【続柄】養子
身分事項 　　出　　生	（省　略）
養子縁組	（田中一郎，花子との縁組省略）
認　　知	（省　略）
養子縁組	（小泉寛治，静子との縁組省略）
婚　　姻	（省　略）
離　　婚	（省　略）
養子離縁	【離縁日】令和15年7月20日 【養父氏名】小泉寛治 【養母氏名】小泉静子 【送付を受けた日】令和15年7月22日 【受理者】東京都中央区長 【入籍戸籍】東京都中央区○○二丁目31番地　田中一郎
戸籍に記録されている者 除　　籍	【名】京子 【生年月日】平成19年2月1日 【父】小泉寛治 【母】小泉静子 【続柄】長女
身分事項 　　出　　生	（省　略）
婚　　姻	（省　略）
離　　婚	（省　略）
戸籍に記録されている者	【名】さくら 【生年月日】令和10年4月4日 【父】小泉蹴人 【母】小泉京子 【続柄】長女
身分事項 　　出　　生	（省　略）
親　　権	（省　略）
	以下余白

発行番号

(4) 「蹴人」の離縁復籍後の戸籍

<table>
<tr><td colspan="2" align="right">（2の1）</td><td>全部事項証明</td></tr>
<tr><td>本　　籍</td><td colspan="2">東京都中央区○○二丁目３１番地</td></tr>
<tr><td>氏　　名</td><td colspan="2">田中　一郎</td></tr>
<tr><td>戸籍事項
　　戸籍改製</td><td colspan="2">（省　略）</td></tr>
<tr><td>戸籍に記録されている者</td><td colspan="2">【名】一郎

【生年月日】昭和５５年４月２日　【配偶者区分】夫
【父】田中良夫
【母】田中和子
【続柄】二男</td></tr>
<tr><td>身分事項
　　出　　生
　　婚　　姻
　　養子縁組</td><td colspan="2">（省　略）
（省　略）
（省　略）</td></tr>
<tr><td>戸籍に記録されている者</td><td colspan="2">【名】花子

【生年月日】昭和５６年６月６日　【配偶者区分】妻
【父】山田太郎
【母】山田節子
【続柄】長女</td></tr>
<tr><td>身分事項
　　出　　生
　　婚　　姻
　　養子縁組</td><td colspan="2">（省　略）
（省　略）
（省　略）</td></tr>
<tr><td>戸籍に記録されている者

除　　籍</td><td colspan="2">【名】蹴人

（省　略）</td></tr>
<tr><td>戸籍に記録されている者</td><td colspan="2">【名】蹴人

【生年月日】平成１６年９月２日
【父】鈴木太郎
【母】田中花子
【続柄】長男
【養父】田中一郎
【養母】田中花子
【続柄】養子</td></tr>
<tr><td>身分事項
　　出　　生
　　養子縁組
　　認　　知
　　養子離縁</td><td colspan="2">（省　略）
（田中一郎，花子との縁組省略）
（省　略）
【離縁日】令和１５年７月２０日
【養父氏名】小泉寛治
【養母氏名】小泉静子
【従前戸籍】東京都新宿区○○三丁目６番地　小泉蹴人</td></tr>
<tr><td></td><td colspan="2" align="right">以下余白</td></tr>
</table>

発行番号

10　子の親権者変更

　実家に戻った蹴人は，一日中さくらのことを考えていました。お風呂に一緒に入ったこと，公園で暗くなるまで遊んだこと，言葉もしゃべれないくらい幼い時も，ずっとさくらの目を見つめながら話しかけていた蹴人は，さくらの笑顔が忘れられませんでした。

　ある日，京子から会いたいと電話がありました。1年ぶりの再会です。

　京子はゆっくりと話し始めました。「さくらがね，パパのことばかり言うの。パパに会いたいって，この1年間ずっと言ってて，泣いてばかりなの。」それを聞いて，蹴人は涙が溢れて言葉になりませんでした。京子は続けました。「それでね……さくらの親権をあなたに譲ろうかと思って……。私母親失格ね。」京子はそう言って涙を流しました。さくらは父のぬくもりをずっと忘れられずにいたのです。

　「君はそれでいいんだね。」蹴人は京子を気遣いました。「さくらが幸せになるなら仕方がないなって思うの。」二人の会話はこれだけでした。でも言葉にならない言葉が二人を包んでいました。

単独親権になった後の親権者変更

(1)　父又は母の単独親権になっている子の親権を，他の一方に変更するには，家庭裁判所の関与が必要です（民819条6項）。例えば，父母あるいは養父母が離婚し，その際に定められた父又は母（養父又は養母）の単独親権になっているものを，他の一方に変更する場合です。

　　さくらちゃんの親権者を母の京子さんから父の蹴人くんにするには，上記のように家庭裁判所の関与が必要になります。

(2)　親権者を父又は母（あるいは養父又は養母）の一方から他方に移す場合として，上記の親権者変更と，当事者の協議でする（協議が調わないとき，又は協議をすることができないときは家庭裁判所の審判で定める—民819条5項）場合の親権者指定があります。親権者の指定の届出をするものは，次のとおりです。

①　嫡出でない子は，母が親権者になっていますが，父が認知して，父を親権者にする場合（民819条4項・5項）

②　離婚後300日以内の出生子は，母が親権者になっていますが，父を親権者にする場合（民819条3項・5項）

③　父母の代諾で縁組した養子が離縁する時点で，父母が離婚していた場合，父母のどちらが離縁後の親権者になるかを定めていないので，離縁後の親権者を協議で定める場合（民811条4項）

なお，親権者の変更届又は親権者の指定届があっても，子の戸籍に変動はありません。

(1) 子「さくら」の親権者を，母から父に変更する親権者変更の届出

親権（管理権）届

令和 16 年 9 月 10 日届出

東京都中央区　長 殿

受 理	令和 16 年 9 月 10 日	発 送	令和 16 年 9 月 10 日
第	935 号		東京都中央区　長 ㊞
送 付	令和 16 年 9 月 12 日		
第	1049 号		
書類調査	戸籍記載	記載調査			

		未 成 年 者		親権者（管理権者）	
（よみかた）	こ いずみ	さくら	た なか	しゅーと	
氏　名	氏　小 泉	名　さくら	氏　田 中	名　蹴 人	
生 年 月 日	令和 10 年 4 月 4 日		平成 16 年 9 月 2 日		
住　所 （住民登録をして いるところ）	東京都千代田区○○ 二丁目25　番地 番　号		東京都中央区○○ 二丁目31　番地 番　号		
本　籍	東京都千代田区○○ 二丁目　25　番地 番 筆頭者 の氏名　小 泉 京 子		東京都中央区○○ 二丁目　31　番地 番 筆頭者 の氏名　田 中 一 郎		
届 出 事 件 の 種　別	□親権者指定　□親権喪失取消　□親権辞任　□管理権喪失取消　□管理権回復 ☑親権者変更　□親権停止取消　□親権回復　□管理権辞任 □父母（養父母）の協議　　　　□許可の審判　　年　　月　　日 ☑調停令和16年 9 月 9 日成立　□審判　　年　　月　　日確定				
その他	添付書類　調停調書の謄本				

	届　　出　　人	
資　格	親権者（☑父 □母 □養父 □養母） □その他（　　　　　　　　　　）	（親権者指定の協議の相手方が書いてください） 親権者（□父 □母 □養父 □養母）
住　所	東京都中央区二丁目 31　番地 番　号	番地 番　号
本　籍	東京都中央区二丁目 31　番地 筆頭者 番 の氏名　田 中 一 郎	番地 筆頭者 番 の氏名
署　名 （※押印は任意） 生 年 月 日	田 中 蹴 人　　㊞ 平成 16 年 9 月 2 日	㊞ 年　月　日

⑵　子「さくら」の親権者が，母から父に変更された戸籍

（1の1）　全部事項証明

本　　　籍	東京都千代田区○○二丁目２５番地
氏　　　名	小泉　京子
戸籍事項 　　戸籍編製	（省　略）
戸籍に記録されている者	【名】京子 【生年月日】平成１９年２月１日 【父】小泉寛治 【母】小泉静子 【続柄】長女
身分事項 　　出　　生 　　離　　婚	（省　略） （省　略）
戸籍に記録されている者	【名】さくら 【生年月日】令和１０年４月４日 【父】田中蹴人 【母】小泉京子 【続柄】長女
身分事項 　　出　　生 　　親　　権 　　入　　籍 　**親　　　権**	（省　略） （親権者が母である旨の親権事項省略） （母の氏を称する入籍事項省略） 【親権者変更の調停成立日】令和１６年９月９日 【親権者】父 【届出日】令和１６年９月１０日 【届出人】父 【送付を受けた日】令和１６年９月１２日 【受理者】東京都中央区長
	以下余白

発行番号

11 子の入籍

　さくらの親権者は蹴人になりました。父の胸に飛び込んださくらは，蹴人に思いきり甘えました。

　蹴人は，母の戸籍に入籍していたさくらを，家庭裁判所の許可を得て，再度自分の戸籍に入籍させました。長い道のりでしたが，蹴人は今幸せです。

　蹴人はさくらの成長を見守りながら，おじさんになっても，おじいさんになっても，ずっと，ずっとやさしいシュートくんであり続けるでしょう。

　「がんばれ！蹴人くん！」

入籍届の種類

⑴　父又は母の氏を称する入籍届（民791条１項・３項）

　　父母（養父母も含む。）が離婚すると，父と母は民法上違う氏になります。たとえ戸籍法77条の２の届出をしたとしても，卵の殻は同じ氏ですが，卵の中身は違う氏です。この状態で，子が氏の変わった父又は母の氏になりたいときは，家庭裁判所の許可を得て「父（母）の氏を称する入籍届」をすることになります。父母の死別によって，父又は母が生存配偶者の復氏届により復氏した場合も同じです。

⑵　父母の氏を称する入籍届（民791条２項・３項）

　　父母（養父母も含む。）が身分行為（縁組や離縁など）をして，父母と子が民法上違う氏になったとき，父母が婚姻中に限って家庭裁判所の許可なしで入籍届ができます。

⑶　従前の氏を称する入籍届（民791条４項）

　　子が未成熟な未成年のときに，父や母の氏を称する入籍届をして，父や母の戸籍に入籍していたが，子本人が成年になって，やっぱり元の氏の方が良かったので戻りたいと思ったときは，子が成年になって１年以内なら，家庭裁判所の許可なしで元の氏に戻ることができます。

⑷　父又は母，あるいは父母と同籍する入籍届

　　父や母（養父や養母も含む。）と子が民法上の氏が同じであるが，戸籍が別になっている場合，子が父や母の戸籍に入りたいときは「父（母）あるいは父母と同籍する入籍届」をします。この場合は，家庭裁判所の許可は不要です。「同籍する入籍届」は戸籍の先例で認められた特別な取扱いです。戸籍先例及びその事例については「弐の重『第11　入籍』」を参照してください。

　　さくらちゃんの場合は，⑴の家庭裁判所の許可が必要な入籍届です。

　　また，蹴人くんは父母の戸籍に戻っていますから，子の入籍届によって新戸籍を編製して，その戸籍にさくらちゃんを入籍させます（戸17条）。

(1)　子「さくら」が父の戸籍に入籍する届出

<table>
<tr><td rowspan="2" align="center">入　籍　届

令和16年 9 月 21 日 届出</td><td colspan="2">受理　令和16年 9 月21日
第　　　　1015　　　号</td><td>発送　令和16年 9 月21日</td></tr>
<tr><td colspan="2">送付　令和16年 9 月23日
第　　　　1587　　　号</td><td>東京都中央区　長㊞</td></tr>
<tr><td colspan="2">書類調査　戸籍記載　記載調査　附　　票　住民票　通　　知</td></tr>
</table>

東京都中央区　　　長殿

入籍する人の氏名	（よみかた）こいずみ　さくら 氏　小　泉　名　さくら　　令和10年 4 月 4 日生	
住　所（住民登録をしているところ）	東京都中央区○○二丁目　31　番地番—号 世帯主の氏名　田　中　一　郎	
本　籍	東京都千代田区○○二丁目　25　番地番 筆頭者の氏名　小　泉　京　子	
入籍の事由	☑父 □養父　□母 □養母　の氏を称する入籍　□父母 □養父母	□父 □養父　□母 □養母　と同籍する入籍　□父母 □養父母
	□従前の氏を称する入籍（従前の氏を改めた年月日　　年　　月　　日）	
入籍する戸籍または新しい本籍	□すでにある戸籍に入る　☑父または母の新戸籍に入る　□新しい戸籍をつくる 東京都中央区○○二丁目　31　番地番　筆頭者の氏名　田中蹴人	
父母の氏名 父母との続き柄	父　　　田　中　蹴　人　　　母　　　小　泉　京　子	続き柄　長　□男 ☑女
その他	父の従前の戸籍の表示「東京都中央区○○二丁目31番地　筆頭者　田中一郎」 添付書類　子の氏変更許可審判書謄本	
届出人署名（※押印は任意）	印	

届　出　人
（入籍する人が十五歳未満のときの届出人または配偶者とともに届け出るときの配偶者が書いてください。届出人となる未成年後見人が3人以上のときは、ここに書くことができない未成年後見人について、その他欄又は別紙（様式任意。届出人全員の契印が必要）に書いてください。）

資　格	親権者（☑父 □養父）　□未成年後見人 □配偶者	親権者（□母 □養母）　□未成年後見人
住　所	東京都中央区○○ 二丁目31　番地番—号	番地番　号
本　籍	東京都中央区○○二丁目 31　番地番　筆頭者の氏名　田中一郎	番地番　筆頭者の氏名
署名（※押印は任意）	田　中　蹴　人　　印	印
生年月日	平成16年 9 月 2 日	年　月　日

(2) 子「さくら」の入籍届によって父につき新戸籍を編製するため除籍された父の
戸籍

<table>
<tr><td colspan="2" align="right">（2の1）</td><td>全部事項証明</td></tr>
</table>

本　　籍	東京都中央区○○二丁目３１番地
氏　　名	田中　一郎
戸籍事項 　戸籍編製	（省　略）
戸籍に記録されている者	【名】一郎 【生年月日】昭和５５年４月２日　【配偶者区分】夫 【父】田中良夫 【母】田中和子 【続柄】二男

〜〜〜〜〜〜〜〜〜〜〜〜〜〜〜〜〜〜〜〜

戸籍に記録されている者	【名】花子 【生年月日】昭和５６年６月６日　【配偶者区分】妻 【父】山田太郎 【母】山田節子 【続柄】長女

〜〜〜〜〜〜〜〜〜〜〜〜〜〜〜〜〜〜〜〜

戸籍に記録されている者 　　除　　籍	【名】蹴人 （省　略）
戸籍に記録されている者 　　除　　籍	【名】蹴人 【生年月日】平成１６年９月２日 【父】鈴木太郎 【母】田中花子 【続柄】長男 【養父】田中一郎 【養母】田中花子 【続柄】養子
身分事項 　　出　　生	（省　略）
養子縁組	（田中一郎，花子との縁組事項省略）
認　　知	（省　略）
養子離縁	（小泉寛治，静子との離縁事項省略）
子の入籍	【届出日】令和１６年９月２１日 【除籍事由】子の入籍届出 【新本籍】東京都中央区○○二丁目３１番地
	以下余白

発行番号

⑶　子「さくら」が父の戸籍に入籍した後の母の戸籍

（1の1）　全部事項証明

本　　　籍	東京都千代田区○○二丁目２５番地
氏　　　名	小泉　京子
戸籍事項 　戸籍編製	（省　略）
戸籍に記録されている者	【名】京子 【生年月日】平成１９年２月１日 【父】小泉寛治 【母】小泉静子 【続柄】長女
身分事項 　　出　　生 　　離　　婚	（省　略） （省　略）
戸籍に記録されている者 ［除　籍］	【名】さくら 【生年月日】令和１０年４月４日 【父】田中蹴人 【母】小泉京子 【続柄】長女
身分事項 　　出　　生 　　親　　権 　　入　　籍 　　親　　権 　　入　　籍	（省　略） （親権者が母である旨の親権事項省略） （母の氏を称する入籍事項省略） （親権者を父に変更の親権事項省略） 【届出日】令和１６年９月２１日 【除籍事由】父の氏を称する入籍 【届出人】親権者父 【送付を受けた日】令和１６年９月２３日 【受理者】東京都中央区長 【入籍戸籍】東京都中央区○○二丁目３１番地　田中蹴人
	以下余白

発行番号

⑷　子の入籍の届出によって編製された父の戸籍に，子「さくら」が入籍した戸籍

（1の1）　全部事項証明

本　　　籍	東京都中央区○○二丁目３１番地
氏　　　名	田中　蹴人
戸籍事項 　　戸籍編製	【編製日】令和１６年９月２１日
戸籍に記録されている者	【名】蹴人 【生年月日】平成１６年９月２日 【父】鈴木太郎 【母】田中花子 【続柄】長男 【養父】田中一郎 【養母】田中花子 【続柄】養子
身分事項 　　出　　　生 　　養子縁組 　　認　　　知 　　子の入籍	（省　略） （田中一郎，花子との縁組事項省略） （省　略） 【入籍日】令和１６年９月２１日 【入籍事由】子の入籍届出 【従前戸籍】東京都中央区○○二丁目３１番地　田中一郎
戸籍に記録されている者	【名】さくら 【生年月日】令和１０年４月４日 【父】田中蹴人 【母】小泉京子 【続柄】長女
身分事項 　　出　　　生 　　親　　　権 　　入　　　籍	（省　略） （親権者を父に変更の親権事項省略） 【届出日】令和１６年９月２１日 【入籍事由】父の氏を称する入籍 【届出人】親権者父 【従前戸籍】東京都千代田区○○二丁目２５番地　小泉京子
	以下余白

発行番号

第2話　「ママがぼくを見つけた日」

1　　出　　生（戸籍法62条の出生届）

2　　父の死亡

3　　母の親権停止

4　　祖母の未成年後見人選任

5　　複数の未成年後見人選任

6　　祖母死亡による未成年後見人等の地位喪失届

7　　親権停止取消し

　これは，主人公の安藤克喜くんが，生まれてから小学校1年生になるまでの物語です。

　民法等の一部改正（平成23年法律第61号・平成24年4月1日施行）で，親権，後見に関する部分が大きく改正されました。
　この物語は，法改正後の親権，後見に関する事例を盛り込んだ，7年間の子の成長記録です。

　物語に込められた子に対する人々の思い，そして，過酷な状況でも，親を思い，必死に頑張ろうとする子の思いをかみしめながら，「親権とは何か」「後見とは何か」を問いかけてみてください。

※　物語は学習用に作成したもので，実際のお話，実在の人物ではありません。

第2話

ママがぼくを見つけた日

あらすじ

平成26年10月1日

安藤克信さんと奈緒美さん夫妻に，元気な男の子が誕生しました。

パパの名の一字をもらって「克喜（愛称かあくん）」と名付けられた子は，両親の愛情を一身に受けて，すくすくと育ちます。

平成29年12月24日

かあくんへのクリスマスプレゼントを手にして家路を急ぐ克信さんは，不慮の事故で死亡。残された奈緒美さんは悲しみにくれます。

令和元年6月6日

夫を失った深い悲しみから逃れられない奈緒美さんは，とうとう心の病に侵され，かあくんを育てられなくなりました。おばあちゃんの美智子さんは，奈緒美さんの代わりに，かあくんを育てようと決心します。

令和元年11月16日

美智子さんは孫を一生懸命育てようとしましたが，自分自身も重い病気になっていることを知り，一人では育てることができないと感じました。お世話になっている児童相談所の白石真紀さんに相談し，協力してもらうことにしました。

令和2年10月5日

「ママはきっと帰ってくるからね」と言い残して，おばあちゃんは天国に旅立ちました。かあくんは一人ぼっちになったと感じました。

令和3年4月12日

かあくんは小学生になりました。真紀さんに買ってもらった大きなランドセルを背負い桜吹雪の中を胸を張って歩きます。ふと気付くと校門の前に女の人がいます。少し痩せたママでした。かあくんは走りました。ママも，かあくんを見つけて走りました。「ママがぼくを見つけてくれた！」かあくんは嬉しくてたまりませんでした。

物語は，主人公「かあくん」の目を通して進行します。

1 ┃ ぼくが生まれた日

　パパとママは大恋愛で結ばれました。そして生まれたのがぼくです。ぼくは生まれたときは2300グラムだったそうです。少し小さいけど，元気いっぱいの泣き声で，パパとママは涙を流して喜んだそうです。ママは大好きなパパの名前を一字もらって「克喜（かつき）」と名前を付けてくれました。ぼくはそれから「かあくん」と呼ばれるようになりました。

> 　かあくんには知らされていませんでしたが，安藤克信さんは，母安藤佐代子さんに奈緒美さんとの結婚を反対されていました。父死亡後，女手一つで育ててくれた母の許しを得るため，母を説得し続けた克信さんでしたが，かあくんの誕生をきっかけに，やっと母の許しを得ることができました。
>
> 　この物語は，両親を結んだかあくんの誕生から幕を開けます。
>
> 　ちなみに克信さんの母佐代子さんは，かあくんの誕生から一年目に死亡しています。克信さんは，初孫の誕生で，母に最後の親孝行ができたと思いました。
>
> （平成26年10月10日，窓口には父母の婚姻届と子の出生届が届出されました。）
>
> ## 準正（民789条）
>
> 　子が出生したとき父母は婚姻していなかった（嫡出推定を受けない子＝嫡出でない子）が，「父母の婚姻」と「父の認知」の両方の条件がそろって嫡出子になる場合があります。後で条件が揃って嫡出子になることを「準正（民789条）」と言います。認知で条件が揃った場合を「認知準正（民789条2項）」，父母の婚姻で条件が揃った場合を「婚姻準正（民789条1項）」と言います。
>
> ## 戸籍法62条の出生届と準正の効果
>
> 　かあくんが出生したとき（10月1日）には，父母はまだ婚姻していませんでした。生まれた時点では嫡出でない子だったのですが，出生届をするまでの間に，父母が婚姻の届出をして，「父が出生の届出」をすると，婚姻した夫婦の戸籍にダイレクトに入る取扱いがあります。これを戸籍法62条の出生届と言います。この場合の子は，基本の考え方では，嫡出でない子は母の氏を名乗って母の戸籍に入る（民790条2項，戸18条2項）のですが，父母婚姻後，父が「この子は私の子だ」と署名して出生届をすると，その出生届には「認知の届出の効力がある出生届（戸62条）」になります。この子は生来の嫡出子ではありませんが，先にも述べたように「父母の婚姻」と「父の認知」の両方の条件がそろって嫡出子（準正嫡出子）になるのですから，嫡出でない子としていったん母の戸籍に入れるような，わざわざ迂回した戸籍の手続を踏まずに，父母の戸籍にダイレクトに入れることにしたのです。

(1) 安藤克信と岩田奈緒美の婚姻届

婚　姻　届	受理　平成 26 年 10 月 10 日 第　　　895　　　号	発送　平成 26 年 10 月 10 日
平成 26 年 10 月 10 日 届出	送付　平成 26 年 10 月 13 日 第　　　545　　　号	東京都千代田区　長　印
東京都千代田区　長殿	書類調査　戸籍記載　記載調査　調査票　附　　票　住民票　通　　知	

		夫 に な る 人	妻 に な る 人
(1)	（よみかた）	あんどう　　　かつ　のぶ 氏　　　　　名	いわた　　　　なおみ 氏　　　　　名
	氏　　　名	安 藤　　　克 信	岩 田　　　奈緒美
	生 年 月 日	昭和　62 年 12 月 24 日	平成　元 年 3 月 24 日
(2)	住　　　所 （住民登録をして いるところ）	東京都千代田区○○ 三丁目23　番地 番　　　号	左に同じ 番地 番　　　号
		世帯主 の氏名　安 藤 克 信	世帯主 の氏名　左に同じ
(3)	本　　　籍 （外国人のときは 国籍だけを書い てください）	埼玉県さいたま市浦和区 ○○　　　　23　番地 番	千葉県松戸市○○町 254　番地 番
		筆頭者 の氏名　安 藤 公 男	筆頭者 の氏名　岩 田 美智子
	父母の氏名 父母との続き柄 （他の養父母は その他の欄に 書いてください）	父　安 藤 公 男　　続き柄	父　川 端　　　茂　　続き柄
		母　　　　佐代子　　長 男	母　岩 田 美智子　　長 女
(4)	婚姻後の夫婦の 氏・新しい本籍	☑夫の氏　　新本籍（左の☑の氏の人がすでに戸籍の筆頭者となっているときは書かないでください） □妻の氏　　東京都千代田区○○三丁目　　23　番地 番	
(5)	同居を始めた とき	平成 26 年 7 月　　（結婚式をあげたとき、または、同居を始め たときのうち早いほうを書いてください）	
(6)	初婚・再婚の別	☑初婚　再婚（□死別　　年　月　日） □離別	☑初婚　再婚（□死別　　年　月　日） □離別
(7)	同居を始める 前の夫婦のそれ ぞれの世帯の おもな仕事と	夫□　妻□　1．農業だけまたは農業とその他の仕事を持っている世帯 夫□　妻□　2．自由業・商工業・サービス業等を個人で経営している世帯 夫□　妻☑　3．企業・個人商店等（官公庁は除く）の常用勤労者世帯で勤め先の従業者数が 　　　　　　　　1人から99人までの世帯（日々または1年未満の契約の雇用者は5） 夫☑　妻□　4．3にあてはまらない常用勤労者世帯及び会社団体の役員の世帯（日々または 　　　　　　　　1年未満の契約の雇用者は5） 夫□　妻□　5．1から4にあてはまらないその他の仕事をしている者のいる世帯 夫□　妻□　6．仕事をしている者のいない世帯	
(8)	夫妻の職業	（国勢調査の年…　年…の4月1日から翌年3月31日までに届出をするときだけ書いてください） 夫の職業	妻の職業
	その他		
	届 出 人 署 名 押 印	夫　安 藤 克 信　㊞	妻　岩 田 奈緒美　㊞
	事 件 簿 番 号		

※届書を見やすくするため，ここでは様式中の証人欄及び 記入の注意 を省略しています。

(2)　克喜の出生届

		受理　平成26年10月10日 第　　896　　号	発送　平成　　年　　月　　日		

出　生　届

平成26年10月1日 届出

東京都千代田区　長 殿

		受理　平成26年10月10日 第　　896　　号	発送　平成　年　月　日		
		送付　平成　年　月　日 第　　　　号		長　印	
		書類調査 ｜ 戸籍記載 ｜ 記載調査 ｜ 調査票 ｜ 附　票 ｜ 住民票 ｜ 通　知			

(1)	子の氏名	(よみかた) あん　どう　　かつ　き 氏　安藤　名　克喜	父母との続き柄	☑嫡出子　□嫡出でない子　[長]　☑男 □女
(2)	生まれたとき	平成26年10月1日　□午前 ☑午後　6時35分		
(3)	生まれたところ	東京都中央区○○一丁目　92　番地番 号		
(4)	住所（住民登録をするところ）	東京都千代田区○○三丁目　23　番地番 号 世帯主の氏名　安藤克信　世帯主との続き柄　子		
(5)	父母の氏名生年月日（子が生まれたときの年齢）	父　安藤克信　　　母　安藤奈緒美 昭和62年12月24日（満26歳）　平成元年3月24日（満25歳）		
(6)	本籍（外国人のときは国籍だけを書いてください）	東京都千代田区○○三丁目　23　番地番 筆頭者の氏名　安藤克信		
(7)	同居を始めたとき	平成26年7月　（結婚式をあげたとき、または、同居を始めたときのうち早いほうを書いてください）		
(8)	子が生まれたときの世帯のおもな仕事と	□1．農業だけまたは農業とその他の仕事を持っている世帯 □2．自由業・商工業・サービス業等を個人で経営している世帯 □3．企業・個人商店等（官公庁は除く）の常用勤労者世帯で勤め先の従業者数が1人から99人までの世帯（日々または1年未満の契約の雇用者は5） ☑4．3にあてはまらない常用勤労者世帯及び会社団体の役員の世帯（日々または1年未満の契約の雇用者は5） □5．1から4にあてはまらないその他の仕事をしている者のいる世帯 □6．仕事をしている者のいない世帯		
(9)	父母の職業	（国勢調査の年…　年…の4月1日から翌年3月31日までに子が生まれたときだけ書いてください） 父の職業　　　　　　母の職業		

その他	父母の婚姻届は本日別件で届出済

届出人	☑1.父 □母　□2.法定代理人（　　）　□3.同居者　□4.医師　□5.助産師　□6.その他の立会者 □7.公設所の長
	住所　(4)欄と同じ　　　　　　　　　番地番　号
	本籍　(6)欄と同じ　　　番地番　筆頭者の氏名　(6)欄と同じ
	署名　安藤克信　㊞（安勝）　昭和62年12月24日生

事件簿番号	

※届書を見やすくするため，ここでは様式中の出生証明書及び 記入の注意 を省略しています。

(3) 「克信」の婚姻前の戸籍

<table>
<tr><td></td><td colspan="2" style="text-align:right;">（1の1）</td><td>全部事項証明</td></tr>
</table>

本　　籍	埼玉県さいたま市浦和区○○２３番地
氏　　名	安藤　公男
戸籍事項 　戸籍改製	【改製日】平成１６年４月４日 【改製事由】平成６年法務省令第５１号附則第２条第１項 　　　　　　による改製
戸籍に記録されている者 **除　　籍**	【名】公男 【生年月日】昭和３５年７月１１日 【父】安藤光太郎 【母】安藤多喜子 【続柄】長男
戸籍に記録されている者	【名】佐代子 【生年月日】昭和３９年１月１２日 【父】楠本義男 【母】楠本美代子 【続柄】二女
身分事項 　　出　　生	（省　略）
戸籍に記録されている者 **除　　籍**	【名】克信 【生年月日日】昭和６２年１２月２４日 【父】安藤公男 【母】安藤佐代子 【続柄】長男
身分事項 　　出　　生 　　婚　　姻	（省　略） 【婚姻日】平成２６年１０月１０日 【配偶者氏名】岩田奈緒美 【送付を受けた日】平成２６年１０月１３日 【受理者】東京都千代田区長 【新本籍】東京都千代田区○○三丁目２３番地 【称する氏】夫の氏
	以下余白

発行番号

⑷　「奈緒美」の婚姻前の戸籍

（1の1）　全部事項証明

本　　籍	千葉県松戸市○○町２５４番地
氏　　名	岩田　美智子
戸籍事項 　　戸籍改製	【改製日】平成１８年５月２０日 【改製事由】平成６年法務省令第５１号附則第2条第1項 　　　　　　による改製
戸籍に記録されている者	【名】美智子 【生年月日】昭和４０年１月１２日 【父】岩田欣也 【母】岩田千津子 【続柄】二女
身分事項 　　　出　　生	（省　略）
戸籍に記録されている者 　　除　　籍	【名】奈緒美 【生年月日】平成元年３月２４日 【父】川端茂 【母】岩田美智子
身分事項 　　　出　　生 　　　婚　　姻	（省　略） 【婚姻日】平成２６年１０月１０日 【配偶者氏名】安藤克信 【送付を受けた日】平成２６年１０月１３日 【受理者】東京都千代田区長 【新本籍】東京都千代田区○○三丁目２３番地 【称する氏】夫の氏
	以下余白

発行番号

(5) 「克信」と「奈緒美」の婚姻後の戸籍に，出生届により「克喜」が入籍した戸籍

<table>
<tr><td colspan="2" style="text-align:right;">（1の1）</td><td>全部事項証明</td></tr>
</table>

本　　籍	東京都千代田区○○三丁目２３番地
氏　　名	安藤　克信

戸籍事項 　戸籍編製	【編製日】平成２６年１０月１０日
戸籍に記録されている者	【名】克信 【生年月日】昭和６２年１２月２４日　　【配偶者区分】夫 【父】安藤公男 【母】安藤佐代子 【続柄】長男
身分事項 　　出　　生 　婚　　姻	（省　略） 【婚姻日】平成２６年１０月１０日 【配偶者氏名】岩田奈緒美 【従前戸籍】埼玉県さいたま市浦和区○○２３番地　安藤公男
戸籍に記録されている者	【名】奈緒美 【生年月日】平成元年３月２４日 【父】川端茂 【母】岩田美智子 【続柄】長女
身分事項 　　出　　生 　婚　　姻	（省　略） 【婚姻日】平成２６年１０月１０日 【配偶者氏名】安藤克信 【従前戸籍】千葉県松戸市○○町２５４番地　岩田美智子
戸籍に記録されている者	【名】克喜 【生年月日】平成２６年１０月１日 【父】安藤克信 【母】安藤奈緒美 【続柄】長男
身分事項 　　出　　生	【出生日】平成２６年１０月１日 【出生地】東京都中央区 【届出日】平成２６年１０月１０日 【届出人】父
	以下余白

発行番号

2　パパの死

　おうちのクリスマスツリーが，ちかちか光っていました。ママはケーキを作ってパパを待っています。リビングの窓から少し雪が降っているのが見えます。とても静かな夜に，突然電話が鳴りました。大急ぎで電話をとったママは，大きな声で叫んで座りこみました。「ママどうしたの？」ママは何も言わないでずっと泣いていました。

　病院のベッドでパパは眠っていました。「かつのぶさん，かつのぶさん……」ママは「パパ」とは呼ばずに，名前を何度も何度も呼んで，パパの手を握っていました。パパの枕元には，ぼくがほしかった泥んこになったミニカーがありました。「パパありがとう。」と言ったけど，パパは何も言いませんでした。病院の窓から雪が見えました。「ママ，あたためてあげるね。」ぼくは泣いているママの背中にそっとくっつきました。

　克信さんは，病院に運ばれたときには，すでに死亡していました。死亡届をするには，その人が本当に死亡したのかどうか，また死因は何だったのかを記載した「死亡診断書」あるいは「死体検案書」が必要です（戸86条2項，医規20条）。では，死亡診断書と死体検案書はどこが違うのでしょうか。

「死亡診断書」と「死体検案書」の違い

　たとえば，ある人が病気と診断され，入院，あるいは在宅で治療していましたが，治療の甲斐なく亡くなったとします。診察していた医師は，その人が亡くなるまでの経緯を把握し，死亡したことを確認することができます。この場合は，医師は「死亡診断書」を作成します。ところが，事故，あるいは死因不明の突然死などの場合は，すでに亡くなっている人を死後に検視するのですから，その後の解剖所見などで死因は判明しますが，検視した医師は，死亡した瞬間を確認したわけではありません。この場合は，医師は「死体検案書」を作成します。「死亡したとき」の欄に「〇時頃」あるいは「推定〇年〇月〇日」と記載されているのは，医師が死亡した瞬間を確認できなかったことを示しています。したがって，「死亡診断書」は死亡者を診察した医師が作成するもので，「死体検案書」は死亡者を診察していなかった医師が，死亡後に死体を検案して作成するものということです。

　克信さんの死亡届には，「死体検案書」が添付されます。届出人は戸籍法87条1項第1に定められた同居の親族の妻奈緒美さんです。

(1) 「克信」の死亡届

死　亡　届	受理　平成29年12月26日 第　　　1231　　　号	発送　平成　年　月　日
平成29年12月26日　届出	受付　平成　年　月　日 第　　　　　　号	長印

東京都千代田区 長 殿

書類調査	戸籍記載	記載調査	調査票	附　票	住民票	通　知

(1) (2)	氏　　名	（よみかた） 氏　安　藤 あん　どう	名　克　信 かつ　のぶ	☑男　□女

(3)	生年月日	昭和62年12月24日	(生まれてから30日以内に死亡したときは生まれた時刻も書いてください)	□午前 □午後　　時　　分

(4) 死亡したとき　平成 29 年 12 月 24 日 推定　□午前　☑午後　7 時 00 分

(5) 死亡したところ　東京都中央区○○二丁目9番3号　番地／番／号

(6) 住　所（住民登録をしているところ）　東京都千代田区○○三丁目23　番地／番／号
世帯主の氏名　安 藤 克 信

(7) 本　籍（外国人のときは国籍だけを書いてください）　東京都千代田区○○三丁目23　番地／番
筆頭者の氏名　安 藤 克 信

(8)
(9) 死亡した人の夫または妻　☑いる（満 28 歳）　いない（□未婚　□死別　□離別）

(10) 死亡したときの世帯のおもな仕事と
- □1．農業だけまたは農業とその他の仕事を持っている世帯
- □2．自由業・商工業・サービス業等を個人で経営している世帯
- □3．企業・個人商店等（官公庁は除く）の常用勤労者世帯で勤め先の従業者数が1人から99人までの世帯（日々または1年未満の契約の雇用者は5）
- ☑4．3にあてはまらない常用勤労者世帯及び会社団体の役員の世帯（日々または1年未満の契約の雇用者は5）
- □5．1から4にあてはまらないその他の仕事をしている者のいる世帯
- □6．仕事をしている者のいない世帯

(11) 死亡した人の職業・産業　（国勢調査の年…年…の4月1日から翌年3月31日までに届出をするときだけ書いてください）
職業　　　　　　　　　　産業

その他

届出人
- ☑1．同居の親族　□2．同居していない親族　□3．同居者　□4．家主　□5．地主
- □6．家屋管理人　□7．土地管理人　□8．公設所の長　□9．後見人
- □10．保佐人　□11．補助人　□12．任意後見人

住　所　東京都千代田区○○三丁目23　番地／番／号

本　籍　東京都千代田区○○三丁目23　番地／番　筆頭者の氏名　安藤克信

署　名　安 藤 奈緒美 ㊞　平成 元 年 3 月 24 日生

事件簿番号

※届書を見やすくするため，ここでは様式中の死体検案書及び　記入の注意　を省略しています。

⑵　克信の死亡事項が記載された戸籍

（1の1）　全部事項証明

本　　　籍	東京都千代田区○○三丁目２３番地
氏　　　名	安藤　克信

戸籍事項 　　戸籍編製	【編製日】平成２６年１０月１０日

戸籍に記録されている者 　　　除　　籍	【名】克信 【生年月日】昭和６２年１２月２４日 【父】安藤公男 【母】安藤佐代子 【続柄】長男

身分事項 　　出　　生	（省　略）
婚　　姻	（省　略）
死　　亡	【死亡日】平成２９年１２月２４日 【死亡時分】推定午後７時 【死亡地】東京都中央区 【届出日】平成２９年１２月２６日 【届出人】親族　安藤奈緒美

戸籍に記録されている者	【名】奈緒美 【生年月日】平成元年３月２４日 【父】川端茂 【母】岩田美智子 【続柄】長女

身分事項 　　出　　生	（省　略）
婚　　姻	（省　略）
配偶者の死亡	【配偶者の死亡日】平成２９年１２月２４日

戸籍に記録されている者	【名】克喜 【生年月日】平成２６年１０月１日 【父】安藤克信 【母】安藤奈緒美 【続柄】長男

身分事項 　　出　　生	（省　略）

以下余白

発行番号

3 笑わなくなったママ

　パパがいなくなったおうちは，とても寂しくなりました。あんなに明るかったマ
マは，少しも笑わなくなりました。そして，ぼくを見なくなりました。ママは一日
中うつむいて時々「ハーッ」とため息をつきます。ママの大切なパパからの贈り物，
それはバラの鉢植えです。あんなに大切にしていたのに，今は枯れてしまいました。
ママは何もできなくなりました。ぼくのせいかもしれません。だって，ぼくはパパ
から半分名前をもらっているのに，パパのようにママを笑わせることも，ママを幸
せにすることもできないんです。隣の「しょうくん」が遊びにきたときも，ぼくは
言ったんだよ「ママは世界で一番きれいでしょ。ほら見てぼくのママだ
よ……。」って，パパがいつも言ってたでしょ「ママは世界一きれいだ」って，そ
のときママは世界一幸せな笑顔だったよ。ぼくも言ったのにママは笑ってくれなか
った。きっとぼくのせいなんだね。この間からおばあちゃんが来てくれています。
何もできなくなったママの代わりに，ぼくのお世話をしてくれています。ママは病
気だから病院へ入院するんだって……。きっとぼくがママを守れないからなんだ。

　かあくんのママ奈緒美さんは，心労により育児放棄の状態になりました。夫の死が
原因で生きる気力さえ失くした奈緒美さんは，入院による治療が必要です。祖母の美
智子さんは家庭裁判所に奈緒美さんの「親権停止の申立て」をしました。

親権停止制度の新設（民834条の２）。

　民法等の一部改正（平成23年法律第61号・平成24年４月１日施行）で，親権に関
する部分が大きく改正されました。その改正の中に，「親権停止制度の新設」があります。
　法改正前までは，父又は母が親権を濫用し，著しく不行跡（悪い行い）があった場
合に，家庭裁判所は，子の親族又は検察官の請求によって，親権を喪失させる宣告を
することができる親権喪失の制度（改正前の民834条）がありました（親権喪失の制
度は，その規定の内容が見直され，引き続き民法834条に規定されています）。しかし，
親権喪失の要件は，とても厳格で，子の利益をそこなうような行為があっても，要件
を満たすことができず「親権喪失」までには至らない場合がありました。また，た
とえば医療ネグレクトなどで，一時的に親権が行使できなくなった場合など，一定期間
の治療で回復し，親権を喪失していた父又は母が，親権を行使できるようになったと
きに，厳格な親権喪失制度では，もう一度親子としてやり直すことが大変難しい状態
になることがありました。そこで，比較的程度が軽いケースについては，２年以内の
一定期間を定めて，親権を停止する「親権停止の審判（民834条の２）」をすること
ができるようになりました。子，子の親族，未成年後見人，未成年後見監督人，検察

官などが，家庭裁判所に「親権停止の申立て」をすることができます。期間満了後は親権を回復することになりますが，期間内に状態が回復しない場合には，再度審判を請求することができます。

　親権停止の審判がされた場合は，家庭裁判所の書記官から市区町村長あてに戸籍記載の嘱託書（家事116条1号）が送付されます。その嘱託書に基づいて戸籍記載をすることになります（戸籍記載の嘱託83頁参照）。

（注）　親権停止の戸籍記載嘱託書については，掲載していません。

4　ジソーのまきさん

　「こんにちは，児童相談所の白石です。」女の人が訪ねてきました。とても若くてきれいな人です。ママが入院する少し前から，知らない人が何人もおうちに来ていましたが，この人は初めてです。「はじめまして，児童相談所の白石真紀といいます。お孫さんのことで担当になりました。よろしくお願いします。」その人はおばあちゃんに挨拶をしました。そしてぼくに「かあくんだね。これからは私を『ジソーのおばさん』と呼んでね。困ったことがあったら，このおばさんに相談してね。」と言いました。「おばさん？」おばさんじゃないよ。とてもきれいなお姉さんだよ。ぼくはこの人を「ジソーのまきさん」と呼ぶことにしました。ジソーのまきさんは，おばあちゃんと相談をしていました。おばあちゃんは裁判所に行って「ぼくのお世話をする人」になるそうです。「かあくんがお利口さんしていたら，ママはきっと帰ってくるからね。」おばあちゃんは，目にいっぱい涙をためて言いました。でも，ぼくは泣かない。パパみたいに強くてやさしい人になる。ママを守れる人になる。そう決めたんだから。

　親権を行うべき母奈緒美さんの親権停止によって，幼いかあくんのお世話をする人がいなくなったため，唯一の親族である祖母の美智子さんが，家庭裁判所に申立てをして，未成年後見人になります（未成年後見開始の日は，奈緒美さんの親権停止の審判確定の日）。

未成年後見人の選任（民840条）

　未成年後見人の選任については，民法840条に定められています。法改正後の民法840条1項では，「家庭裁判所は，未成年被後見人又はその親族その他の利害関係人の請求によって，未成年後見人を選任する。未成年後見人が欠けたときも，同様とする。」とされています。法改正前までは民法842条に「未成年後見人は，一人でなければな

らない。」と規定されていましたが，改正後は，この条文が削除され，民法840条に，２項及び３項が新設されました。

　新設された民法840条２項では，「必要があると認めるときは，前項に規定する者〈未成年被後見人，その親族，その他の利害関係人〉若しくは未成年後見人の請求により又は職権で，更に未成年後見人を選任することができる。」とされ，複数の未成年後見人を選任できるようになりました。また，同じく同条３項では，未成年後見人になれる人の条件を，子の利益を第一に考え，あらゆる視点から精査するべきとする内容が示されています。更に，同項では，自然人（個人）だけではなく，法人も未成年後見人になれる旨の規定があります。このように，このたびの法改正には，子の利益を守ることを，最も重視する主旨が随所に盛り込まれています。

　親権停止による未成年後見の開始については，家庭裁判所の書記官から市区町村長あてに戸籍記載の嘱託書（家事116条１号）が送付され，その嘱託書に基づいて戸籍記載をすることになります（戸籍記載の嘱託83頁参照）。

（注）　親権停止による未成年後見開始の戸籍記載嘱託書は，掲載していません。

母「奈緒美」の親権停止の審判が確定し，戸籍記載の嘱託がされた戸籍

（1の1）　全部事項証明

本　　籍	東京都千代田区○○三丁目２３番地
氏　　名	安藤　克信

戸籍事項 　　戸籍編製	【編製日】平成２６年１０月１０日

戸籍に記録されている者 　除　　籍	【名】克信 【生年月日】昭和６２年１２月２４日 【父】安藤公男 【母】安藤佐代子 【続柄】長男
身分事項 　　出　　生 　　婚　　姻 　　死　　亡	（省　略） （省　略） （省　略）

戸籍に記録されている者	【名】奈緒美 【生年月日】平成元年３月２４日 【父】川端茂 【母】岩田美智子 【続柄】長女
身分事項 　　出　　生 　　婚　　姻 　　配偶者の死亡	（省　略） （省　略） （省　略）

戸籍に記録されている者	【名】克喜 【生年月日】平成２６年１０月１日 【父】安藤克信 【母】安藤奈緒美 【続柄】長男
身分事項 　　出　　生 　　親　　権	（省　略） 【親権停止の審判確定日】令和元年６月６日 【親権停止者】母 【親権停止の期間】２年間 【記録嘱託日】平成３１年６月１０日
	以下余白

発行番号

祖母「美智子」が未成年後見人に選任され，戸籍記載の嘱託がされた戸籍

	（1の1）　全部事項証明
本　　籍	東京都千代田区○○三丁目23番地
氏　　名	安藤　克信
戸籍事項 　　戸籍編製	【編製日】平成26年10月10日
戸籍に記録されている者 　除　　籍	【名】克信 【生年月日】昭和62年12月24日 【父】安藤公男 【母】安藤佐代子 【続柄】長男
身分事項 　　出　　生 　　婚　　姻 　　死　　亡	（省　略） （省　略） （省　略）
戸籍に記録されている者	【名】奈緒美 【生年月日】平成元年3月24日 【父】川端茂 【母】岩田美智子 【続柄】長女
身分事項 　　出　　生 　　婚　　姻 　　配偶者の死亡	（省　略） （省　略） （省　略）
戸籍に記録されている者	【名】克喜 【生年月日】平成26年10月1日 【父】安藤克信 【母】安藤奈緒美 【続柄】長男
身分事項 　　出　　生 　　親　　権 　　未成年者の後見	（省　略） （省　略） 【未成年後見人選任の裁判確定日】令和元年7月3日 【未成年後見人】岩田美智子 【未成年後見人の戸籍】千葉県松戸市○○町254番地 　岩田美智子 【記録嘱託日】令和元年7月5日
	以下余白

発行番号

5　おばあちゃんとぼく

　おばあちゃんはママのお母さんです。とてもやさしくて，めったにぼくを叱ったりしません。でも，ママは違いました。積み木を散らかして片づけないと，とても怖い顔をして怒ったりしました。でもおばあちゃんは，お片づけしなくても，「おねしょ」をしても，絶対に怒らないのです。時々ぼくは，ママに叱られたいと思います。叱られたあとでママは思い切り抱きしめてくれました。「かあくんは，お利口さんね。」ぼくは今も耳元で，そんなママの声が聞こえます。

　このごろおばあちゃんは少し疲れているみたいです。台所でうずくまっているときもあります。「どうしたの？」って尋ねると，いつも明るい顔で「大丈夫よ。かあくんは心配しなくていいのよ。」と言います。この間，ジソーのまきさんと何か相談していました。「そうですか。では，私も力になりましょう。かあくんのことは私も大好きですから。おばあちゃんと，かあくんと，私で力を合わせて頑張りましょう。」ジソーのまきさんの強い声が聞こえてきました。おばあちゃんとぼく，そしてジソーのまきさん。ぼくたちは何をがんばるんだろう。ママ，ぼくは「おねしょ」しないように頑張ります。それから，おばあちゃんのお手伝いもします。おばあちゃんのお肩も，もんであげます。それから，それから……いっぱい頑張ります。

　祖母美智子さんは，かあくんの未成年後見人になりましたが，体調の悪化で，一人では育てられないと感じ，児童相談所の白石真紀さんに相談します。

複数の未成年後見人の選任（民840条２項）

　前述の解説にある民法840条２項の規定により，必要と認められる場合は，複数の未成年後見人を選任することができるようになりました。これには，親権と同じ役割を果たす未成年後見人は，個人一人で職務を行うには，たいへん責任が重く，負担が大きいため，複数の未成年後見人を選任することができるようなったという理由があります。

　民法840条２項の規定により，更に，白石真紀さんを未成年後見人に選任されました（前記解説「未成年後見人の選任」参照）。

　親権停止による未成年後見の開始については，家庭裁判所の書記官から市区町村長あてに戸籍記載の嘱託書（家事116条１号）が送付されます。その嘱託書に基づいて戸籍記載をすることになります（戸籍記載の嘱託83頁参照）。

（注）　戸籍記載嘱託書は，掲載していません。

「白石真紀」が未成年後見人に選任され，戸籍記載の嘱託がされた戸籍

（1の1） 全部事項証明

本　　　籍	東京都千代田区○○三丁目２３番地
氏　　　名	安藤　克信

戸籍事項 　　戸籍編製	【編製日】平成２６年１０月１０日

戸籍に記録されている者 　　除　　籍	【名】克信 【生年月日】昭和６２年１２月２４日 【父】安藤公男 【母】安藤佐代子 【続柄】長男
身分事項 　　出　　生 　　婚　　姻 　　死　　亡	（省　略） （省　略） （省　略）
戸籍に記録されている者	【名】奈緒美 【生年月日】平成元年３月２４日 【父】川端茂 【母】岩田美智子 【続柄】長女
身分事項 　　出　　生 　　婚　　姻 　配偶者の死亡	（省　略） （省　略） （省　略）
戸籍に記録されている者	【名】克喜 【生年月日】平成２６年１０月１日 【父】安藤克信 【母】安藤奈緒美
身分事項 　　出　　生 　　親　　権 　未成年者の後見 　**未成年者の後見**	（省　略） （省　略） （岩田美智子の未成年後見人選任　省略） 【未成年後見人選任の裁判確定日】令和元年１１月１６日 【未成年後見人】白石真紀 【未成年後見人の戸籍】東京都中央区○○５６番地３　白 　　石浩二 【記録嘱託日】令和元年１１月１８日
	以下余白

発行番号

6 おばあちゃん行かないで

　保育所の砂場で「しょうくん」と遊んでいました。砂のトンネルを作って，内緒で持ってきたパパにもらったミニカーをくぐらせました。ミニカーにはパパとママも乗っています。3人でどこかの「おんせん」に行ったこと，少しだけ覚えています。砂のトンネルをくぐると，パパとママの笑顔が見えてきました。ぼくは夢の中にいるような気がしました。

　「かあくん！　かあくん！」ジソーのまきさんが呼んでいます。あれ，今日のお迎えはおばあちゃんじゃないんだね。「かあくん，おばあちゃんが大変なの……。」ぼくとジソーのまきさんはタクシーで病院に行きました。いっぱい管を通されて，口に酸素のマスクをつけたおばあちゃんが眠っていました。「ご親族の方は，この方だけですか。」「はい，この子だけです。……娘さんがいるのですが，……事情があって来られません。」ジソーのまきさんは途切れ途切れに言いました。「そうですか。救急車で運ばれたときは意識がありましたが，今は意識がありません。このまま意識を回復せずにお亡くなりになるかもしれません。もう……。」とお医者さまがそう言ったとき，おばあちゃんはうっすらと目をあけました。「美智子さん，かあくんが来てるのよ！　しっかりして！」ジソーのまきさんは叫びました。ぼくはおばあちゃんの手を握って心の中で言いました。「いかないで，おばあちゃん。ぼくをひとりにしないで！」でも，ぼくの口からはことばが出てきませんでした。ぼくが弱音を吐くと，おばあちゃんが悲しむから，ぼくはぐっとこらえました。「かあくん，……お利口さんにしてると……ママはきっと……」おばあちゃんは，そこまで言うと苦しそうな顔をして，しばらくして死んでしまいました。泣かないと決めたぼくだったけど，涙が止まりませんでした。泣いてもいいよねママ。「ママはきっと……」おばあちゃんは，そのあとの言葉を言えなかったけど，「ママはきっと帰ってくる……」そう言いたかったんだよね。

　祖母美智子さんは，かあくんに心を残したまま天国に旅立ちました。かあくんの未成年後見人であった美智子さんは，死亡により後見を行使できないので，もう一人の未成年後見人である白石真紀さんが，美智子さんの「未成年後見人等の地位喪失届」を届出します。

未成年後見人等の地位喪失届（戸82条）

　法改正前の戸籍法82条には「未成年後見人が更迭した場合には，後任者は，就職の日から10日以内にその旨を届け出なければならない。」と規定されていました。この「更迭」とは，「前任者が辞めて，後任者がその役割に就くこと」をいいます。

> 法改正後の戸籍法82条１項では，この「更迭」という言葉を改め，未成年後見人が死亡し，又は未成年後見人の欠格事由（民847条２号〜５号）に該当することになり，その地位を失ったときは，後任者は就職の日から10日以内に，「未成年後見人等の地位喪失届」をすることと定められ，戸籍法82条に２項〜４項が新設されました。その２項では，数人の未成年後見人の一部の者が死亡し，又は欠格事由に該当することになったときも，他の未成年後見人が，その事実を知った日から10日以内に「未成年後見人等の地位喪失届」をしなければならないとされています。

7 ママがぼくを見つけた日

　明日からぼくは一年生になります。ジソーのまきさんは，ぼくにピカピカのランドセルを買ってくれました。「かあくん，一年生になったら何をするのかなぁ。」ジソーのまきさんは，ママの代わりをしようと自分のおうちにぼくを住まわせました。ぼくはきれいなまきさんと，いつも一緒です。「ぼくはいっぱい勉強して，いっぱい友達作って，ママに自慢する。」「そう，かあくんは強くて優しいから，ママも幸せね。」「ほんと？　パパみたいに……？」

　ぼくは，やさしくて強くなってママを迎えに行く。おばあちゃんがいなくなってからそう決めたんだ。

　入学式の日が来ました。「校門までは送れないから，かあくん，胸を張って歩いて行くのよ！」ジソーのまきさんは，ぼくの背中をポンと叩きました。桜の花びらがいっぱい落ちてきて，春の風がぼくの背中を押してくれました。ママと手をつないだ一年生が何人もぼくのまわりを歩いていきます。でもぼくは思い切り胸を張りました。少し遠くに校門が見えてきました。一歩，また一歩，ぼくは精いっぱい背伸びをしながら歩きました。目ざす校門まであと少しのところで，いっぱいの桜の花びらの中で，痩せた女の人が立っていました。ママです。ぼくのママです。走って走って……ぼくは転びそうになりながら走りました。ママもぼくを見つけて走りだしました。病院に行く前，ママはぼくを見つけられなくなっていました。そんなママがぼくを見つけてくれたのです。「ぼくは，ここにいるよ。かあくんは，ここだよ。」ぼくは，心の中でそう叫びました。

　ママの痩せた胸に抱かれたとき，ママは小さな声で「かあくん，ごめんね。」と言いました。ぼくは何も言えなかったけど，本当はこう言いたかったのです「ママを守れなくてごめんね。これからは，ぼくがママを守ってあげる。」校門の桜の木の陰で，ジソーのまきさんが泣いていました。でもぼくは気付かずにママの手を握り，しっかりと前を見て校門をくぐりました。

奈緒美さんは，十分な治療期間を経て，かあくんを監護できるまでに回復しました。一日も早く親権を回復し，親子の絆を取り戻さなくてはなりません。家庭裁判所の審判を得て，「親権停止取消届（民836条，戸79条・63条1項）」を届出します。

親権停止取消届（民836条）

　法改正により新設された親権停止制度（民834条の2）では，親権停止の原因として「父又は母による親権の行使が困難又は不適当であることにより子の利益を害するとき……」としています。また，家庭裁判所の審判を得て，2年以内の期間において親権を停止することを規定しています。その親権停止原因がなくなったとき（親権を停止された親権者が，子を監護できる状態になったとき），家庭裁判所は，本人又はその親族の請求によって，親権停止の審判を取り消すことができます（民836条）。親権停止取消しの審判が確定したときは，審判書及び確定証明書を添付して，請求した者（申立人）が，審判確定後10日以内に，市区町村窓口に「親権停止取消届」を届出することになります（戸79条，戸63条1項）。なお，親権停止取消しによって，後見は終了しますが，戸籍記載上明らかなので，申出がない限り，後見終了の記載は必要ありません。

（注）　この物語のように，親権停止期間満了前に，その親権停止原因がなくなった場合は，「親権停止取消し」の審判を得て，「親権停止取消届」により親権を回復することになりますが，親権停止期間が満了した場合は，当然に親権停止の効力は失われるので，親権停止取消しの審判及び届出は必要ありません。

(1) 美智子さんの死亡による未成年後見人等の地位喪失届

未成年 後見人等の 地位喪失届	受理　令和2年10月8日 第　　725　　号	発送　令和　年　月　日
	送付　令和　年　月　日 第　　　　　号	長印
令和2年10月8日 届出 東京都千代田区 長 殿	書類調査　戸籍記載　記載調査	

	後見を受ける人	地位を喪失する人 ☑未成年後見人　□未成年後見監督人
（ふりがな） 氏　名	あんどう　　　　かつき 氏　安藤　　名　克喜	いわた　　　　みちこ 氏　岩田　　名　美智子
生年月日	平成 26 年 10 月 1 日	昭和 30 年 5 月 28 日
住　所 （住民登録をして いるところ）	東京都千代田区○○ 三丁目　23 番地 世帯主の氏名　安藤　奈緒美	東京都千代田区○○ 二丁目　45 番地 世帯主の氏名　岩田　美智子
本　籍 （外国人のときは 国籍だけを書い てください）	東京都千代田区○○ 三丁目　23 番地 筆頭者の氏名　安藤　克信	千葉県松戸市○○町 254 番地 筆頭者の氏名　岩田　美智子
地位喪失の原因	☑死亡　□その他（　　　　　　　）	
地位喪失の年月日	令和 2 年 10 月 5 日	
その他		

届出人	□後任者　☑他の未成年後見人　□未成年者　□未成年者の親族　□未成年後見監督人	
	住所　東京都中央区○○　56 番地 3 号	
	本籍　東京都中央区○○ 56 番地 3　筆頭者の氏名　白石浩二	
	署名　白石真紀 ㊞　昭和 63 年 2 月 1 日生	

218

⑵　未成年後見人等の地位喪失届による戸籍記載

（1の1）　全部事項証明

本　　　籍	東京都千代田区○○三丁目２３番地
氏　　　名	安藤　克信
戸籍事項 　戸籍編製	【編製日】平成２６年１０月１０日
戸籍に記録されている者 除　　籍	【名】克信 【生年月日】昭和６２年１２月２４日 【父】安藤公男 【母】安藤佐代子 【続柄】長男
身分事項 　　出　　生 　　婚　　姻 　　死　　亡	（省　略） （省　略） （省　略）
戸籍に記録されている者	【名】奈緒美 【生年月日】平成元年３月２４日 【父】川端茂 【母】岩田美智子 【続柄】長女
身分事項 　　出　　生 　　婚　　姻 　　配偶者の死亡	（省　略） （省　略） （省　略）
戸籍に記録されている者	【名】克喜 【生年月日】平成２６年１０月１日 【父】安藤克信 【母】安藤奈緒美 【続柄】長男
身分事項 　　出　　生 　　親　　権 　未成年者の後見 　未成年者の後見 　**未成年者の後見**	（省　略） （省　略） （岩田美智子の未成年後見人選任　省略） （白石真紀の未成年後見人選任　省略） 【未成年後見人地位喪失事由の発生日】令和３年１０月５日 【地位喪失事由】未成年後見人岩田美智子の死亡 【届出日】令和３年１０月８日 【届出人】未成年後見人　白石真紀
	以下余白

発行番号

(3) 母の親権停止取消届

親権（管理権）届

令和 3 年 4 月 12 日届出

東京都千代田区　長 殿

受理	令和 3 年 4 月 12日 第　56　号	発送 令和　年　月　日
送付	令和　年　月　日 第　　　　号	長　印
書類調査	戸籍記載　記載調査	

		未 成 年 者		親権者（管理権者）	
（よみかた）		あん どう	かつ き	あん どう	な おみ
氏　　名		氏 安 藤	名 克 喜	氏 安 藤	名 奈緒美
生 年 月 日		平成 26 年 10 月 1 日		平成 元 年 3 月 24 日	
住　　所 （住民登録をして いるところ）		東京都千代田区○○ 三丁目23 番地 番　　号		左に同じ 番地 番　　号	
本　　籍		東京都千代田区○○ 三丁目　　23 番地 番		左に同じ 番地 番	
		筆頭者 の氏名 安 藤 克 信		筆頭者 の氏名 左に同じ	
届 出 事 件 の 種　　別		□親権者指定　□親権喪失取消　□親権辞任　□管理権喪失取消　□管理権回復 □親権者変更　☑親権停止取消　□親権回復　□管理権辞任			
		□父母（養父母）の協議　　　　　　□許可の審判　　年　　月　　日 □調停　　年　　月　　日成立 ☑審判 平成33年 4 月 11 日確定			
その他	添付書類　審判書謄本及び確定証明書				
		届　　出　　人			
資　　格		親権者（□父　☑母　□養父　□養母） □その他（　　　　　　　　　　　　　）		（親権者指定の協議の相手方が書いてください） 親権者（□父　□母　□養父　□養母）	
住　　所		東京都千代田区○○ 三丁目　　23 番地 番　　　号		番地 番　　　号	
本　　籍		東京都千代田区○○ 三丁目23 番地 番 筆頭者 の氏名 安 藤 克 信		番地 番 筆頭者 の氏名	
署　　名 （※押印は任意）		安 藤 奈緒美 　　　印		印	
生 年 月 日		平成 元 年 3 月 24 日		年　　月　　日	

※　令和2.12.23民－2103号通達により届出書の押印は任意となりました。

⑷　母の親権停止取消届による戸籍記載

<table>
<tr><td colspan="2" align="right">（1の1）</td><td>全部事項証明</td></tr>
</table>

本　　籍	東京都千代田区○○三丁目２３番地
氏　　名	安藤　克信
戸籍事項 　　戸籍編製	【編製日】平成２６年１０月１０日
戸籍に記録されている者 　　【除　籍】	【名】克信 【生年月日】昭和６２年１２月２４日 【父】安藤公男 【母】安藤佐代子 【続柄】長男
身分事項 　　出　　生 　　婚　　姻 　　死　　亡	（省　略） （省　略） （省　略）
戸籍に記録されている者	【名】奈緒美 【生年月日】平成元年３月２４日 【父】川端茂 【母】岩田美智子 【続柄】長女
身分事項 　　出　　生 　　婚　　姻 　　配偶者の死亡	（省　略） （省　略） （省　略）
戸籍に記録されている者	【名】克喜 【生年月日】平成２６年１０月１日 【父】安藤克信 【母】安藤奈緒美 【続柄】長男
身分事項 　　出　　生 　　親　　権 　　未成年者の後見 　　未成年者の後見 　　未成年者の後見 　　親　　権	（省　略） （省　略） （岩田美智子の未成年後見人選任　省略） （白石真紀の未成年後見人選任　省略） （岩田美智子の未成年後見人地位喪失　省略） 【親権停止の審判取消しの裁判確定日】令和３年４月１１日 【親権停止取消者】母 【届出日】令和３年４月１２日 【届出人】母 【従前の記録】 　　【親権停止の審判確定日】令和元年６月６日 　　【親権停止者】母 　　【親権停止の期間】２年間 　　【記録嘱託日】令和元年６月８日
	以下余白

発行番号

第3話 「梅子 愛の物語」

1　梅子出生（嫡出でない子）

2　梅子認知される

3　父一馬は乙野貞子と婚姻，長男松雄，長女竹子出生

4　父一馬は貞子と離婚

5　梅子の父母婚姻（梅子は準正子となる）

6　梅子は父母の戸籍に入籍

7　母菊は松雄，竹子と同籍内で縁組

8　梅子は井上信治と婚姻

9　梅子は信治と離婚（復籍）

10　長男信太郎出生（離婚後300日以内の出生子）

11　信太郎は梅子の戸籍に入籍

12　信太郎は松雄夫婦の養子になる

13　梅子は戸籍法107条1項の氏変更

14　梅子は銀次と妻の氏の婚姻

15　銀次失踪

16　銀次帰る（失踪宣告取消し）

17　銀次死亡

18　梅子死亡

　旧法から新法の時代を生きた，ひとりの女性の孤独と幸せを戸籍でつづりました。主人公梅子を通して，旧法にも少し触れてみましょう。

※　物語はすべて学習用に作成したもので，実際のお話，実在の人物ではありません。

参の重
（物語の箱）

第3話

梅子　愛の物語

あらすじ

　令和6年1月3日，小橋梅子は死の床にあった。孤独な人生を歩みひとりぼっちで死んでゆく梅子であったが，不思議と悔いはない。決して「幸せ」とは言えないが，媚びず，驕らず，ひたむきに生きた76年間は梅子そのものであった。「幸せ」を追い求め生きた梅子の一生を，一緒に振り返ってみよう。

幼少のころ

　昭和22年3月29日，梅子は岡山県で生まれた。母小橋菊は，貧しい農家の娘で地主の息子中畑一馬と恋に落ち，梅子をもうけたが，結婚には至らず，梅子は嫡出でない子としてこの世に生を受けたのである。一馬は翌月，梅子を認知したが，翌年別の女性と所帯を持った。菊は，梅子を女手ひとつで育てようと決心する。

　昭和29年4月30日，父一馬は離婚した。妻との間に松雄，竹子の二子がいたが，いずれも一馬が親権者となった。昭和30年6月5日菊は晴れて一馬の妻となった。梅子は一馬と菊の嫡出子として中畑の氏となった。

　前妻の子松雄と竹子は，実の子と同様に育てたいとの菊の願いで，菊と縁組をした。梅子7歳，松雄5歳，竹子3歳のときである。

　残念ながら，梅子は中畑家に馴染めなかった。一馬はいつも不機嫌で梅子を疎んじ，松雄と竹子を可愛がった。菊は一馬に気を遣い，梅子に厳しかった。梅子は必死で父母に愛されようとしたが，その努力は報われることはなかった。

青春のころ

　昭和40年春，梅子は恋をした。高校卒業後就職した会社の先輩，田口博である。長い父母との確執の中で初めて触れた人のやさしさに，梅子は有頂天になった。これが「幸せ」なのだと，今までの鬱積したものを全部吐き出すかのように，梅子は博にありったけの思いで尽くした。それが博の心の重荷になるとも気付かずに。

　昭和43年，博は別の女性と結婚した。博は，会社の上司原田夫婦の養子となり，そのひとり娘愛子と結婚。梅子は，あっけなく失恋した。

結　婚

　昭和45年，そんな梅子に縁談が舞い込んだ。相手は商社に勤務する2歳年上の男性，井上信治である。失恋の痛手も癒えぬまま，今度こそ幸せをつかもうと梅子は結婚を承諾した。梅子23歳のときである。

　井上に嫁いだ日から，梅子は必死で良い妻になろうとした。いつも笑顔を絶やさず，夫のために良かれと思うことはすべてした。悲しいことも苦しいことも「幸せ」になるためなのだと耐え努力した。やはりそれが夫の重荷になるとは気付かずに。

離婚・出産・子の入籍

　昭和55年8月1日，結婚生活10年目「もう限界だ。」短い手紙と離婚届を残し，信治は家を出た。梅子33歳の夏。おなかには信治の子が宿っていた。

　昭和56年3月1日，離婚して7か月後に，梅子は男児を出産した。夫の名を一字とって「信太郎」と名づけた。離婚後父中畑一馬の戸籍に戻っていた梅子は，子が井上の戸籍に入ることを知り，自分の戸籍に入れる手続をした。母となった喜びを噛み締めながら，梅子はやっと「幸せ」を手に入れたと確信した。

子の縁組

　幼い子をかかえての生活は苦しかった。しかし梅子は精一杯頑張った。昼はスーパーで，夜は居酒屋で，寝る間も惜しんで働いた。生活のため，子のため，梅子はこの幸せを離さぬようしがみつくような思いであった。

　ある夜，預けていた保育所からの連絡で駆けつけてみると信太郎が虫の息である。診断は肺炎。風邪を放っておいたのが原因。言いようのない挫折感が梅子を襲った。子のため身を粉にして働いた結果がこれか。母親失格。この言葉が脳裏に浮かんだ。

　弟松雄は結婚したが子宝に恵まれず，夫婦の間には子ができないことを医師から宣告されていた。そんな折，困窮する梅子のことを聞き，松雄は信太郎を養子にすることを申し出た。松雄は手広く会社を営み，子を養育するには十分な財力があった。母としての自信を喪失した梅子は，身を切られる思いで信太郎を松雄の養子にやることを決心した。昭和58年3月12日，梅子36歳，信太郎2歳のときであった。

失意と出会い

　梅子は生きる糧を失った。中畑を名乗っていた梅子は，父母との決別，また子への思いを断ち切るため，通称名として母の旧姓である「小橋」を名乗ることにした。5年後，梅子は氏の変更許可を得るため家庭裁判所に申し立てた。昭和63年8月15日，名実共に「小橋」となった日，梅子は生まれ変わったつもりで，ゼロからの出発を心に誓うのであった。

　梅子は必死で働いた。これまでの自分を嘆くことなく，また不幸を不幸と思うこ

となく，いつも笑顔で働いた。そんなとき，ひとりの男性が梅子の前に現れた。佐武銀次である。やくざな男だったが，梅子には最高のやさしさをくれた。女としての幸せを知らなかった梅子は，危険な男と知りながら次第に銀次に惹かれ，いつか全身全霊で銀次を支えていた。銀次も孤独な人生を歩んできた男である。梅子の真心を少しも疎ましく感じることなく，心の底から梅子を愛した。

　平成元年1月15日，梅子は銀次と結婚した。妻の氏の結婚である。今度こそ「幸せ」をつかむことができた。梅子はそう実感した。

夫の失踪

　平成2年2月3日，「ちょっとタバコ買ってくる。」と家を出たまま，銀次は帰らなかった。やくざの仲間に追われているとは知っていたが，梅子には何も告げず出て行ったことが，梅子は信じられなかった。

　梅子は夫の帰りを待った。2年経ち，3年経ち，いつか10年が経っていた。夫は必ず帰ると信じていたが，仲間の執拗な追跡を逃れるため，梅子は夫の失踪宣告を家庭裁判所に申し立てた。「平成9年2月3日死亡とみなされる。」，戸籍にこの文字を見たとき，梅子は声をあげて泣いた。

夫帰る

　平成20年3月29日，その日は梅子の61歳の誕生日。銀次が失踪して18年が経っていた。他人からみれば，女としての幸せや，母としての幸せは掴んでいないと言われるかもしれないが，梅子は雄雄しく生きていた。今も夫の帰りを待ちながら，ひたむきに生きていた。人生の大半を人に疎まれて生きてきた梅子にとって，夫銀次は梅子の愛情を受け止めてくれた，たったひとりの人だったからである。

　「誕生日おめでとう。」アパートの小さな窓から，ささやくような声が聞こえた。それはまぎれもなく銀次の声。玄関のドアを勢いよく開けて，梅子は銀次に泣きじゃくりながらしがみついた。

　平成20年5月15日，夫の失踪宣告は取り消された。

夫死亡

　銀次は，長い逃亡生活で重い病におかされていた。梅子にとってかけがえのない人は，平成20年7月1日，あっけなくこの世を去った。ほんの短い夫婦生活だったが，銀次との時間は梅子の幸せが凝縮されたものだった。夫の手を固く握りしめ，梅子は夫を見送った。

最期の日

　梅子は幸せだったのか，不幸せだったのか，それは誰にもわからない。ただ，はっきり言えることは，梅子は後悔していないこと。愛されたいと思えば思うほど嫌われ，今度こそ，今度こそと念じながらやっぱりだめになってしまう人生。だけ

ど，梅子は愛することをやめなかった。信じることもやめなかった。

　令和6年1月3日，みんながお正月で浮かれているとき，梅子はひとり静かに息を引き取った。

梅子の戸籍年表①

幼少のころ

昭和22年3月29日	小橋菊の嫡出でない子として出生。
昭和22年4月5日	「梅子」と名付け，母菊が出生届出。
昭和22年4月15日	中畑一馬が梅子を認知届出。父一馬の家の戸主の同意が得られなかったため，母菊の家の戸主小橋大二郎の戸籍に入籍。
昭和23年3月10日	父中畑一馬は，乙野貞子と夫の氏の婚姻届出。中畑一馬筆頭の新戸籍編製。
昭和24年4月1日	中畑一馬，貞子夫婦に，長男松雄出生。
昭和26年12月5日	中畑一馬，貞子夫婦に，長女竹子出生。
昭和29年4月30日	中畑一馬と貞子は協議離婚届出。松雄と竹子の親権者は父一馬と定める。
昭和30年6月5日	中畑一馬と小橋菊は夫の氏の婚姻届出。菊は一馬の戸籍に入籍。梅子は父母の婚姻により準正子となる。
昭和30年7月15日	準正子となった梅子は，裁判所の許可を得て，父母の戸籍に入籍。
昭和31年5月5日	菊は中畑一馬と前妻との子である松雄及び竹子と養子縁組届出。

1 梅子出生（嫡出でない子）

⑴　梅子の出生の届出

　この出生届の様式は，昭和21年9月7日勅令421号をもって旧戸籍法（大正3年法律第26号）の一部が改正され，同法に47条の2の規定が次のように新設されました。また，同法69条2項も次のように改められました。

　「第47条ノ2　司法大臣ハ事件ノ種類ニ依リ届書ノ様式ヲ定ムルコトヲ得

　②前項ノ場合ニ於テハ其事件ノ届出ハ当該様式ニ依リテ之ヲ為スコトヲ要ス但シ已ムコトヲ得サル事由アルトキハ此限リニ在ラス」

　「第69条　②　届書ニハ左ノ事項ヲ記載スルコトヲ要ス

　　一　子ノ氏名及ヒ男女ノ別

　　二　嫡出子，庶子又ハ嫡出子若クハ庶子ニ非サル子ノ別（以下略）」

　この規定を受けて，昭和21年9月25日司法省令81号をもって，出生の届書等の様式は，次のように定められました。

　昭和21年司法省令第81号

　戸籍法第47条ノ2の規定に基き，出生，婚姻，離婚及び死亡の届書の様式を次のように定める。

昭和21年9月25日

司法大臣　木村篤太郎

　出生の届書は附録第1号様式に，婚姻の届書は附録第2号様式に，離婚の届書は附録第3号様式に，死亡の届書は附録第4号様式によらなければならない。

　　附　則

　この省令は，昭和21年10月1日から，これを施行する。

　梅子の出生の届出当時の届書様式は，前記のとおりとされていたので，この様式に沿って出生の届書を作成すれば，次のとおりになります。

（参考文献）「戸籍法等改正経過法令集」（昭和44.3.31発行・法務省民事局）

出　生　届

備前 ㋲町村 区長　甲山太郎　殿 ／ 届出の年月日　昭和22年4月5日

（一）	(1)氏名及び男女の別	男　㊛　氏名	小橋梅子			
（二）	父母の氏名及び本籍又は国籍	父 氏名	本籍	都道府県 郡市 区 町村 番地	日本の国籍のないときは国籍のある国名	
		母 氏名　小橋菊	本籍　岡山㋲都道府県 和気市	区〇〇 ㋲町村 195番地		
（三）	(5)嫡出子、庶子、その他の子の別	1嫡出子（男／女）　　2庶子　　③その他の子 女				
（四）	(4)出生の年月日	昭和22年3月29日　午前／午後　6時25分				
（五）	(2)出生の場所	岡山㋲都道府県 備前郡市 区吉永㋲町村352番地 病院、診療所、妊産婦預所名　〇〇診療所	出生まで母が引き続きその市区町村にいた期間	15年4ヶ月		
（六）	(3)出生当時の母の住所	岡山㋲都道府県 和気市 区〇〇㋲町村195番地	出生まで引き続きその住所のある市区町村に住んでいた期間	19年2ヶ月		
（七）	(6)同じ母の分娩した児の数（この出生子を含む）	①この出生の時生存する者（この出生子を含む）……1人 ／ 2生れたが既に死亡した者………0人 ｝計 ／ 3妊娠6ヶ月以上の死産児………0胎				
（八）	(7)妊娠月数	10ヶ月				

（九）	(7)複産	1二タ児	この児	1第一児　2第二児　3第三児　4第四児
		2三ツ児	他の児 出生	人内男　人女　人
		3四ツ児	死産	胎内男　胎女　胎不祥　胎

（一〇）	(9)出生に立会つた者	1医師　②産婆　3その他 氏名	田宮ふさ			
（一一）	(10)父母の出生地	父 都道府県名	外国のときはその国名	母 都道府県名 岡山県	外国のときはその国名	
（一二）	(11)父母の出生の年月日	父　年　月　日		母 昭和3年2月1日		
（一三）	(12)出生当時の父母の職業	父		母 農業		
（一四）	(13)父母の婚姻直前の本籍又は国籍	父 都道府県	外国のときはその国名	母 都道府県 岡山県	外国のときはその国名	
（一五）	(14)父母の結婚式の年月日	年　月　日				
（一六）	子の入る家の戸主の氏名及び本籍	氏名 小橋大二郎 本籍 岡山㋲都道府県 和気市 区〇〇㋲町村195番地				
（一七）	その他の届出事項					

（一八）	届出人	本籍 岡山㋲都道府県和気市 区〇〇㋲町村195番地	戸主の氏名 小橋大二郎 戸主との続柄 二女
		所在 岡山㋲都道府県和気市 区〇〇㋲町村195番地	出生の年月日 昭和3年2月1日
		子との続柄 母	署名捺印 小橋菊 ㊞小橋

（一九）	その他の事項	

2 梅子認知される

(1) 梅子認知の届出

　梅子がこの認知届により，父の家に入るときは，入家^(にゅうけ)する家の戸主の同意を要するとされていました（旧民735条1項）。本例の場合は，父の家の戸主中畑忠吉の同意を表す署名押印が，届書にされている必要があります。

　認知の届出様式は，特に定められていませんが，文献等によると次のとおりです。

```
　　　　　　　　　　　　　　　　　　　　　　　　　　　　　　　認
　　倉　　　　　昭　　　　右　　岡　　　　　　　　　岡　　　　　　　　　知
　　敷　　　　　和　　　　子　　山　　　　　　　　　山　　　　　　　　　届
　　市　　　　　弐　　　　認　　県　　　　　　　　　県
　　長　　　　　拾　　　　知　　倉　　　　　　　　　和
　　　　　　　　弐　　　　及　　敷　　　　　　　　　気
　　甲　　　　　年　　　　御　　市　　　　　　　　　郡
　　川　　　　　四　　　　届　　〇　　　　　　　　　〇
　　　　　　　　月　　　　候　　〇　　被　　　　　　〇　認
　　三　　　　　拾　　　　也　　五　　認　　　　　　町　知
　　郎　　　　　五　　　　　　百　　知　　　　　　〇　者
　　　　　　　　日　　　　　　五　　者　　　　　　〇
　　殿　　　　　　　　　　　　十　　　　　　　　　百
　　　　　　　届　　　　　　　一　　　　　　　　　九
　　　　　　　出　　　　　　　番　認　　　　　　　十
　　　　　　　人　　　　　　　地　知　　　　　　　五
　　　　　　　　　　　　　　　戸　者　　昭　　　　番
　　　　　　　　　　　　　　　主　　　和　　　　地
　　　　　　　　中　　　　　　中　　　弐　　　　戸
　　　　　　　　畑　　　　　　畑　　　拾　梅　　主
　　　　　　　　　　　　　　　忠　中　弐　　　　小
　　　　　　　　一　　　　　　吉　畑　年　子　　橋
　　　　　　　　馬　　　　　　長　一　参　　　　大
　　　　　　　　㊞　　　　　　男　馬　月　　　　二
　　　　　　　　　　　　　　　農　　　弐　　　　郎
　　　　　　　　　　　　　　　業　大　拾　　　　二
　　　　　　　　　　　　　　　　　正　九　　　　女
　　　　　　　　　　　　　　　　　拾　日　　　　菊
　　　　　　　　　　　　　　　　　参　生　　　　女
　　　　　　　　　　　　　　　　　年
　　　　　　　　　　　　　　　　　八
　　　　　　　　　　　　　　　　　月
　　　　　　　　　　　　　　　　　拾
　　　　　　　　　　　　　　　　　七
　　　　　　　　　　　　　　　　　日
　　　　　　　　　　　　　　　　　生
```

(注)　梅子がこの認知の届出により，父の家に入るときは，入家の同意について，父の家の戸主中畑忠吉の署名押印がされている場合です。本例はその同意がないので認知の届出を受理し，戸籍の記載をするだけです（明治31.10.6民刑1255号回答）。

　　　（参考文献）原田良實著「戸籍提要」（昭和10.9.13第4版発行・明倫館）

(2) 梅子の戸籍

　梅子の出生届出当時の戸籍の様式は，明治31年司法省訓令５号「戸籍法取扱手続」２条に規定する附録２号様式（明治31年式戸籍といわれる。）によるか，又は大正３年司法省令７号「戸籍法施行細則」１条に規定する附録１号様式（大正４年式戸籍といわれる。）によることになっています〔注１〕。本例の梅子の戸籍は，大正４年式戸籍としました。また，戸籍の記載例は，前掲戸籍法施行細則12条に規定する附録４号記載例によるとされています〔注２〕。

〔注１〕　戸籍の様式は，明治31年式戸籍が，規則の改正により大正４年式戸籍に変わっていますが，当時の取扱いは，様式改正による戸籍の改製はされず，新しく戸籍が編製される事由が生じた時点における戸籍様式によるとされていました。例えば，家督相続，分家，転籍等によって，新たに戸籍が編製された場合，それが大正４年式戸籍が使用されている時点であれば，大正４年式戸籍によって戸籍が編製されました。したがって，様式改正があっても改正前の戸籍と改正後の戸籍が並存していたことになります。現行戸籍法施行時（昭和23.１.１）には前記のとおり，明治31年式戸籍のものも，また，大正４年式戸籍のものも存在していたので，双方とも旧法戸籍ですが，新法では「新法の規定による戸籍とみなされ」ていました（戸籍法附則３条１項）。そして，昭和32年法務省令27号によって，昭和33年以降に新法戸籍に改製されました。

〔注２〕　この当時の身分事項欄の出生事項には，出生年月日は記載されず，「生年月日欄」に記載された年月日が出生年月日です。また，認知事項については，認知した父の戸籍には，認知事項は記載されていませんが，父と子は一般的には同籍になっていたため，双方に記載することを要しないとされていたものと考えられます。

梅子の出生及び認知の記載がされた戸籍（大正４年式戸籍）

3 父一馬は乙野貞子と婚姻，長男松雄，長女竹子出生

(1) 中畑一馬と乙野貞子の婚姻の届出，長男松雄及び長女竹子の出生の届出

　婚姻届及び出生届の様式は，現行の戸籍法（昭和22年法律224号・昭和23.1.1施行）28条に届書の様式を定める旨の規定がされ，その規定を受けて，同法施行規則（昭和22年司法省令94号）59条に婚姻の届書は附録12号様式，出生の届出書は附録11号様式によると定められました。本例をその様式に沿って作成すれば，次のとおりになります。

婚 姻 届

倉敷 ⑪区町村長　○○○○殿 昭和23年3月10日届出		受附	年月日　昭和23年3月10日 番号　第　115号		戸籍記載 調査票作成
(一)	(1)本籍又は国籍	夫	岡山県倉敷市○○ 551 番地	筆頭者の氏名　中畑忠吉 日本の国籍のない場合はその国名	
		妻	岡山県備前市○○ 306 番地	筆頭者の氏名　乙野孝助 日本の国籍のない場合はその国名	
(二)	(2)氏　名	夫	中畑一馬	妻　乙野貞子	
(三)	(3)出生の年月日	夫	大正13年8月17日	妻　昭和2年4月25日	
(四)	(4)夫婦の称すべき氏新戸籍編製のときは新本籍	①夫の氏 ②妻の氏	新本籍	岡山県倉敷市○○ 551 番地	
(五)	父母の本籍及び氏名 (養父母の本籍及び氏名は(吉)欄に記入のこと)	夫の父	岡山県倉敷市○○551 番地	氏名　中畑忠吉	
		夫の母	同上 番地	氏名　駒子	
		妻の父	岡山県備前市○○306 番地	氏名　乙野孝助	
		妻の母	同上 番地	氏名　松子	
(六)	(5)結婚式の挙行地及び年月日	挙行地	岡山県倉敷 ⑪区町村	年月日　昭和23年3月8日	
(七)	(6)結婚式直前の住所地	夫	岡山県倉敷 ⑪区町村	引き続きその市区町村に住んでいた期間　23年6ヶ月 日	
		妻	岡山県備前 ⑪区町村	20年10ヶ月 日	
(八)	(7)婚姻関係	夫	①初婚　再婚（2死別　3離別）4婚姻の無効又は取消 直前の婚姻の解消の年月日　年　月　日 前婚解消の度数　死別　回　離別　回　婚姻の無効又は取消　回		
		妻	①初婚　再婚（2死別　3離別）4婚姻の無効又は取消 直前の婚姻の解消の年月日　年　月　日 前婚解消の度数　死別　回　離別　回　婚姻の無効又は取消　回		
(九)	(8)結婚式直前の職業	夫	農業	妻　無職	
(十)	(9)出生地	夫	岡山 都道府県 外国の場合はその国名	妻　岡山 都道府県 外国の場合はその国名	
(十一)	(10)教育程度	夫	1未就学　2小学校中途退学　3小学校卒業　④中等学校卒業　5高等専門学校卒業　6大学卒業		
		妻	1未就学　2小学校中途退学　3小学校卒業　④中等学校卒業　5高等専門学校卒業　6大学卒業		
(十二)	(11)父母の出生地	夫の父	岡山 都道府県 外国の場合はその国名	夫の母　広島 都道府県 外国の場合はその国名	
		妻の父	岡山 都道府県 外国の場合はその国名	妻の母　岡山 都道府県 外国の場合はその国名	
(十三)	その他の事項				
(十四)	届出人	夫 所在	岡山県倉敷市○○551 番地	署名押印　中畑一馬 ⑪	
		妻 所在	岡山県備前市○○306 番地	署名押印　乙野貞子 ⑫	
(十五)	証人	本籍	岡山県倉敷市○○551 番地	署名押印　中畑忠吉 ⑪	
		所在	同上 番地	生年月日　明治30年6月21日	
		本籍	岡山県備前市○○306 番地	署名押印　乙野孝助 ⑫	
		所在	同上 番地	生年月日　明治33年11月2日	

(2) 松雄の出生届

出　生　届

倉敷 ㊞区町村長 ○○○○ 殿 昭和 24 年 4 月 8 日届出		受附	年月日	昭和 24 年 4 月 8 日	戸籍記載
			番号	第 103 号	

(一)	父母の本籍又は国籍	父	岡山県倉敷市 ○○ 551 番地	筆頭者の氏名	中畑一馬
				日本の国籍のない場合はその国名	
		母	岡山県倉敷市 ○○ 551 番地	筆頭者の氏名	中畑一馬
				日本の国籍のない場合はその国名	

調査票作成

(二)	父母の氏名	父 中畑一馬	母	中畑貞子
(三)	(1)子の男女の別氏名及び嫡出子か否かの別	①男 2女　氏名	中畑松雄	① 嫡出子（長 男 女） 2 嫡出子でない子
(四)	(2)出生の年月日	昭和 24 年 4 月 1 日　午前（午後） 5 時 25 分		
(五)	(3)出生の場所	岡山県倉敷市上東町　56 番地		
		1病院　2診療所（その名称）　4自宅 ③助産所　5その他	出生まで母が引き続きその市区町村にいた期間	1年3ヶ月 日
(六)	(4)出生当時の母の住所地	岡山県倉敷 ㊞区町村	出生まで引き続きその市区町村に住んでいた期間	1年3ヶ月 日
(七)	(5)同じ母の出産した児の数	この出生の時に生存する者（この出生子を含む）……… 1人 生まれたがこの出生の時までに死亡した者……………… 0人｝計 妊娠六ヶ月以上の死産児…………………………………… 0胎		
(八)	(6)出生に立ち会った者	1医師　②助産婦　3その他　氏名	金井キミヨ	
(九)	(7)父母の出生地	父 岡山 都道府県 外国の場合はその国名	母	岡山 都道府県 外国の場合はその国名
(十)	(8)父母の出生の年月日	父 大正13年 8 月 17 日	母	昭和2年 4 月 25 日
(一一)	(9)出生当時の父母の職業 (10)父母の結婚式の年月日	職業 父 農業　母 無職	結婚式の年月日	昭和23年 3 月 8 日
(一二)	父母の婚姻届出前（婚姻 (11)届をしないときは子の出生当時）の本籍又は国籍	父 岡山 都道府県 日本の国籍のない場合はその国名	母	岡山 都道府県 日本の国籍のない場合はその国名
(一三)	その他の事項			

(一四)	届出人	本籍	岡山県倉敷市○○551 番地	筆頭者の氏名	中畑一馬
		所在	岡山県倉敷市○○551 番地	届出の資格	①父　2母　3同居者　4医師 5助産婦　6出産介抱者
		署名押印	中畑一馬　㊞（中畑）	出生の年月日	大正13年 8 月 17 日

出　生　証　明　書

⑶　竹子の出生届

<table>
<tr><td colspan="4" align="center">出　　　　生　　　　届</td><td colspan="2" align="center">戸　籍
記　載</td></tr>
<tr><td rowspan="2">㊝</td><td colspan="2">倉敷 ㊝ 区 長○○○○殿
町村</td><td>受
附</td><td>年月日</td><td>昭和26年12月13日</td></tr>
</table>

出	倉敷 ㉼ 区 長○○○○殿 町村 昭和26年12月13日届出	受 附	年月日　昭和26年12月13日 番　号　第　　784　号	戸　籍 記　載

	項目	父	母	調査票 作成
(一)	父 母 の 本 籍 又 は 国 籍	岡山県倉敷市○○551番地 筆頭者の氏名　中畑一馬 日本の国籍のない場合はその国名	岡山県倉敷市○○551番地 筆頭者の氏名　中畑一馬 日本の国籍のない場合はその国名	
(二)	父 母 の 氏 名	父　中 畑 一 馬	母　中 畑 貞 子	
(三)	⑴父母の出生の年月日	大正13年 8月17日	昭和2年 4月25日	
(四)	⑵父母の出生地	都道府県名（外国の場合はその国名）　岡山県	都道府県名（外国の場合はその国名）　岡山県	
(五)	⑶父母の婚姻届直前（婚姻届をしないときはこの出生当時）の本籍又は国籍	都道府県名（日本の国籍のない場合はその国名）　岡山県	都道府県名（日本の国籍のない場合はその国名）　岡山県	
(六)	⑷出生当時の父母の職業 ⑸父母の結婚式の年月日	職業　父　農業　母　無職	結婚式の年月日　昭和23年 3月 8日	
(七)	⑹子の男女の別・氏名及び嫡出子か否かの別	1 男 ② 女　氏 名　中 畑 竹 子	① 嫡出子（長　男/女） 2 嫡出でない子	
(八)	⑺出生の年月日時分	昭和 26年 12月 5日	午前/午後　1時 43分	
(九)	⑻出 生 の 場 所	岡山県倉敷市上東町　56　番地		
(十)	⑼出生当時の母の住所	岡山県倉敷市○○　551　番地		
(±一)	⑽同じ母の出産した児の数	この出生の時に生存する者（この出生子を含む）……… 2人 生れたがこの出生の時までに死亡した者……………… 0人／計 妊娠六ヶ月以上の死産児………………………………… 0胎		
(±二)	⑾出産に立会つた者	1 医　師　② 助産婦　3 その他　氏名　金井 キミヨ		
(±三)	その他の事項			
(±四)	⑿届 出 人	本　籍　岡山県倉敷市○○551番地　筆頭者の氏名　中 畑 一 馬 所　在　岡山県倉敷市○○551番地　届出人の資格　①父 2母 3同居者 4医師 5助産婦 6その他の立会者 署名押印　中 畑 一 馬 ㊞　届出人の出生の年月日　大正13年 8月 17日		

出　生　証　明　書

※　この様式は，戸籍法施行規則の一部改正（昭和24年法務府令108号，昭和25. 1. 1施行）により附録第11号が改められた後のものです（前頁の松雄の様式と異なるのはそのためです。）。

⑷ 中畑一馬と乙野貞子の婚姻の届出による戸籍

　現行戸籍法（昭和22年法律224号・昭和23.1.1施行）の施行によって，これまでの「家」を単位とした戸籍の形態から，夫婦親子単位の戸籍の形態に戸籍の編製単位が改められました（戸6条）。しかし，旧法戸籍を直ちに新法戸籍に一拠に改製することは，費用や労力等の面から事実上不可能であったので，旧法戸籍を新法戸籍とみなすこととし，改製は新法施行後10年を経過したときとされました（戸籍法附則3条）。その間に，婚姻した者，子が出生した者等については，その都度新戸籍に編製替えをする取扱いが採られました。本例の中畑一馬と乙野貞子の婚姻は，この期間にされたものであるから，新法に基づく夫婦単位の新戸籍が編製されました（次頁参照）。

　この場合の戸籍の記載例は，戸籍法施行規則（昭和22年司法省令94号・昭和23.1.1施行）33条2項において，附録7号記載例が示されています。したがって，以下の戸籍については，この記載例によってされています。

⑸ 中畑一馬の婚姻前の戸籍

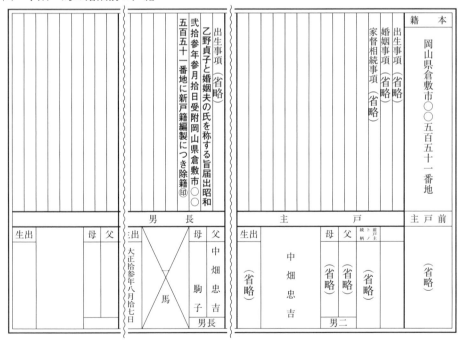

⑹　中畑一馬と貞子の婚姻による新戸籍及び夫婦間の子が入籍した戸籍

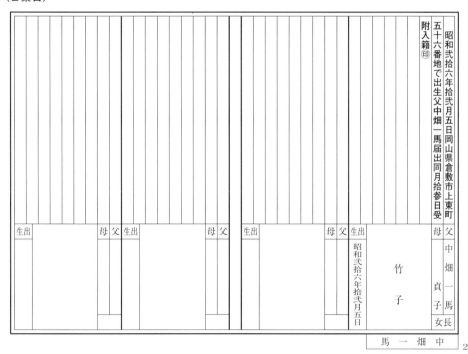

附入籍㊞ 五十六番地で出生父中畑一馬届出同月八日受	昭和弐拾四年四月壱日岡山県倉敷市上東町				日入籍㊞ 山県備前市〇〇三百六番地乙野孝助戸籍より同	昭和弐拾参年参月拾日中畑一馬と婚姻届出岡	出生事項（省略）	籍より入籍㊞ 附岡山県倉敷市〇〇五百五十一番地中畑忠吉戸	乙野貞子と婚姻届出昭和弐拾参年参月拾日受	出生事項（省略）	月拾日夫婦につき本戸籍編製㊞ 婚姻の届出により昭和弐拾参	籍　　　本 岡山県倉敷市〇〇五百五十一番地
生出 昭和弐拾四年四月壱日	松雄	母 中畑貞子 男長	父 中畑一馬	生出 昭和弐年四月弐拾五日	妻 貞子	母 乙野松子 女長	父 乙野孝助	生出 大正拾参年八月拾七日	夫 一馬	母 中畑駒子 男長	父 中畑忠吉	名　　　氏 中畑一馬

1

（2葉目）

								附入籍㊞ 五十六番地で出生父中畑一馬届出同月拾参日受 昭和弐拾六年拾弐月五日岡山県倉敷市上東町
生出		母	父	生出		母	父	生出 昭和弐拾六年拾弐月五日 竹子	母 中畑貞子 女長	父 中畑一馬

中　畑　一　馬

2

4 父一馬は貞子と離婚

(1) 中畑一馬と貞子の離婚の届出

この離婚届の様式は，3の(1)で述べたとおり，現行の戸籍法28条に届書の様式を定める旨の規定がされ，その規定を受けて，同法施行規則59条に離婚の届書は附録13号様式によると定められました。同様式は，その後，前記規則の一部が改正され（昭和24年法務府令108号・昭和25.1.1施行），さらに昭和27年法務府令66号でその一部の改正により（昭和27.7.1施行），下記の様式になったものです。本例の届書はその様式に沿って作成したものです。

離　　婚　　届

（離）	倉敷 ㊞ 市 区 町 村 長〇〇〇〇殿 昭和29年 4 月 30日届出			受	年月日	昭和 29 年 4 月 30 日	戸籍記載／住民票記載／更正
				附	番 号	第 218 号	
(一)	本 籍 又 は 国 籍	岡山県倉敷市〇〇 551 番地		筆 頭 者 の 氏 名 日本の国籍のない場合はその国籍		中 畑 一 馬	調査票作成／住所地通知
(二)	氏　　　名	夫 中 畑 一 馬		妻 中 畑 貞 子			
(三)	出 生 の 年 月 日	大正13年 8 月 17 日		昭和 2 年 4 月 25 日			
(四)	離 婚 の 種 別 調停又は裁判確定の年月日	① 協議離婚　2 調停離婚 3 審判離婚　4 判決離婚		年月日		年 月 日	
(五)	婚姻前の氏に復する者及び復籍又は新戸籍編製の別	1 夫 ② 妻	① 復籍	2 復籍すべき戸籍が除かれているため 3 復籍すべき戸籍に子があるため 4 申出による	新戸籍編製		
(六)	復籍すべき本籍又は新本籍	岡山県備前市〇〇 306 番地		復籍の場合は筆頭者の氏名 新戸籍編製の場合は復すべき氏		乙野孝助	
(七)	父母の氏名及び父母との続柄 （養父母の氏名及び養父母との続柄は(三)欄に記入すること）	夫の父 中畑忠吉		続柄 長男	妻の父 乙野孝助	続柄 長女	
		夫の母 駒子			妻の母 松子		
(八)	夫婦間の未成年の子の氏名及びその親権者	夫が親権を行う子の氏名 中畑松雄，中畑竹子		妻が親権を行う子の氏名			
(九)	職　　　業	夫 農　業		妻 無　職			
(十)	結婚式を挙げた年月日	昭和 23 年 3 月 8 日					
(土)	同居を止めた年月日	昭和 29 年 1 月 10 日					
(土)	その他の事項						
(土)	届出人	夫	住 所	岡山県倉敷市〇〇551番地	署名押印	中 畑 一 馬 ㊞中畑	
		妻	住 所	岡山県備前市〇〇306番地	署名押印	乙 野 貞 子 ㊞乙野	
(土)	証　人		本 籍	岡山県倉敷市〇〇551番地	署名押印	中 畑 忠 吉 ㊞中畑	
			住 所	同上 番地	出生の年月日	明治30年 6 月 21 日	
			本 籍	岡山県倉敷市〇〇306番地	署名押印	乙 野 孝 助 ㊞乙野	
			住 所	同上 番地	出生の年月日	明治33年 11 月 2 日	

⑵　中畑一馬と乙野貞子の離婚の届出による戸籍

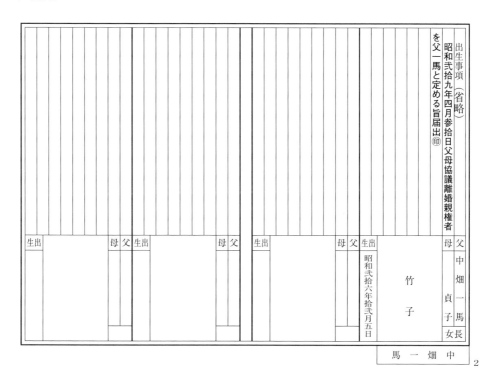

本籍	岡山県倉敷市○○五百五十一番地
氏名	中畑一馬

編製事項（省略）

身分事項	出生事項（省略） 婚姻事項（省略） 妻貞子と協議離婚届出昭和弐拾九年四月参拾日受附㊞
父	中畑忠吉
母	駒子
続柄	長男
	夫
名	一馬
出生	大正拾参年八月拾七日

身分事項	出生事項（省略） 婚姻事項（省略） 昭和弐拾九年四月参拾日夫一馬と協議離婚届出復籍につき同日除籍㊞
父	乙野孝助
母	松子
続柄	長女
	妻
名	貞子（×）
出生	昭和弐年四月弐拾五日

身分事項	出生事項（省略） 昭和弐拾九年四月参拾日父母協議離婚親権者を父一馬と定める旨届出㊞
父	中畑一馬
母	貞子
続柄	長男
名	松雄
出生	昭和弐拾四年四月壱日

1

（2葉目）

身分事項	出生事項（省略） 昭和弐拾九年四月参拾日父母協議離婚親権者を父一馬と定める旨届出㊞
父	中畑一馬
母	貞子
続柄	長女
名	竹子
出生	昭和弐拾六年拾弐月五日

中畑一馬

2

5 梅子の父母婚姻（梅子は準正子となる）

(1) 中畑一馬と小橋菊の婚姻の届出

　この婚姻届の様式は，3の(1)で述べたとおり，現行の戸籍法28条に届書の様式を定める旨の規定がされ，その規定を受けて，同法施行規則59条に婚姻の届書は附録12号様式によると定められました。その後，同規則の一部が改正され（昭和27年法務府令66号・昭和27.7.1施行），下記の様式になったものです。本例の届書は，その様式に沿って作成したものです。

婚　　姻　　届

(一)	本籍又は国籍		岡山県倉敷市○○ 551番地 筆頭者の氏名 中畑一馬 夫 日本の国籍のない場合はその国籍		岡山県和気郡○○町○○195番地 筆頭者の氏名 小橋大二郎 妻 日本の国籍のない場合はその国籍		
(二)	氏　名		中 畑 一 馬		小 橋 菊		
(三)	出生の年月日		大正 13 年 8 月 17 日		昭和 3 年 2 月 1 日		
(四)	夫婦の称すべき氏，新戸籍編製のときは新本籍		① 夫の氏 2 妻の氏　新本籍			番地	
(五)	父母の氏名及び父母との続柄（養父母の氏名及び養父母との続柄は(九)欄に記入すること）	夫の父	中畑忠吉	続柄 長男	妻の父 小橋大二郎	続柄 二女	
		夫の母	駒子		妻の母 とみゑ		
(六)	婚姻関係	夫	1 初婚 ② 再婚 直前の婚姻の解消の年月日 29年4月30日		妻 ① 初婚 2 再婚 直前の婚姻の解消の年月日 年 月 日		
(七)	結婚式直前の職業	夫	農 業		妻 無 職		
(八)	結婚式を挙げた年月日		昭和 30 年 6 月 3 日				
(九)	その他の事項		この婚姻により嫡出子の身分を取得し「長女」となる者 妻の戸籍にある小橋梅子「昭和22年3月29日生」				
(十)	届出人	夫 住所	岡山県倉敷市○○551番地	署名押印	中 畑 一 馬 ㊞(中畑)		
		妻 住所	同上 番地	署名押印	小 橋 菊 ㊞(小橋)		
(十一)	証人	本籍	岡山県倉敷市○○551番地	署名押印	中 畑 忠 吉 ㊞(中畑)		
		住所	同上 番地	出生の年月日	明治30年 6 月 21 日		
		本籍	岡山県和気郡○○町○○195番地	署名押印	小 橋 大 二 郎 ㊞(小橋)		
		住所	同上 番地	出生の年月日	明治32年 7 月 10 日		

（婚）　倉敷 市町村区 長○○○○殿　昭和30 年 6 月 5 日届出

受附 年月日 昭和30 年 6 月 5 日　番号 第 1468 号

戸籍記載／住民票更正／調査票作成／住所地通知

6　梅子は父母の戸籍に入籍

(1)　梅子の入籍の届出

　戸籍法28条は，届書の様式を定める旨を規定していますが，その届書の様式は，同法施行規則59条において，出生，婚姻，離婚及び死亡の4届書については，その様式を定めています（これを法定様式という。）。これに対して，その他の各届書については，従来は届出人が任意の様式で作成する取扱いをしていましたが，事務能率化の見地から，昭和30年5月1日民事甲672号民事局長通達によって，比較的取扱い件数の多い認知，養子縁組，養子離縁，入籍，分籍，転籍の6届書の標準様式が示されました。本事例における下記の入籍届はこの標準様式によるものです。

　この入籍届においては，当時は準正によって，当然に氏の変動は生じないとして，父母の氏を称し，その戸籍に入籍するには，家庭裁判所の子の氏変更の許可（民791条1項）を要するとされていました（昭和23.4.21民事甲658号回答）。ところが，戸籍法62条の出生届においては当然に父母の氏を称し，直ちに父母の戸籍に入籍させるとの取扱いと比較して，準正子について父母の氏を称し，その戸籍に入籍させるには家庭裁判所の許可を要するとする取扱いは，不均衡であることから，準正子についても，準正によって直ちに父母の戸籍に入籍させる取扱いになりました（昭和35.12.16民事甲3091号通達）。しかし，この取扱いは，昭和62年10月1日民二5000号通達によって，準正子は準正によって直ちに父母の戸籍に入籍しない取扱いに変更されました。父母の戸籍に入籍するときは，入籍届をすることとされました（戸98条）。この場合に，父母が婚姻中に限り家庭裁判所の許可が不要とされています（民791条2項）。

　なお，前記の6届書を含むその他の届書の様式は，昭和42年12月12日民事甲3533号通達によって全届書に拡大され，その後の法改正に伴う届出の新設に伴い，その標準様式が示されていました。これらの標準様式は，昭和59年11月1日民二5502号通達により全面的に改正が行われ，その後も数次にわたって一部の改正がなされて現在に至っています。

入	入 籍 届 昭和 30 年 7 月 15 日届出 倉敷 ⑪町区村 長 ○○○○ 殿				受附	受理 昭和 30 年 7 月 15 日 第 411 号	昭和 30 年 7 月 15 日発送 倉敷市長 ○○○○ 印	
					送付 昭和 30 年 7 月 19 日 第 384 号	戸籍記載	住民票更正	
						附票記載事項通知	住所地通知	

(一)	本 籍	岡山県和気郡○○町○○195番地		筆頭者の氏名	小 橋 大二郎		
(二)	入 籍 する者	氏 名 小橋梅子	出生の年月日 昭和 22年3月29日	父母の氏名	父 中畑一馬 母 菊	父母との続柄 長女	
(三)	称 す る 氏	1．父の氏　　2．母の氏　　③父母の氏 4．養父の氏　　5．養母の氏　　6．養父母の氏 7．従前の氏　　（従前の氏を改めた年月日　昭和　年　月　日）					
(四)	入籍すべき戸籍又は新戸籍	岡山県倉敷市○○551番地		筆頭者の氏名	中 畑 一 馬		
(五)	父母の新戸籍とその編製するその戸籍	番地		筆頭者の氏名			
(六)	その他の事項							

(七)	届出人	本 人	住 所	番地	署名押印	印	
		入籍者が 十五才未満につき 代つて届 出をする 者	本 籍	岡山県倉敷市○○551番地	筆頭者の氏名	中畑一馬	
			住 所	同上 番地	署名押印	中畑一馬 ㊞中畑	
			届出人の資格	父	届出人の出生の年月	大正13年8月17日	
			本 籍	岡山県倉敷市○○551番地	筆頭者の氏名	中畑一馬	
			住 所	同上 番地	署名押印	中畑菊 ㊞中畑	
			届出人の資格	母	届出人の出生の年月日	昭和3年2月1日	

一、文字は正確に記載し数字はアラビア数字を用いること。不動文字の頭にアラビア数字のあるものは、該当の数字だけを丸で囲むこと。

二、住所はすべて住民登録をしてある住所を記載すること。

三、入籍する者に配偶者があるため、この入籍届によつて夫婦の新戸籍が編製される場合は、（四）欄にその新戸籍を記載すること。

四、この入籍届によつて父母の新戸籍が編製されその新戸籍に入籍する場合は、（五）欄に記載し、（四）欄には記載しないこと。

五、入籍する者に配偶者があるときは（四）欄には配偶者の住所、氏名、生年月日をそれぞれ（六）欄に記載すること。また、入籍する者が未成年者につき、その戸籍を編製するときは父母に随従するにつき新戸籍を編製する場合は、（六）欄に記載すること。

六、法定代理人が届出をするときは父母につき新戸籍を編製する場合は（五）欄に記載し、（四）欄には

七、入籍する者が（二）欄7以外の場合は届書に家庭裁判所の許可の審判書の謄本を添付すること。

(2)　中畑一馬と小橋菊の婚姻の届出による戸籍

　夫の中畑一馬は戸籍の筆頭者ですので，小橋菊との婚姻の際に夫の氏を称する場合は，妻となる小橋菊は夫の戸籍に入籍することになります。また，嫡出でない子として生まれた梅子は，父中畑一馬から認知されていますから父母が婚姻することによって嫡出子となるので，梅子の戸籍に「準正事項」が記載されます。

(3)　梅子の入籍の届出による戸籍

　この準正当時は，たとえ父母が婚姻中であっても，父母の戸籍に入籍するには，家庭裁判所の許可が必要であったことは，前記(1)で述べたとおりですから，この入籍届は家庭裁判所の許可を得て父母の戸籍に入籍したことになります。

小橋菊の婚姻前の戸籍の記載，梅子の準正の記載及び梅子の父母の戸籍に入籍の記載をした戸籍

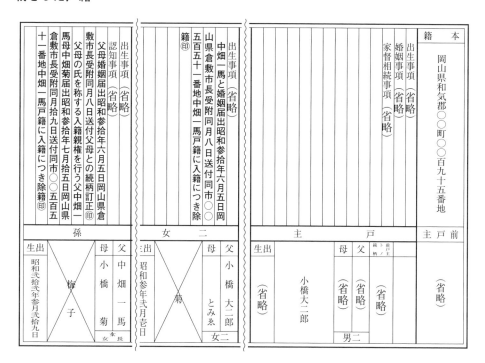

(4) 小橋菊が中畑一馬と夫の氏を称する婚姻により夫の戸籍に入籍した記載及び梅子の父母の氏を称する入籍の記載をした戸籍

本籍	岡山県倉敷市○○五百五十一番地
氏名	中畑一馬
編製事項	（省略）

出生事項	（省略）
婚姻事項	（省略）
離婚事項	（省略）
	小橋菊と婚姻届出昭和参拾年六月五日受附㊞
父	中畑忠吉
母	駒子
続柄	長男
	~~夫~~ 夫
名	一馬
出生	大正拾参年八月拾七日

出生事項	（省略）
婚姻事項	（省略）
離婚事項	（省略）
父	乙野孝助
母	松子
続柄	長女
	妻
名	~~貞子~~
出生	昭和弐年四月弐拾五日

出生事項	（省略）
親権事項	（省略）
父	中畑一馬
母	貞子
続柄	長男
名	松雄
出生	昭和弐拾四年四月壱日

1

（２葉目）

出生事項	（省略）
親権事項	（省略）
父	中畑一馬
母	貞子
続柄	長女
名	竹子
出生	昭和弐拾六年拾弐月五日

出生事項	（省略）
	昭和参拾年六月五日中畑一馬と婚姻届出岡山県和気郡○○町○○百九十五番地小橋大二郎戸籍より同日入籍㊞
父	小橋大二郎
母	とみゑ
続柄	二女
	妻
名	菊
出生	昭和参年弐月壱日

出生事項	（省略）
	父母の氏を称する入籍親権を行う父中畑一馬母中畑菊届出昭和参拾年七月拾五日受附岡山県和気郡○○町○○百九十五番地小橋大二郎戸籍より入籍㊞
父	中畑一馬
母	菊
続柄	長女
名	梅子
出生	昭和弐拾弐年参月弐拾九日

父	
母	
出生	

中畑一馬

2

7　母菊は松雄，竹子と同籍内で縁組

(1)　妻の菊が，夫の前妻の子松雄及び竹子と同籍内での縁組の届出

　　この養子縁組届の様式は，6の(1)で述べたとおり，標準様式によるものです。本例の届書は，その様式に沿って作成されたものです。

菊と松雄の養子縁組届

縁		養　子　縁　組　届　倉敷 ⑪町区村 長 〇〇〇〇 殿　昭和 31 年 5 月 5 日届出			受附	受理 昭和31 年 5 月 5 日　第 321 号　送付 昭和 年 月 日　第 号	昭和 年 月 日発送　長 印	

(一) 養親	本籍又は国籍	岡山県倉敷市〇〇551番地		筆頭者の氏名	中畑一馬	戸籍記載　住民票更正
	氏名	養父	養母			附票記載事項通知　住所地通知
	出生の年月日	年 月 日	中畑 菊 昭和 3 年 2 月 1 日			

(二) 養子	本籍又は国籍	岡山県倉敷市〇〇551番地		筆頭者の氏名	中畑一馬
	氏名	養子 中畑 松 雄	養女		
	出生の年月日	昭和 24 年 4 月 1 日	年 月 日		
	父母の氏名及び父母との続柄	父 中畑一馬　母 乙野貞子　長男	父　母　続柄		

(三)	この縁組届により養親又は養子につき新戸籍を編製するときはその原因及び新戸籍の表示	原因	1．養親となる者が戸籍の筆頭者及びその配偶者でないため　2．養子となる者に配偶者があるため	新戸籍編製
		新本籍	養親 番地　筆頭者の氏名	
			養子 番地　筆頭者の氏名	

(四)	その他の事項	

(五) 届出人	養父	住所 番地	署押名印 印
	養母	住所 岡山県倉敷市〇〇551番地	署押名印 中畑 菊 ㊞中畑
	養子	住所 番地	署押名印 印
	養女	住所 番地	署押名印 印
	養子が十五才未満につき代つて縁組の承諾をする者	本籍 岡山県倉敷市〇〇551番地	筆頭者の氏名 中畑一馬
		住所 同上 番地	署押名印 中畑一馬 ㊞中畑
		縁組承諾者の資格 親権を行う ①父2.母3.養父4.養母5.後見人6.特別代理人	出生の年月日 大正13年 8 月 17 日
		本籍 番地	筆頭者の氏名
		住所 番地	署押名印 印
		縁組承諾者の資格 親権を行う（1.父2.母3.養父4.養母）	出生の年月日 年 月 日

(六) 証人	本籍 岡山県倉敷市〇〇551番地	署押名印 中畑忠吉 ㊞中畑
	住所 同上 番地	出生の年月日 明治30年 6 月 21 日
	本籍 岡山県和気郡〇〇町〇〇195番地	署押名印 小橋大二郎 ㊞小橋
	住所 同上 番地	出生の年月日 明治32年 7 月 10 日

一、文字は正確に記載し数字はアラビア数字を用いること。

二、不動文字の頭にアラビア数字のあるものは該当の数字だけを丸で囲むこと。

三、住所はすべて住民登録をしてある住所を記載すること。

四、配偶者の直系卑属以外の未成年者を養子とする場合には、家庭裁判所の許可を得てその許可書の謄本を添え届けること。

五、養子となる者が一五才未満のときは代つて縁組の承諾をする者（四欄に記載すること。

六、夫婦で養子縁組する場合のほか、この届書用紙で同時に二名以上の者を養子とすることはできない。

七、養親について新戸籍が編製されその戸籍に随従する養親の子の住所は（四欄に記載すること。

八、その他記載を必要とする事項で該当欄のないものはすべて（四欄に記載すること。

(2) 菊と竹子の養子縁組届

　この養子縁組届の様式等は，(1)と同様です。

（縁）	養子縁組届 倉敷 ⑪町区村 長 ○○○○ 殿 昭和 31 年 5 月 5 日届出			受附	受理 昭和31年 5月5日 第 322 号 送付 昭和 年 月 日 第 号	昭和 年 月 日発送 長 印	戸籍記載 / 住民票更正

		本籍又は国籍	岡山県倉敷市○○551 番地		筆頭者の氏名	中畑一馬	附票記載事項通知 / 住所地通知
(一)	養親	氏名	養父		養母	中畑 菊	
		出生の年月日		年 月 日		昭和 3 年 2 月 1 日	

		本籍又は国籍	岡山県倉敷市○○551 番地		筆頭者の氏名	中畑一馬	
(二)	養子	氏名	養子		養女	中畑竹子	
		出生の年月日		年 月 日		昭和 26 年 12 月 5 日	
		父母の氏名及び父母との続柄	父 / 母	続柄		父 中畑一馬 続柄 長女 母 乙野貞子	

			原因	1. 養親となる者が戸籍の筆頭者及びその配偶者でないため 2. 養子となる者に配偶者があるため	新戸籍編製	
(三)	この縁組届により養親又は養子につき新戸籍を編製するときはその原因及び新戸籍の表示	新本籍	養親 番地	筆頭者の氏名	
			養子 番地	筆頭者の氏名	

(四)	その他の事項	

(五)	届出人	養父	住所 番地	署押名印	印	
		養母	住所 岡山県倉敷市○○551 番地	署押名印	中畑 菊 ⑪	
		養子	住所 番地	署押名印	印	
		養女	住所 番地	署押名印	印	
	養子が十五才未満につき代つて縁組の承諾をする者	本籍	岡山県倉敷市○○551 番地	筆頭者の氏名	中畑一馬	
		住所	同上 番地	署押名印	中畑一馬 ⑪	
		縁組承諾者の資格	親権を行う ①父 2.母 3.養父 4.養母 5.後見人 6.特別代理人	出生年月日	大正13年 8月17日	
		本籍	番地	筆頭者の氏名		
		住所	番地	署押名印	印	
		縁組承諾者の資格	親権を行う（1.父 2.母 3.養父 4.養母）	出生年月日	年 月 日	

(六)	証人	本籍	岡山県倉敷市○○551 番地	署押名印	中畑忠吉 ⑪	出生の年月日 明治30年 6月21日
		住所	同上 番地			
		本籍	岡山県和気郡○○町○○195 番地	署押名印	小橋大二郎 ⑪	出生の年月日 明治32年 7月10日
		住所	同上 番地			

（右側注記）

一、文字は正確に記載し数字はアラビア数字を用いること。
二、不動文字の頭にアラビア数字のあるものは該当の数字だけを丸で囲むこと。
三、住所はすべて住民登録をしてある住所を記載すること。
四、自己又は配偶者の直系卑属以外の未成年者を養子とする場合には、家庭裁判所の許可を得てその許可書の謄本を添えて届けること。
五、養子となる者が一五才未満のときは代つて縁組の承諾をす

六、養親についての用紙が（四欄に記載する事項で該当欄のないものはすべて

七、養子について新戸籍が編製されその戸籍に随従する養親の子の住所は（四欄に記載すること。

八、夫婦で養子縁組する場合のほか、この届書用紙で同時に二名以上の用紙となり又は二名以上を養子とする届出をする者が届出人となり養子の住所は（四欄に記載すること。

⑶　菊と松雄及び竹子との養子縁組の届出による戸籍

養子が15歳未満の場合は，その法定代理人が縁組の承諾をするとされています（民797条）。

養子縁組の届出による戸籍の記載は，養親及び養子の双方の身分事項欄にされます（戸13条，戸規35条３号）。旧法当時は，養子の身分事項欄のみに記載をし，養親については記載されませんでしたが，これは，縁組により養子は養親の戸籍に入るため，一方のみに記載すれば養親子関係が判明するためでした。新法は，家督相続制度を廃止して，配偶者及び子の均分相続制にしたことから，法定相続人の発見を容易にするため，認知の場合は，認知者に認知事項を記載するのと同趣旨で，養親についても，縁組事項を記載することとされました（成毛鐵二著「新版　戸籍の実務とその理論」521頁）。

菊と松雄及び竹子との同籍内の養子縁組並びに養子が父と養母の共同親権の記載をした戸籍

本籍	岡山県倉敷市○○五百五十一番地
氏名	中畑一馬
	編製事項（省略）

身分事項	出生事項（省略） 婚姻事項（省略） 離婚事項（省略） 婚姻事項（省略）
父	中畑忠吉
母	駒子
続柄	長男
夫	一馬
出生	大正拾参年八月拾七日

身分事項	出生事項（省略） 婚姻事項（省略） 離婚事項（省略）
父	乙野孝助
母	松子
続柄	長女
妻	貞子
出生	昭和弐年四月弐拾五日

身分事項	出生事項（省略） 親権事項（省略） 同籍中畑菊の養子となる縁組養母及び縁組承諾者親権を行う父中畑一馬届出昭和参拾壱年五月五日受附㊞ 昭和参拾壱年五月五日中畑菊との養子縁組により父と養母の共同親権に服するに至る同日記載㊞
父	中畑一馬
母	貞子
続柄	長男
養母	中畑菊
続柄	養子
名	松雄
出生	昭和弐拾四年四月壱日

1

（２葉目）

出生事項（省略）
親権事項（省略）
同籍中畑菊の養子となる縁組養母及び縁組承諾者親権を行う父中畑一馬届出昭和参拾壱年五月五日受附㊞
昭和参拾壱年五月五日中畑菊との養子縁組により父と養母の共同親権に服するに至る同日記載㊞

父　中畑一馬
母　中畑貞子
長女
養母　中畑菊
養女
竹子
生出　昭和弐拾六年弐月五日

出生事項（省略）
婚姻事項（省略）
昭和参拾壱年五月五日同籍中畑松雄を養子とする縁組届出㊞
昭和参拾壱年五月五日同籍中畑竹子を養子とする縁組届出㊞

父　小橋大二郎
母　とみゑ
二女
妻　菊
生出　昭和参年弐月壱日

出生事項（省略）
入籍事項（省略）

父　中畑一馬
母　菊
長女
梅子
生出　昭和弐拾弐年参月弐拾九日

父
母
生出

中畑一馬　2

梅子の戸籍年表②

婚　姻

昭和45年７月12日	梅子は井上信治と夫の氏の婚姻届出，井上信治筆頭の新戸籍編製。

離婚・出産・子の入籍

昭和55年８月１日	梅子は井上信治と協議離婚届出。中畑一馬戸籍に復籍。
昭和56年３月１日	井上信治と離婚後300日以内に，信治と梅子との嫡出子出生。
昭和56年３月10日	子に「信太郎」と名付け，母梅子が出生届出。信太郎は父母離婚当時の戸籍（井上信治戸籍）に入籍。親権者は母である。
昭和56年３月29日	信太郎は，家庭裁判所の許可を得て，母梅子の戸籍に入籍届出（子の入籍により母につき新戸籍編製）。

子の縁組

昭和58年３月12日	信太郎は，家庭裁判所の許可を得て叔父中畑松雄，同人妻桜子夫婦の養子となる縁組届出。信太郎は養親中畑松雄戸籍に入籍。

失意と出会い

昭和63年８月15日	中畑梅子は家庭裁判所の許可を得て，氏を「小橋」に変更。
平成元年１月15日	小橋梅子と佐武銀次は妻の氏の婚姻届出。銀次は中畑梅子筆頭の戸籍に入籍。

8　梅子は井上信治と婚姻

⑴　梅子と井上信治の婚姻の届出

　婚姻の届出様式は，6で述べたとおり法定されています（戸28条）。この規定を受けて，同法施行規則59条において，婚姻の届書は附録12号様式とされています。

　この様式は，その時々の情勢により変更されることがありますが，昭和42年においては法務省令41号により，同規則の一部が改正され（昭和43.1.1施行），出生，婚姻，離婚及び死亡の各届書の様式並びに届書の記載事項に関する同規則55条から58条までの規定の一部が改められました。また，各届書の様式については，法定様式に事務処理欄及び注意事項をつけ加えることとした様式を通達において示し，効率的で利用しやすい点に配慮しているとされています（昭和42.8.5民事甲2124号通達）。本例の婚姻届は，この改正された様式によるものです。なお，法定様式以外の届書様式（標準様式といわれるもの。）については，昭和42年12月12日民事甲3533号通達で示されています（この標準様式が全届書に拡大し，さらに全面改正されたことについては，6において述べたとおりです。）。

婚　姻　届 昭和45年7月12日届出 　　　岩出町　長殿	受理　昭和45年7月12日　第432号		発送　昭和45年7月12日	
	送付　昭和45年7月15日　第976号		岩出町　長　印	
	書類調査　戸籍記載　記載調査　調査票　附　票　住民票　通　知			

	夫　に　な　る　人		妻　に　な　る　人	
氏　　　名	井　上　信　治		中　畑　梅　子	
生年月日	昭和20年5月1日		昭和22年3月29日	
住　　　所 （住民登録をしているところをかいてください）	和歌山県那賀郡岩出町 ○○561　番地5 番　号		左に同じ 番地 番　号	
	世帯主 の氏名　井　上　信　治		世帯主 の氏名　左に同じ	
本　　　籍 （外国人のときは国籍だけをかいてください）	和歌山市○○ 15　番地		岡山県倉敷市○○ 551　番地	
	筆頭者 の氏名　井　上　五兵衛		筆頭者 の氏名　中　畑　一　馬	
父母の氏名 父母との続き柄 （養父母についてはその他の欄にかいてください）	父　井　上　五兵衛	続き柄	父　中　畑　一　馬	続き柄
	母　　　　志津代	長男	母　　　　　菊	長女
婚姻後の夫婦の 氏・新しい本籍	☑夫の氏 □妻の氏	新本籍（左の☑の氏の人がすでに戸籍の筆頭者となっているときはかかないでください） 和歌山県那賀郡岩出町○○561　番地5		
同居を始めた とき	昭和45年5月	（結婚式をあげたとき　または　同居を始めたときのうち早いほうをかいてください）		
初婚・再婚の別	☑初婚　再婚　□死別　年　月　日 □離別		☑初婚　再婚　□死別　年　月　日 □離別	
同居を始める 前の夫婦のそれ ぞれの世帯の おもな仕事と	夫□ 妻□ 1．農業だけをしている世帯			
	夫□ 妻☑ 2．農業とその他の仕事を持っている世帯			
	夫□ 妻□ 3．店や事務所を持って，自由業・商工業・サービス業などを個人で経営している世帯			
	夫☑ 妻□ 4．管理・事務・教員・販売・外交・医療保健技術者など 出年門学校卒業　（臨時・日）などの勤労者世帯 以上の技術者 雇は6			
	夫□ 妻□ 5．4にあてはまらない勤労者世帯（臨時・日雇は4）			
	夫□ 妻□ 6．その他の世帯			
夫妻の職業	（国勢調査の年…　年…の4月1日から翌年3月31日までに届出をするときだけ書いてください）			
	夫の職業		妻の職業	
その他				
届出人 署名押印	夫　井　上　信　治　(井上印)		妻　中　畑　梅　子　(中畑印)	
事件簿番号				

※届書を見やすくするため，ここでは様式中の証人欄を省略しています。

⑵ 婚姻の届出による戸籍

従来，婚姻の記載例は，夫と妻で相違がありましたが，昭和45年法務省令８号をもって，戸籍法施行規則の一部が改正されました（昭和45．７．１施行）。改正後の記載例では，夫と妻の記載例が同一となり，事件発生日（婚姻日）を冒頭に記載することになりました。

また，婚姻による新戸籍編製の戸籍事項欄においては，改正前は「夫婦につき本戸籍編製」とした字句のうち「夫婦につき」は省略されることになりました。

妻中畑梅子の従前戸籍

本籍	岡山県倉敷市○○五百五十一番地
氏名	中畑一馬

身分事項	父母・続柄	名	生出
出生事項（省略） 親権事項（省略） 縁組事項（省略） 親権事項（省略）	父 中畑一馬 母 貞子 長女 養母 中畑菊 養女	竹子	昭和弐拾六年拾弐月五日
出生事項（省略） 婚姻事項（省略） 縁組事項（省略） 縁組事項（省略）	父 小橋大二郎 母 とみゑ 二女	妻 菊	昭和参年弐月壱日
出生事項（省略） 入籍事項（省略） 昭和四拾五年七月拾弐日井上信治と婚姻届出同月拾五日和歌山県那賀郡岩出町長から送付同町○○五百六十一番地五に夫の氏の新戸籍編製につき除籍㊞	父 中畑一馬 母 菊 長女	梅子（×）	昭和弐拾弐年参月弐拾九日

(3)　夫井上信治の従前戸籍

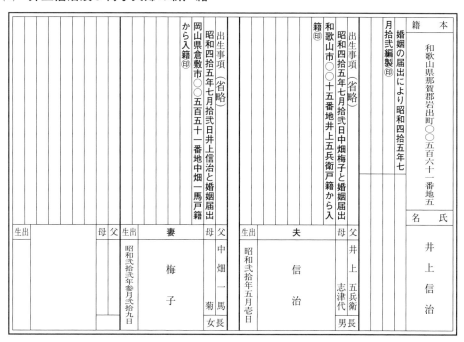

欄	内容
本籍	和歌山市○○十五番地
氏名	井上五兵衛
編製事項	編製事項（省略）

	夫	妻	（除籍）
身分事項	出生事項（省略） 婚姻事項（省略）	出生事項（省略） 婚姻事項（省略）	出生事項（省略） 昭和四拾五年七月拾弐日中畑梅子と婚姻届出同月拾五日和歌山県那賀郡岩出町長から送付同町○○五百六十一番地五に夫の氏の新戸籍編製につき除籍㊞
父	（省略）	（省略）	井上五兵衛
母	（省略）	（省略）	志津代
続柄	二男	三女	長男
名	五兵衛	志津代	信治（斜線で抹消）
出生	（省略）	（省略）	昭和弐拾年五月壱日

(4)　井上信治及び梅子夫婦の新戸籍

欄	内容
本籍	和歌山県那賀郡岩出町○○五百六十一番地五
氏名	井上信治
編製事項	婚姻の届出により昭和四拾五年七月拾弐日編製㊞

	夫	妻	
身分事項	出生事項（省略） 昭和四拾五年七月拾弐日中畑梅子と婚姻届出和歌山市○○十五番地井上五兵衛戸籍から入籍㊞	出生事項（省略） 昭和四拾五年七月拾弐日井上信治と婚姻届出岡山県倉敷市○○五百五十一番地中畑一馬戸籍から入籍㊞	
父	井上五兵衛	中畑一馬	
母	志津代	菊	
続柄	長男	長女	
名	信治	梅子	
出生	昭和弐拾年五月壱日	昭和弐拾弐年参月弐拾九日	

9 梅子は信治と離婚（復籍）

(1) 梅子と信治の協議離婚の届出

　出生，婚姻，離婚及び死亡の法定様式は，その後数次にわたり改められましたが，婚姻届及び離婚届については，届出人の署名押印欄に「夫」「妻」と明示されることになっています（昭和44年法務省令12号による戸籍法施行規則の一部改正・昭和44.4.1施行）。本例の離婚届は，この様式によるものです。

離　婚　届 昭和55年8月1日届出 和歌山市　　長殿	受理 昭和55年8月1日 第 1250 号	発送 昭和55年8月1日 第 1178 号 和歌山市　長㊞
	送付 昭和55年8月3日	
	書類調査 戸籍記載 記載調査 調査票 附票 住民票 通知	

氏　　　名 生 年 月 日	夫 井 上 信 治 昭和 20 年 5 月 1 日	妻 井 上 梅 子 昭和 22 年 3 月 29 日
住　　　所 （住民登録をしているところ）	和歌山県那賀郡岩出町 ○○561 番地5 番号 世帯主の氏名 井 上 信 治	和歌山市○○ 56 番地2 番号 世帯主の氏名 井 上 梅 子
本　　　籍 （外国人のときは国籍だけをかいてください）	和歌山県那賀郡岩出町○○561 番地5 筆頭者の氏名 井 上 信 治	
父母の氏名 父母との続き柄 （養父母についてはその他の欄にかいてください）	夫の父 井 上 五兵衛 続き柄 長男 母 志津代	妻の父 中 畑 一 馬 続き柄 長女 母 菊
離婚の種別	☑協議離婚 □調停　　年　月　日成立	□審判　　年　月　日確定 □判決　　年　月　日確定
婚姻前の氏にもどる者の本籍	□夫 は ☑もとの戸籍にもどる ☑妻 □新しい戸籍をつくる 岡山県倉敷市○○ 551 番地	筆頭者の氏名 中 畑 一 馬
未成年の子の氏　　　名	夫が親権を行なう子	妻が親権を行なう子
同 居 の 期 間	昭和 45 年 5 月 から （同居を始めたとき）	昭和 55 年 7 月 まで （別居したとき）
別居する前の住　　　所	和歌山県那賀郡岩出町○○561 番地5 番号	
別居する前の世帯のおもな仕事と	□1．農業だけをしている世帯 □2．農業とその他の仕事を持っている世帯 □3．店や事務所を持って，自由業・商工業・サービス業などを個人で経営している世帯 ☑4．管理・事務・教員・販売・外交・医療保健技術者・（旧専門学校卒業以上の技術者）などの勤労者世帯（臨時・日雇は6） □5．4にあてはまらない勤労者世帯（臨時・日雇は6） □6．その他の世帯	
夫妻の職業	（国勢調査の年… 　年…の4月1日から翌年3月31日までに届出をするときだけかいてください） 夫の職業	妻の職業
そ の 他		
届 出 人 署 名 押 印	夫 井 上 信 治 ㊞	妻 井 上 梅 子 ㊞
事 件 簿 番 号		

　※届書を見やすくするため，ここでは様式中の証人欄を省略しています。

10 長男信太郎出生（離婚後300日以内の出生子）

⑴ 長男信太郎の出生の届出（離婚後300日以内の出生子）

　出生，婚姻，離婚及び死亡の法定様式は，その後数次にわたり改められましたが，出生届については，事件本人の氏名欄の上部に「読み方欄」を設け，届書欄外の便宜な個所に，この趣旨と筆頭者の氏名の記載についての注意事項を，あらかじめ印刷することは差し支えないとされました（昭和47.2.14民事甲905号通達）。本例の出生届は，この様式によるものです。

出　生　届 昭和56年3月10日 届出 和歌山市　長殿	受理 昭和56年3月10日 第　　731　　号	発送 昭和56年3月10日
	送付 昭和56年3月12日 第　　1234　　号	和歌山市　長 ㊞
	書類調査　戸籍記載　記載調査　調査票附　票住民票通　知	

		（よみかた） 子 の 氏 名	いのうえ　しんたろう 井　上　信太郎	父母との 続き柄	☑嫡　出　子　　長　☑男 □女 □嫡出でない子　（□男　□女）
1)	生まれた子				
2)		生まれたとき	昭和56年3月1日		☑午前 □午後　0 時 15 分
3)		生まれたところ	和歌山市本町四丁目	35	番地 番　　　号
4)		住　所 （住民登録をする ところ）	和歌山市○○	56	番地 2 番　　号
		世帯主 の氏名　中 畑 梅 子		世帯主と の続柄　子	
5)	生まれた子の父と母	父母の氏名 生年月日 （子が生まれたと きの年齢）	父 井 上 信 治	母 中 畑 梅 子	
			昭和20年5月1日(満35歳)	昭和22年3月29日(満33歳)	
6)		本　籍 （外国人のときは 国籍だけをかい てください）	和歌山県那賀郡岩出町○○	561	番地 5
		筆頭者 の氏名　井 上 信 治			
7)		同居を始めた とき	昭和45年5月	（結婚式をあげたとき　または　同居を始め たときのうち早いほうをかいてください）	
8)		子が生まれた ときの世帯の おもな仕事と	□1．農業だけをしている世帯 □2．農業とその他の仕事を持っている世帯 □3．店や事務所を持って，自由業・商工業・サービス業などを個人で経営している世帯 ☑4．管理・事務・教員・販売・外交・医療保健技術者・（旧専門学校卒業以上の技術 者）などの勤労者世帯（臨時・日雇は6） □5．4にあてはまらない勤労者世帯（臨時・日雇は6） □6．その他の世帯		
9)		父母の職業	（国勢調査の年…　年…の4月1日から翌年3月31日までに子が生まれたときだけかいてください） 父の職業	母の職業	
	その他	父母離婚年月日「昭和55年8月1日」 親権者は母である。			
	届出人		□1父　☑2母　□3同居者　□4医師　□5助産婦　□6その他の立会者		
		住　所 和歌山市○○		56	番地 2 番　　号
		本　籍 岡山県倉敷市○○	551	番地 筆頭者 の氏名 中 畑 一 馬	
		署名 中 畑 梅 子　㊞(中畑)　昭和22年3月29日生			
		事 件 簿 番 号			

　※届書を見やすくするため，ここでは様式中の出生証明書及び 記入の注意 を省略しています。

(2) 井上信治と梅子の離婚の届出による戸籍

　昭和45年法務省令8号による戸籍法施行規則の一部改正に伴う記載例の改正においては，離婚の際の実方戸籍への入籍は，改正前は，単に「復籍」と記載していましたが，これを「○○戸籍から入籍」と記載することに改められ，復籍先及び入籍先が明確化されました。その後昭和54年法務省令40号による同規則の一部改正では，離婚の記載例についても，いくつかの変更がありましたが，離婚復籍する場合の記載例には変更がありません。

(3) 信太郎の出生の届出による戸籍

　離婚後300日以内の出生子については，出生の届出によって，父母の離婚の際における氏を称し（民790条1項ただし書），父母離婚当時の戸籍に入ります。出生後の子の親権は母が行使します（民819条3項）。昭和54年12月1日前の記載例では，離婚後300日以内の出生子については，出生事項の次行に記載する親権事項は「親権者母中畑梅子」と母の氏名を記載していましたが，昭和54年12月1日以降の記載からは，母の氏名を省略し，「親権者母」と記載すれば足りるとされました。

井上梅子と井上信治の協議離婚及び離婚後300日以内に出生した長男信太郎の戸籍

本籍			
和歌山県那賀郡岩出町○○五百六十一番地五			
編製事項（省略）			氏名　井上信治

（夫）
- 出生事項（省略）
- 婚姻事項（省略）
- 昭和五拾五年八月壱日妻梅子と協議離婚届出
- 同月参日和歌山市長から送付㊞
- 父　井上五兵衛　母　志津代　長男
- 昭和弐拾年五月壱日出生　信治（未）

（妻）
- 出生事項（省略）
- 婚姻事項（省略）
- 昭和五拾五年八月壱日夫信治と協議離婚届出
- 同月参日和歌山市長から送付岡山県倉敷市○○五百五十一番地中畑一馬戸籍に入籍につき除籍㊞
- 父　中畑一馬　母　菊　長女
- 昭和弐拾弐年参月拾九日出生　妻　梅子

（子）
- 親権者母㊞
- 昭和五拾六年参月壱日和歌山市で出生同月拾日母届出同月拾弐日同市長から送付入籍㊞
- 父　井上信治　母　中畑梅子　長男
- 昭和五拾六年参月壱日出生　信太郎

(4)　井上梅子が井上信治と協議離婚により婚姻前の戸籍に復籍した戸籍

本籍　岡山県倉敷市○○五百五十一番地

氏名　中畑一馬

出生事項（省略）
親権事項（省略）
縁組事項（省略）
親権事項（省略）
婚姻事項（省略）

父	中畑一馬
母	貞子
続柄	長女
養母	中畑菊
続柄	養女
名	竹子
出生	昭和弐拾六年拾弐月五日

出生事項（省略）
婚姻事項（省略）
縁組事項（省略）
縁組事項（省略）

父	小橋大二郎
母	とみゑ
続柄	二女
妻	菊
出生	昭和参年弐月壱日

出生事項（省略）
入籍事項（省略）
婚姻事項（省略）

父	中畑一馬
母	菊
続柄	長女
名	梅子
出生	昭和弐拾弐年参月弐拾九日

出生事項（省略）
昭和五拾五年八月壱日井上信治と協議離婚届出同月参日和歌山市長から送付和歌山県那賀郡岩出町○○五百六十一番地五井上信治戸籍から入籍㊞

父	中畑一馬
母	菊
続柄	長女
名	梅子
出生	昭和弐拾弐年参月弐拾九日

11 信太郎は梅子の戸籍に入籍

(1) 信太郎が母梅子の戸籍に入籍の届出

　この入籍届は，昭和49年11月25日民二6060号通達で示された標準様式に基づいて作成したものです。この入籍届には，家庭裁判所の許可（民791条1項）が必要です。

入　籍　届 昭和56年 3 月 29 日　届出 和歌山市　　　　長殿	受理　昭和56年 3 月29日 第　　　807　　　号		発送　昭和56年 3 月29日	
	送付　昭和56年 3 月31日 第　　　245　　　号		和歌山市　　　長 印	
	書類調査 ｜ 戸籍記載 ｜ 記載調査 ｜ 附　票 ｜ 住民票 ｜ 通　知			

入籍する人の氏名	井　上　信太郎　　　　　昭和56 年 3 月 1 日生	
住　所 （住民登録をしているところ）	和歌山市○○　　　　　　56　番地 2 号番	
	世帯主の氏名　中 畑 梅 子	
本　　籍	和歌山県那賀郡岩出町○○　　　　561　番地 5 番	
	筆頭者の氏名　井 上 信 治	
称 す る 氏	☐父の氏　　　☑母の氏　　　☐父母の氏 ☐養父の氏　　☐養母の氏　　☐養父母の氏 ☐従前の氏（従前の氏に改めた年月日　　　　年　　　月　　　日）	
入籍する戸籍または新しい本籍	☐すでにある戸籍にはいる　☑父または母の新戸籍にはいる　☐新しい戸籍をつくる	
	和歌山市○○　　56　番地 2 番　筆頭者の氏名　中 畑 梅 子	
父母の氏名 父母との続き柄	父　井 上 信 治 母　中 畑 梅 子	続 き 柄 長　☑男 　　☐女
その他	母の従前の戸籍「岡山県倉敷市○○551番地　中畑一馬」 添付書類　子の氏変更許可審判書謄本	
届出人署名押印	印	

届　　出　　人 （入籍する人が十五歳未満のときにかいてください）		親権者（☐父 ☐養父）☐後見人	親権者（☑母 ☐養母）
本　　籍			岡山県倉敷市○○
	番地 番　筆頭者の氏名		551 番地 番　筆頭者の氏名 中畑一馬
住　　所			和歌山市○○
	番地 番　　号		56 番地 2 号番
署名押印		印	中 畑 梅 子 ㊞中畑
生年月日		年　月　日	昭和22 年 3 月 29 日

⑵　信太郎が入籍した母の戸籍

母梅子は，離婚後，父母の戸籍に復籍しているから，子の入籍届によって，新戸籍を編製し（戸17条），同戸籍に子信太郎を入籍させます。

⑶　子信太郎の入籍届により新戸籍編製する母梅子の従前戸籍

本籍	岡山県倉敷市○○五百五十一番地
氏名	中畑一馬

身分事項	出生事項（省略） 親権事項（省略） 縁組事項（省略） 親権事項（省略） 婚姻事項（省略）	出生事項（省略） 婚姻事項（省略） 縁組事項（省略） 縁組事項（省略）	出生事項（省略） 入籍事項（省略） 婚姻事項（省略）	出生事項（省略） 離婚事項（省略） 昭和五拾六年参月弐拾九日子の入籍届出同月参拾壱日和歌山市長から送付同市○○五十六番地二に新戸籍編製につき除籍㊞
父	中畑一馬	小橋大二郎	中畑一馬	中畑一馬
母	貞子	とみゑ	菊	菊
養母	中畑菊			
続柄	長女・養女	二女	長女	長女
名	竹子（×印で抹消）	妻　菊	梅子（×印で抹消）	梅子（×印で抹消）
出生	昭和拾六年拾弐月五日	昭和参年弐月壱日	昭和弐拾弐年参月弐拾九日	昭和弐拾弐年参月弐拾九日

(4) 母の氏を称する入籍届により除籍された信太郎の従前戸籍

本籍	和歌山県那賀郡岩出町〇〇五百六十一番地五
氏名	井上信治
	編製事項（省略）
身分事項	出生事項（省略） 婚姻事項（省略） 離婚事項（省略）
父	井上五兵衛
母	志津代
続柄	長男
	夫 信治
出生	昭和弐拾年五月壱日
身分事項	出生事項（省略） 婚姻事項（省略） 離婚事項（省略）
父	中畑一馬
母	菊
続柄	長女
	妻 梅子
出生	昭和弐拾弐年参月弐拾九日
身分事項	昭和五拾六年参月壱日和歌山市で出生同月拾日母届出同月拾弐日同市長から送付入籍㊞ 親権者母㊞ **昭和五拾六年参月弐拾九日母の氏を称する入籍親権者母届出同月参拾壱日和歌山市長から送付同市〇〇五十六番地二中畑梅子戸籍に入籍につき除籍㊞**
父	井上信治
母	中畑梅子
続柄	長男
	信太郎
出生	昭和五拾六年参月壱日

(5) 子信太郎の入籍届により母梅子につき新戸籍編製がされた戸籍

本籍	和歌山市〇〇五十六番地二
氏名	中畑梅子
	昭和五拾六年参月弐拾九日編製㊞
身分事項	出生事項（省略） **子の入籍届出昭和五拾六年参月弐拾九日岡山県倉敷市〇〇五百五十一番地中畑一馬戸籍から入籍㊞**
父	中畑一馬
母	菊
続柄	長女
	梅子
出生	昭和弐拾弐年参月弐拾九日
身分事項	昭和五拾六年参月壱日和歌山市で出生同月拾日母届出同月拾弐日同市長から送付入籍㊞ 親権者母㊞ **昭和五拾六年参月弐拾九日母の氏を称する入籍親権者母届出和歌山県那賀郡岩出町〇〇五百六十一番地五井上信治戸籍から入籍㊞**
父	井上信治
母	中畑梅子
続柄	長男
	信太郎
出生	昭和五拾六年参月壱日

12　信太郎は松雄夫婦の養子になる

⑴　信太郎が中畑松雄夫婦の養子となる縁組の届出

　この養子縁組届は，昭和42年8月5日民事甲2124号通達で示された標準様式に基づいて作成したものです。この養子縁組については，家庭裁判所の許可を要します（戸798条）。また，本例は，養子が15歳未満ですので，法定代理人（親権者母）が代諾し，届出をします（民797条，戸68条）。

養 子 縁 組 届		受理 昭和58年3月12日 第　765　号	発送 昭和58年3月12日	
昭和58年3月12日届出 和歌山市　　　　　長殿		送付 昭和58年3月15日 第　295　号	和歌山市　　長⑪	
		書類調査｜戸籍記載｜記載調査｜附　票｜住民票｜通　知		

		養　子　に　な　る　人			
氏　　名	養子　中畑　信太郎		養女		
生年月日	昭和56年3月1日		年　　月　　日		
住　　所 （住民登録をしているところ）	岡山県備前市○○　　　256　番地1番　号 世帯主の氏名　中畑　松雄				
本　　籍 （外国人のときは国籍だけをかいてください）	和歌山市○○　　　56　番地2 筆頭者の氏名　中畑　梅子				
父母の氏名 父母との続き柄	父　井上　信治　　続き柄 母　中畑　梅子　　長男		父 母		続き柄 女
入籍する戸籍または新しい本籍	☑養親の現在の戸籍に入る　□養子夫婦で新しい戸籍をつくる □養親の新しい戸籍に入る　□養子の戸籍に変動がない				
	岡山県備前市○○　　　256　　　番地1 筆頭者の氏名　中畑　松雄				
届出人署名押印	印		印		

		届　　出　　人 （養子になる人が十五歳未満のときにかいてください）			
	親権者（□父　□養父）　□後見人　□特別代理人		親権者（☑母　□養母）		
住　　所			和歌山市○○ 番地　56　番地2番　号		
本　　籍	番地　筆頭者の氏名		同　上 番地　筆頭者の氏名　中畑梅子		
署名押印	印		中畑　梅子　㊞中畑		
生年月日	年　　月　　日		昭和22年3月29日		

		養　親　に　な　る　人		
氏　　名	養父　中畑　松雄		養母　中畑　桜子	
生年月日	昭和24年4月1日		昭和25年10月8日	
住　　所 （住民登録をしているところ）	岡山県備前市○○　　　256　番地1番　号 世帯主の氏名　中畑　松雄			
本　　籍 （外国人のときは国籍だけをかいてください）	岡山県備前市○○　　　256　番地1 筆頭者の氏名　中畑　松雄			
その他	養子未成年につき家庭裁判所の許可を得て縁組をする。 添付書類　縁組許可の審判書謄本			
新しい本籍（養親になる人が戸籍の筆頭者およびその配偶者でないときは，ここに新しい本籍をかいてください） 　　　　　　　　　　　　　　　　　　　　　　　　　　　　　　番地				
届出人署名押印	養父　中畑　松雄　㊞中畑		養母　中畑　桜子　㊞中畑	

※届書を見やすくするため，ここでは様式を上下に分けて掲げ，証人欄及び|記入の注意|を省略しています。

257

(2) 信太郎が縁組により入籍した戸籍

　昭和58年3月12日梅子の長男信太郎と，叔父夫婦との養子縁組は，親権者母の代諾で縁組した旨記載されます。

信太郎が養子縁組の届出により除籍された従前戸籍

本籍	和歌山市○○五六番地二
編製事項	（省略）
氏名	中畑梅子

出生事項（省略）／子の入籍事項（省略）	父 中畑一馬　母 菊　長女　出生 昭和弐拾弐年参月弐拾九日　梅子
出生事項（省略）／入籍事項（省略）／親権事項（省略）／昭和五拾八年参月拾弐日中畑松雄同人妻桜子の養子となる縁組届出（代諾者親権者母）岡山県備前市○○二百五十六番地一中畑松雄戸籍に入籍につき除籍㊞	父 井上信治　母 中畑梅子　長男　出生 昭和五拾六年参月壱日　信太郎

(3) 信太郎が養子縁組により入籍した養親の戸籍

本籍	岡山県備前市○○二百五十六番地一
編製事項	（省略）
氏名	中畑松雄

出生事項（省略）／縁組事項（省略）／婚姻事項（省略）／昭和五拾八年参月拾弐日妻とともに中畑信太郎を養子とする縁組届出同月拾五日和歌山市長から送付㊞	父 中畑一馬　母 乙野貞子　養母　長男　夫　出生 昭和弐拾四年四月壱日　松雄
出生事項（省略）／婚姻事項（省略）／昭和五拾八年参月拾弐日夫とともに中畑信太郎を養子とする縁組届出同月拾五日和歌山市長から送付㊞	父（省略）　母（省略）　三女　妻　桜子
昭和五拾八年参月拾弐日中畑松雄同人妻桜子の養子となる縁組届出（代諾者親権者母）同市○○五十六番地二中畑梅子戸籍から入籍㊞	父 井上信治　母 中畑梅子　養父 中畑松雄　養母 中畑桜子　長男　養子　出生 昭和五拾六年参月壱日　信太郎

13　梅子は戸籍法107条1項の氏変更

(1)　梅子の氏変更の届出

　昭和59年11月1日民二5502号通達をもって，届書の標準様式が全面改正され，その後数次の改正がされています。この氏の変更届は，この標準様式によるものです。

氏の変更届（戸籍法107条1項の届）

| 受理 昭和63年8月15日　第1520号 | 発送 昭和63年8月15日 |
| 送付 昭和63年8月18日　第1124号 | 和歌山市　長㊞ |

昭和63年8月15日　届出
和歌山市　長殿

書類調査	戸籍記載	記載調査	附票	住民票	通知

| 本籍 | 和歌山市○○　56番地2 |
| | （変更前の氏名）筆頭者の氏名　中畑梅子 |

| （よみかた）氏 | 変更前　中畑 | 変更後　こばし　小橋 |

| 許可の審判 | 昭和63年8月12日確定 |

| | （名）筆頭者 梅子 | （住所…住民登録をしているところ）和歌山市○○ 56番地の2 | （世帯主の氏名）中畑梅子 |
| おなじ戸籍にある人 | 配偶者 | | |

その他
次の人の父母欄の氏を更正してください。
岡山県備前市○○256番地1　中畑松雄戸籍の信太郎
添付書類　氏変更許可の審判書謄本及び確定証明書

| 届出人署名押印（変更前の氏名） | 筆頭者　中畑梅子㊞ | 配偶者　印 |
| 生年月日 | 昭和22年3月29日 | 年月日 |

記入の注意　筆頭者の氏名欄には，戸籍のはじめに記載されている人の氏名を書いてください。
変更後の氏には，よみかたを書いてください。これは戸籍には記載されません。
住民票の処理上必要とするものです。

(2) 梅子の氏変更後の戸籍

昭和54年８月21日法務省令40号の記載例は「○年○月○日氏を「△△」と変更㊞」とされていましたが，昭和60年１月１日に記載例が変更され，「○年○月○日戸籍法百七条一項の氏変更届出㊞」となりました。これは変更後の記載例です。

梅子が氏変更をした戸籍

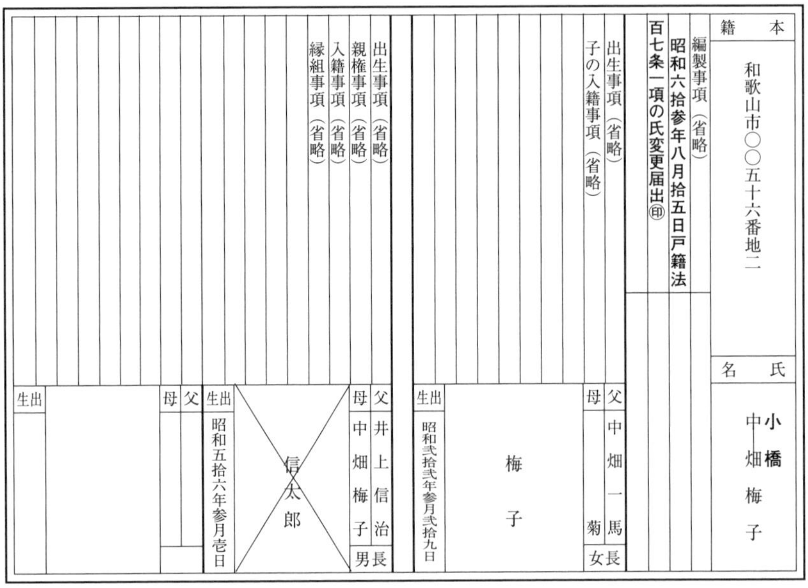
本籍　和歌山市〇〇五十六番地二
氏名　小橋梅子（中畑）
編製事項（省略）
昭和六拾参年八月拾五日戸籍法百七条一項の氏変更届出㊞
出生事項（省略）
子の入籍事項（省略）
父　中畑一馬
母　菊
長女
梅子
生出　昭和弐拾弐年参月弐拾九日
出生事項（省略）
親権事項（省略）
入籍事項（省略）
縁組事項（省略）
父　井上信治
母　中畑梅子
長男
信太郎
生出　昭和五拾六年参月壱日
父
母
生出

(3) 梅子の氏変更により別籍の長男信太郎の母欄の更正後の戸籍

戸籍を異にする子の父母欄の更正については，他の市区町村長から送付された場合でも，送付事項は記載をせず，送付日が更正の日になります。

母梅子の氏変更により別籍の長男信太郎の母欄を更正した戸籍

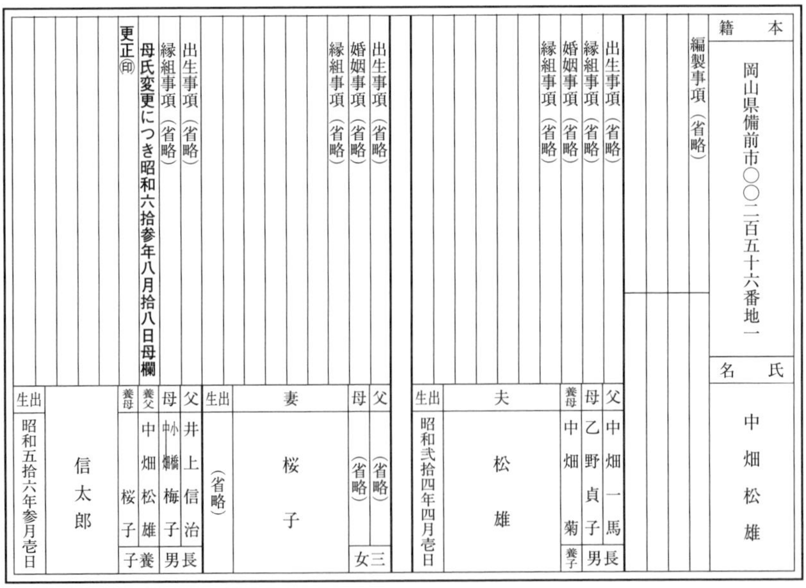
本籍　岡山県備前市〇〇二百五十六番地一
氏名　中畑松雄
編製事項（省略）
出生事項（省略）
縁組事項（省略）
婚姻事項（省略）
縁組事項（省略）
父　中畑一馬
母　乙野貞子
長男
養母　中畑菊
養子
夫　松雄
生出　昭和弐拾四年四月壱日
出生事項（省略）
婚姻事項（省略）
縁組事項（省略）
父（省略）
母（省略）
三女
妻　桜子
生出（省略）
出生事項（省略）
縁組事項（省略）
母氏変更につき昭和六拾参年八月拾八日母欄更正㊞
父　井上信治
母　小橋梅子（中畑）
長男
養父　中畑松雄
養母　桜子
養子
信太郎
生出　昭和五拾六年参月壱日

14　梅子は銀次と妻の氏の婚姻

(1)　梅子と佐武銀次との妻の氏の婚姻の届出

　昭和59年11月1日民二5502号通達をもって，届書の標準様式が全面改正され，その後数次の改正がされています。この婚姻届の様式は，その後一部改正（昭和62.10.1民二5002号通達）がされたものです。

婚　姻　届	受理　平成　元　年　1　月　15 日 第　　　62　　　号	発送　平成　　年　　月　　日	
平成　元　年　1　月　15 日届出	送付　平成　　年　　月　　日 第　　　　　号		長　印
和歌山市　　長殿	書類調査　戸籍記載　記載調査　調査票　附　票　住民票　通　知		

		夫　に　な　る　人	妻　に　な　る　人
(1)	氏　　　名	氏　　　　　名 佐　武　　銀　次	氏　　　　　名 小　橋　　梅　子
	生　年　月　日	昭和　29　年　9　月　15 日	昭和　22　年　3　月　29 日
(2)	住　　　所 (住民登録をして いるところを書 いてください)	和歌山市○○二丁目 3　番地 番　15 号 世帯主 の氏名　佐　武　銀　次	左に同じ 番地 番　　　号 世帯主 の氏名　左に同じ
(3)	本　　　籍 (外国人のときは 国籍だけを書い てください)	和歌山市○○ 一丁目　　　　4　番地 番 筆頭者 の氏名　佐　武　銀　次	和歌山市○○ 56　番地2 番 筆頭者 の氏名　小　橋　梅　子
	父母の氏名 父母との続き柄 (他の養父母は その他の欄に 書いてください)	父　佐　武　太　一　　続き柄 母　　　　　陽　子　　二男	父　中　畑　一　馬　　続き柄 母　　　　　菊　　　長女
(4)	婚姻後の夫婦の 氏・新しい本籍	☐夫の氏 ☑妻の氏	新本籍（左の☑の氏の人がすでに戸籍の筆頭者となっているときは書かないでください） 番地 番
(5)	同居を始めた とき	昭和　63　年　12　月	（結婚式をあげたとき，または，同居を始め たときのうち早いほうを書いてください）
(6)	初婚・再婚の別	☐初婚　再婚（☐死別 昭和 ☑離別 63 年 8 月13日）	☐初婚　再婚（☐死別 昭和 ☑離別 55 年 8 月 1 日）
(7)	同居を始める 前の夫婦のそれ ぞれの世帯の おもな仕事と	夫☐妻☐ 1．農業だけをしている世帯 夫☑妻☐ 2．農業とその他の仕事を持っている世帯 夫☐妻☑ 3．店や事務所を持って自由業・商工業・サービス業などを個人で経営している世帯 夫☐妻☐ 4．管理・事務・教員・販売・外交・医療保健技術者・旧専門学校卒業以上の技術者などの 　　　　　勤労者世帯（日々または1年未満の契約の雇用者は6） 夫☐妻☐ 5．4にあてはまらない勤労者世帯（日々または1年未満の契約の雇用者は6） 夫☐妻☐ 6．その他の世帯	
(8)	夫妻の職業	（国勢調査の年…　年…の4月1日から翌年3月31日までに届出をするときだけ書いてください） 夫の職業	妻の職業
	その他		
	届　出　人 署　名　押　印	夫　佐　武　銀　次　㊞	妻　小　橋　梅　子　㊞
	事　件　簿　番　号		

※届書を見やすくするため，ここでは様式中の証人欄及び 記入の注意 を省略しています。

(2) 小橋梅子と佐武銀次婚姻の届出による戸籍

　妻小橋梅子の氏を称する婚姻であり，また，梅子は筆頭者であるため，同戸籍に夫の銀次は入籍します。

夫佐武銀次の婚姻前の戸籍

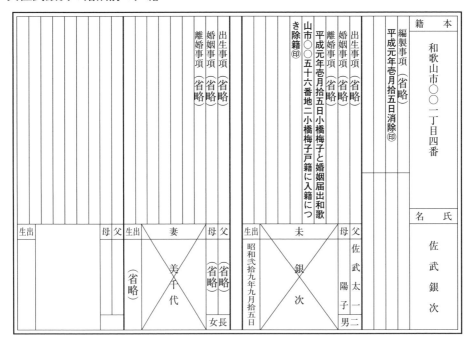

婚姻後の夫婦の戸籍

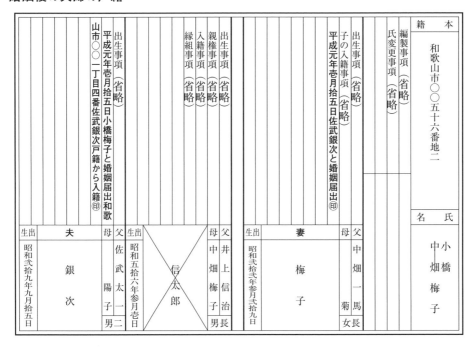

戸籍のコンピュータ改製

　平成6年法律67号をもって戸籍法の一部が改正され，戸籍事務の全部又は一部を電子情報処理組織によって取り扱うことができることになりました（同法118条1項）。これにより，同法に「第六章　電子情報処理組織による戸籍事務の取扱いに関する特例」として，118条から120条が新設され，また，平成6年法務省令51号をもって同法施行規則に68条から79条が新設されました。その後，平成14年法務省令59号をもって，同規則に68条が新設され（これにより，平成6年法務省令51号新設の68条は68条の2へ変更。），市区町村長は電子情報処理組織による取扱いの努力目標が定められ，いわゆる戸籍のコンピュータ化が推進されています。さらに，平成16年法務省令28号をもって同規則に「第四章の二　電子情報処理組織による届出又は申請等の特例」（79条の2から79条の9）が新設され，コンピュータ化された戸籍の活用がすすめられています。なお，コンピュータ化に伴う戸籍の記録（記載）については，平成6年法務省令51号（平成6.12.1施行）により，「コンピュータシステムによる記録事項証明書記載例」（法定記載例）が示され，参考記載例は，平成6年11月16日民二7000号通達をもって示され，その後数次の改正がされています。

梅子の戸籍年表③

夫失踪
平成2年2月3日　夫銀次行方不明。

-------------- 平成12年2月20日　戸籍のコンピュータ改製。--------------

平成12年8月20日　梅子は夫銀次の失踪届出。死亡とみなされた日「平成9年2月3日」。

夫帰る
平成20年5月15日　夫銀次の失踪宣告取消し審判確定。翌16日に届出。

夫死亡
平成20年7月1日　夫銀次死亡。翌2日に妻梅子が死亡届出。

最期の日
令和6年1月3日　梅子死亡。1月6日に家主が死亡届出。

（注）　和歌山市が実際に戸籍のコンピュータ改製を行ったのは平成18年5月20日ですが，物語の構成のため異なる設定としています。

小橋梅子同人夫銀次夫婦のコンピュータ化による改製後の戸籍

（1の1）　全部事項証明

本　　籍	和歌山市○○56番地2
氏　　名	小橋　梅子

戸籍事項 　戸籍改製 　氏の変更	【改製日】平成12年2月20日 【改製事由】平成6年法務省令第51号附則第2条第1項 　　　　　による改製 【氏変更日】昭和63年8月15日 【氏変更の事由】戸籍法107条1項の届出
戸籍に記録されている者	【名】梅子 【生年月日】昭和22年3月29日　【配偶者区分】妻 【父】中畑一馬 【母】中畑菊 【続柄】長女
身分事項 　出　　生 　婚　　姻	【出生日】昭和22年3月29日 【出生地】岡山県備前市 【届出日】昭和22年4月5日 【届出人】母 【婚姻日】平成元年1月15日 【配偶者氏名】佐武銀次
戸籍に記録されている者	【名】銀次 【生年月日】昭和29年9月15日　【配偶者区分】夫 【父】佐武太一 【母】佐武陽子 【続柄】二男
身分事項 　出　　生 　婚　　姻	【出生日】昭和29年9月15日 【出生地】和歌山市 【届出日】昭和29年9月25日 【届出人】父 【婚姻日】平成元年1月15日 【配偶者氏名】小橋梅子 【従前戸籍】和歌山市○○一丁目4番　佐武銀次
	以下余白

発行番号

15　銀次失踪

⑴　夫銀次失踪の届出

　昭和59年11月1日民二5502号通達をもって，届書の標準様式が全面改正され，その後数次の改正がされています。この失踪届の様式は，届出当時のものです。

失　踪　届

平成12年　8　月　20日届出

　　和歌山市　　長殿

受理	平成 12 年 8 月 20 日	発送	平成　　年　　月　　日
第	8345 号		長　印
送付	平成　　年　　月　　日		
第	号		
書類調査	戸籍記載	記載調査	附　票	住民票	通　知

（よみかた）失踪した人の氏　　　　名	こ　ばし　氏　小　橋	ぎん　じ　名　銀　次	昭和29年　9　月　15日生

| 最後の住所 | 和歌山市○○一丁目4　　番地 15 号番 | | |
| | 世帯主の氏名　小　橋　梅　子 | | |

| 本　　籍 | 和歌山市○○　　　　56　番地 2番 | | |
| | 筆頭者の氏名　小　橋　梅　子 | | |

| 死亡とみなされる年月日 | 平成　9　年　2　月　3　日 |
| 審判確定の年　月　日 | 平成　12　年　8　月　18　日 |

その他	添付書類　審判書謄本及び確定証明書

届出人	□夫　☑妻　□父　□母　□その他（　　　　）			
	住所	和歌山市○○一丁目4　　番地 15 号番		
	本籍	和歌山市○○　56　番地 2番	筆頭者の氏名　小　橋　梅　子	
	署名　小　橋　梅　子　㊞小橋	昭和 22 年 3 月 29 日生		

(2)　失踪の届出による戸籍

　失踪宣告の裁判が確定すると，事件本人の身分事項欄に「死亡とみなされる日」及び「裁判確定の日」等が記載されます。また，配偶者の身分事項欄に婚姻解消事項（配偶者の死亡とみなされる日）が記載されます（法定記載例133・134）。

（1の1）　全部事項証明

本　　籍	和歌山市○○56番地2
氏　　名	小橋　梅子

戸籍事項	
戸籍改製	【改製日】平成12年2月20日 【改製事由】平成6年法務省令第51号附則第2条第1項による改製
氏の変更	【氏変更日】昭和63年8月15日 【氏変更の事由】戸籍法107条1項の届出

戸籍に記録されている者	
	【名】梅子
	【生年月日】昭和22年3月29日 【父】中畑一馬 【母】中畑菊 【続柄】長女

身分事項	
出　　生	【出生日】昭和22年3月29日 【出生地】岡山県備前市 【届出日】昭和22年4月5日 【届出人】母
婚　　姻	【婚姻日】平成元年1月15日 【配偶者氏名】佐武銀次
配偶者の失踪宣告	【配偶者の死亡とみなされる日】平成9年2月3日

戸籍に記録されている者	
	【名】銀次
除　　籍	【生年月日】昭和29年9月15日 【父】佐武太一 【母】佐武陽子 【続柄】二男

身分事項	
出　　生	【出生日】昭和29年9月15日 【出生地】和歌山市 【届出日】昭和29年9月25日 【届出人】父
婚　　姻	【婚姻日】平成元年1月15日 【配偶者氏名】小橋梅子 【従前戸籍】和歌山市○○一丁目4番　佐武銀次
失踪宣告	【死亡とみなされる日】平成9年2月3日 【失踪宣告の裁判確定日】平成12年8月18日 【届出日】平成12年8月20日 【届出人】妻
	以下余白

発行番号

16 銀次帰る（失踪宣告取消し）

⑴　夫銀次の失踪宣告取消しの届出

　失踪宣告取消し届は，失踪届の様式によりますが，取消し届の場合は，届書の「その他」欄に取消しの届出である旨を記載します。

<table>
<tr><td rowspan="4"><h2>失　踪　届</h2>
平成20年　5　月　16　日届出

和歌山市　　長　殿</td><td colspan="2">受理　平成 20 年 5 月 16 日
第　　　5240　　　号</td><td colspan="2">発送　平成　　年　　月　　日

　　　　　　　　　　長　印</td></tr>
<tr><td colspan="2">送付　平成　　年　　月　　日
第　　　　　　　　　号</td><td colspan="2"></td></tr>
<tr><td>書類調査　戸籍記載</td><td>記載調査　附　票</td><td>住民票　通　知</td><td></td></tr>
</table>

（よみかた） 失踪した人の 氏　　　名	こ　ばし 氏 小　橋	ぎん　じ 名 銀　次	昭和29 年 9 月 15 日生
最 後 の 住 所	和歌山市○○一丁目4		番地 番 15 号
	世帯主 の氏名　　　　小　橋　梅　子		
本　　　　籍	和歌山市○○　　　　　　　56		番地 番 2
	筆頭者 の氏名　　　　小　橋　梅　子		
死亡とみなさ れ る 年 月 日	年　　　　　月　　　　　日		
審 判 確 定 の 年　　　月　　　日	平成　　20　年　5　月　15　日		

<table>
<tr><td rowspan="6">そ

の

他</td><td>　失踪宣告取消届である。
　添付書類　失踪宣告取消審判書謄本及び確定証明書</td></tr>
</table>

届 出 人	□夫　☑妻　□父　□母　□その他（　　　　　　　　　　）				
	住　所　和歌山市○○一丁目4				番地 番 15 号
	本　籍　和歌山市○○　　　56	番地 番 2	筆頭者 の氏名	小　橋　梅　子	
	署　名　小　橋　梅　子		（小橋）	昭和 22 年 3 月 29 日生	

⑵　失踪宣告取消届による戸籍

　失踪宣告の届出により除籍された銀次の失踪宣告事項を消除するとともに，同人を戸籍の末尾に回復します。なお，梅子の配偶者の失踪宣告による婚姻解消事項も消除します（法定記載例135・136）。

（2の1）　全部事項証明

本　　　籍	和歌山市○○５６番地２
氏　　　名	小橋　梅子
戸籍事項 　　戸籍改製 　　氏の変更	【改製日】平成１２年２月２０日 【改製事由】平成６年法務省令第５１号附則第２条第１項 　　　　　　による改製 【氏変更日】昭和６３年８月１５日 【氏変更の事由】戸籍法１０７条１項の届出
戸籍に記録されている者	【名】梅子 【生年月日】昭和２２年３月２９日　　【配偶者区分】妻 【父】中畑一馬 【母】中畑菊 【続柄】長女
身分事項 　　出　　生 　　婚　　姻 　　配偶者の失踪宣告取 　　消し	（省略） （省略） 【消除日】平成２０年５月１６日 【消除事項】配偶者の失踪事項 【従前の記録】 　　【配偶者の死亡とみなされる日】平成９年２月３日
戸籍に記録されている者 除　　籍	【名】銀次 【生年月日】昭和２９年９月１５日 【父】佐武太一 【母】佐武陽子 【続柄】二男
身分事項 　　出　　生 　　婚　　姻 　　失踪宣告取消し	【出生日】昭和２９年９月１５日 【出生地】和歌山市 【届出日】昭和２９年９月２５日 【届出人】父 【婚姻日】平成元年１月１５日 【配偶者氏名】小橋梅子 【従前戸籍】和歌山市○○一丁目４番　佐武銀次 【失踪宣告取消しの裁判確定日】平成２０年５月１５日 【届出日】平成２０年５月１６日 【届出人】妻 【消除事項】失踪事項 【従前の記録】 　　【死亡とみなされる日】平成９年２月３日 　　【失踪宣告の裁判確定日】平成１２年８月１８日 　　【届出日】平成１２年８月２０日 　　【届出人】妻

発行番号

戸籍に記録されている者	【名】銀次 【生年月日】昭和２９年９月１５日　　【配偶者区分】夫 【父】佐武太一 【母】佐武陽子 【続柄】二男
身分事項 　　　出　　生	【出生日】昭和２９年９月１５日 【出生地】和歌山市 【届出日】昭和２９年９月２５日 【届出人】父
婚　　姻	【婚姻日】平成元年１月１５日 【配偶者氏名】小橋梅子 【従前戸籍】和歌山市○○一丁目４番　佐武銀次
	以下余白

発行番号

17 銀次死亡

(1) 夫銀次の死亡の届出

　死亡届の様式は，戸籍法施行規則59条に定められていますが，死亡の届出人については，平成19年法律35号をもって戸籍法の一部が改正され，これに伴い同法87条2項の届出人について，従来の同居の親族以外の親族のほかに，新たに後見人，保佐人，補助人，任意後見人が届出資格者として追加されました。これに伴い死亡届の届書の様式も改正されました。本例の死亡届の様式はその改正後のものです。

　なお，本例の死亡届の届出人は，戸籍法87条1項第1に定められた届出義務者である「同居の親族」からの届出です。

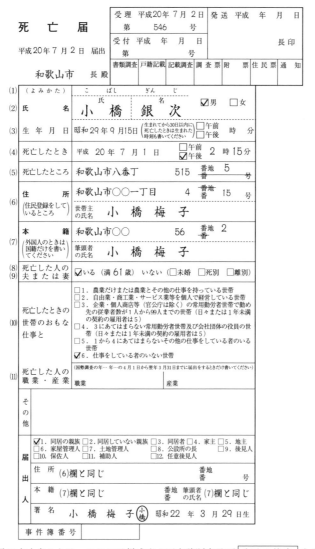

　※届書を見やすくするため，ここでは様式中の死亡診断書及び 記入の注意 を省略しています。

(2)　銀次の死亡の届出による戸籍

全部事項証明

本　　籍	和歌山市○○５６番地２
氏　　名	小橋　梅子

戸籍事項	
戸籍改製	【改製日】平成１２年２月２０日 【改製事由】平成６年法務省令第５１号附則第２条第１項 　　　　　　による改製
氏の変更	【氏変更日】昭和６３年８月１５日 【氏変更の事由】戸籍法１０７条１項の届出

戸籍に記録されている者	
	【名】梅子 【生年月日】昭和２２年３月２９日 【父】中畑一馬 【母】中畑菊 【続柄】長女

身分事項	
出　　生	（省略）
婚　　姻	（省略）
配偶者の失踪宣告取消し	（省略）
**　配偶者の死亡**	**【配偶者の死亡】平成２０年７月１日**

戸籍に記録されている者	
除　　籍	【名】銀次 【生年月日】昭和２９年９月１５日 【父】佐武太一 【母】佐武陽子 【続柄】二男

身分事項	
出　　生	（省略）
婚　　姻	（省略）
**　死　　亡**	【死亡日】平成２０年７月１日 【死亡時分】午後２時１５分 【死亡地】和歌山市 【届出日】平成２０年７月２日 【届出人】親族　小橋梅子
	以下余白

発行番号

18 梅子死亡

⑴　梅子死亡の届出

　死亡届の様式は，戸籍法施行規則59条に定められていますが，令和元年法律第17号（令和元年6月20日施行）をもって戸籍法の一部が改正され，これに伴い同法87条2項の届出人について，任意後見受任者が届出資格者として追加されました。また，届出人は署名のみで押印は任意となりました（令和2.12.23民一2103号通達）。本例の死亡届はその改正後のものです。

　なお，本例の死亡届の届出人は，戸籍法87条1項第3に定められた届出義務者である「家主」からの届出です。

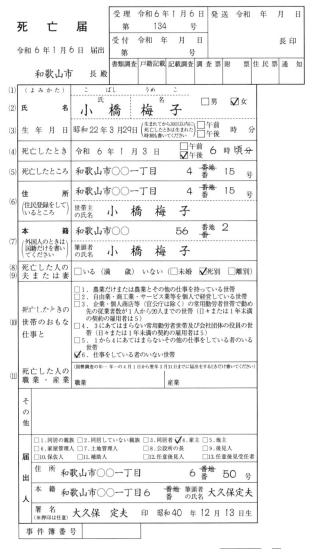

　※届書を見やすくするため，ここでは様式中の死体検案書及び　記入の注意　を省略しています。

(2)　死亡の届出による戸籍

　令和6年1月3日梅子は波瀾万丈の生涯を閉じました。そして，同月6日梅子の戸籍は除籍になりました（法定記載例129・130）。

死亡の届出による戸籍

除　籍	（2の1）全部事項証明
本　　籍	和歌山市○○56番地2
氏　　名	小橋　梅子
戸籍事項 　　戸籍改製 　　氏の変更 　　戸籍消除	【改製日】平成12年2月20日 【改製事由】平成6年法務省令第51号附則第2条第1項 　　　　　　による改製 【氏変更日】昭和63年8月15日 【氏変更の事由】戸籍法107条1項の届出 【消除日】令和6年1月6日
戸籍に記録されている者 　　　除　籍	【名】梅子 【生年月日】昭和22年3月29日 【父】中畑一馬 【母】中畑菊 【続柄】長女
身分事項 　　出　　生 　　婚　　姻 　　配偶者の失踪宣告取 　　消し 　　配偶者の死亡 　　死　　亡	（省略） （省略） （省略） （省略） 【死亡日】令和6年1月3日 【死亡時分】午後6時頃 【死亡地】和歌山市 【届出日】令和6年1月6日 【届出人】家主　大久保定夫
戸籍に記録されている者 　　　除　籍	【名】銀次 【生年月日】昭和29年9月15日 【父】佐武太一 【母】佐武陽子 【続柄】二男
身分事項 　　出　　生 　　婚　　姻 　　死　　亡	（省略） （省略） （省略）
	以下余白

発行番号

273

重箱の隅（味わいの箱）

窓口ならではの，一味違う事例を掲載しました。
いろいろなケースが詰まった「重箱の隅」を味わってください。

汗と涙の窓口対応
（窓口で失敗しないために）

事例1　真実の父

事例2　子の利益

事例3　この子の幸せのために

事例4　誤解

事例5　婚姻の意思

事例6　母の贖罪

事例7　窓口の魔物

事例8　共犯者

事例9　父への想い

事例10　「孤独」という名の死

事例11　ＥＲ

事例12　いい夫婦

事例13　七夕の記憶

事例14　十年の重み

事例15　父はいらない

事例16　離婚調停と親権

事例17　あなたに託して……

この本を読み終えたあなたに

重箱の隅
（味わいの箱）

汗と涙の窓口対応

窓口には，さまざまな相談や届出があります。

そのさまざまな事例をいくつか掲載してみました。事例には，ある問題点があります。窓口で対応する私たちを困らせるその問題点を，一緒に考えていきましょう。

なお，掲載した事例は，学習用に作成したもので，事実ではありません。

窓口で失敗しないために

頭の中で結論が出たとしても，相談者に対して「どう対応するか」は別問題です。相談者の心情を汲み取りながらも，相談者のみの立場に立つのではなく，公平で冷静な対応が必要です。

---

① 相談者の話をよく聞く。
② こちらから必要な補足質問をする。
③ 必ず戸籍を確認する。
④ 頭の中で法的根拠を考え，正確な答えを出す（参考書などで確認をとる。）。
⑤ 相談の内容で，「できること」と，「できないこと」を分ける。
⑥ まず「できること」から話す。
⑦ 次に「できないこと」を「なぜできないか」を説明しながら話す。
⑧ 複数の方法があれば，相談者に選択肢を話し，相談者に結論を委ねる。
　（メリット，デメリットを必ず説明すること。）
⑨ 自分の個人的な意見は，極力述べない。
⑩ 理屈っぽい話し方をしない。

話す声，物腰，言葉遣いなどは，その人の個性です。ただ，話す内容については，「誰が聞いてもわかるように」話すことが大切です。

真実の父

　ある日一人の若い男性と，その母親と思われる女性が窓口に座った。悲壮な面持ちで男性が口火を切った。

A男「僕の彼女が来月出産します。僕の子どもです。でも，彼女は他の人と結婚していて，離婚すると約束していたのに，離婚しないと言い出しました。来月生まれる僕の子どもはどうなるのでしょうか。」

担当者「お相手の女性は，ご主人と同居中ですか？」

A男「はい。でも，家庭内別居だと言っています。」

担当者「生まれてくる赤ちゃんの父親はあなただと言っておられるのですね。」

A男「はい……。」

　たたみ掛けるように母親が口を開いた。

A男の母「うちの子は騙されたんです。結婚していることも後で知ったのですから。彼女はもういいんです。息子も彼女とはもう結婚する気はありません。でも生まれてくる子は私の可愛い孫です。息子と一緒に育てたいんです。」

　母親はとうとう泣き出した。

担当者「うーん……（汗）」

　「妻が婚姻中に懐胎した子は，夫の子と推定する。」とされています（民772条1項）。今回の事例は，まさにこの範囲内に入るため，真偽は別として，生まれてくる子は，女性が婚姻中である夫の子とされます。たとえ，今離婚したとしても「離婚後300日以内の出生子は，婚姻中に懐胎したと推定される」から（民772条2項），夫の子となります。相談者は「自分の子である」と信じて疑いませんが，たとえ，女性が夫と家庭内別居の状態であったとしても，夫の子ではないとは言いきれません。戸籍は真実を公証するものである点から考え，また，相談者の心情も考え，裁判所に結論を委ねるしかありません。

　子が出生後，夫から「嫡出否認の訴え」によって父子関係を否定するか，場合によっては，子の母あるいは相談者からの「親子関係不存在確認の裁判」の申立て，あるいは，実父に対する強制認知（裁判認知）の申立ても考えられます。これらの裁判の訴え（又は申立て）は，事案によって異なりますから，裁判所の窓口で相談されることをすすめることになります。以上のような方法で，子と，母の夫との父子関係を否定する裁判が確定したときは，相談者のA男が認知の届出をすることができることになるので，その認知届によって初めて，相談者A男は子の父となること

ができます。しかし，認知がされても子は嫡出でない子ですから，たとえ，相談者が認知届を出すことができたとしても，「その子の親権」は「母」が行使することになります（民819条4項）。相談者が子の親権者になりたいと希望し，母との話合い（協議）によって，父が親権者になったときは，父母が親権者指定届をすることになります（民819条4項）。もし，父母の協議が調わないときは，家庭裁判所の審判で確定させたうえで（同条5項），親権者指定届をすることになります。これは長い道程です。そしてまだ，子は出生していません。

　子が出生したときには，相談者の気持ちは一層強くなることでしょう。

子の利益

　　若い夫婦が窓口に座った。
　　まだ結婚したばかりらしく，体を寄せ合って微笑み合っている。
A男「僕たち1週間前に婚姻届を出しました。嫁さんに子どもがいるんですが，窓口で，養子縁組をすれば子どもは僕たちの戸籍に入るって聞いたんです。でも，嫁さんの子どもは，嫁さんが未婚の母で産んだ子どもなので，この際，僕が認知して本当の父親になろうかと思ってるんです。」
担当者「えっ？そのお子さんは，あなたのお子さんではないんですよねぇ。」
A男「もちろんです。でも認知って誰でもできるんでしょ？」
担当者「子どもさんは誰にも認知されていないんですか？」
B子「はい，父親の欄は空欄になってます。」
A男「できるんですよねぇ。認知。」
担当者「はー…………（汗）」

　　未成年の子の任意認知は，誰にも認知されていない嫡出でない子なら，認知できます。また，父からの一方的行為（成年の子の認知は，子の承諾が必要）なので，子は認知を拒むことはできません。しかし，これは認知する人が真実の父であるということが前提になっています。

　戸籍は真実を公証するものであるという点から考えても，「自分の子ではないが，認知したい。」と言われれば，それは虚偽の届出になりますから，私たちは届出を拒否しなくてはなりません。これが例えば，窓口を変えてこの夫婦が先ほどの事情を明かさずに認知の届出をした場合，認知届は受理されることになるでしょう。1

週間前に婚姻したばかりの夫婦は，相手の何もかもを受け入れようとする情熱があります。結婚当初は，お互いに終生添い遂げようとの気持ちを持つものと思われますが，年月を経て，夫婦の気持ちに変化を来す場合もあります。そんなときに，夫は真実でない父の記載を訂正するために，「認知無効」の裁判を起こすかもしれません。真実でないものは覆されます。そして，子どもは傷つきます。

　この事例では，夫が認知すれば，父母はすでに婚姻しているのですから，子は「準正嫡出子」になります。子にとって福祉にかなった良いことかも知れませんが，たとえ，それが子にとって一番良いことであったとしても，虚偽の届出は受理すべきではありません。しかし，窓口を変えて届出した場合，この会話を知り得ない担当者が担当し，窓口事務が連携していないときは，当該届出は受理され，認知は成立することになってしまいます。

 事例3　この子の幸せのために

　　2歳ぐらいの女の子を愛しげに抱いたお祖父ちゃんらしき人と，その傍らに寄り添うようにお祖母ちゃんらしき人が，窓口に座った。

祖母「この子は娘の子で，もうすぐ2歳になります。」

　　祖母は声を詰まらせた。おもむろに続ける。

祖母「娘が先日死にました。娘は離婚してから，この子を必死で育てようとしていたのに。急に亡くなったのです。この子が不憫で……。」

　　もう祖母は先を言えなくなった。祖父が代わった。

祖父「孫を養女にしようかと思ってるんです。これからは私たちの子どもとして育てていきたいと思っています。養子縁組できるのでしょうか。」

担当者「娘さんがお亡くなりになってから，後見の申立てはされたのでしょうか。」

祖父「そんなものしてません。頭が真っ白で……。」

　　祖父母の心を知るよしもなく，幼子は無邪気に笑った。

担当者「……（絶句）……（涙）」

 事例のポイント　未成年の子には，常に法定代理人（親権者・未成年後見人）が必要です。嫡出子で父母が婚姻中なら「父母共同親権」（民818条3項），養子は「養親の親権」（民818条2項），父母が離婚したときは，「父又は母の単独親権」（民819条1項・2項），離婚後300日以内の出生子は，「母の親権」（民819条3項），また，嫡出でない子は「母の親権」（民819条4項）と，それぞれ定められてい

ます。

　本事例の場合は，単独で親権を行っていた母が死亡したことによって，親権者は離婚した前夫の親権に移るのではなく，親権に代わる未成年後見が開始しています。ただ，この相談の段階では，法的に「未成年後見人」が選任されているわけではありませんので，家庭裁判所で「未成年後見人」を選任する手続をすすめることになります。「未成年後見」は基本的に，親権と同じ役割を果たしますので，財産管理や身分行為の代理権があります。本事例の場合は，祖父母が慈しみ，子を保護していることから，祖父又は祖母が未成年後見人の役割としては適任者として選任されるかもしれません。

　ところが，窓口での祖父母の希望は「養子縁組をしたい。」ということです。母が生存中なら，母が代諾者（民797条）になって祖父母と養子縁組できるのですが，この場合の代諾者は，選任された未成年後見人ということになりますので，ここで新たな問題が生じます。もし，祖父又は祖母が未成年後見人になった場合，養子縁組をするに当たって，養父母が祖父母，代諾者も未成年後見人に選任された祖父又は祖母ということになり，未成年後見人となっている祖父又は祖母との縁組は「利益相反行為」になります（民826条1項）。利益相反が生じたときは，家庭裁判所に養子の代諾者となる「特別代理人」の選任を請求し，その者の代諾で縁組を成立させることになります（同条2項）。また，子は未成年後見人と縁組をするのですから，民法794条に定める家庭裁判所の許可が必要になります。縁組成立までは長い道程です。

 事例4　　　　　　　　　　　　　**誤　解**

　　30代の夫婦と思われる男女が窓口に座る。めちゃくちゃ怒っている。

夫「5年前に僕たち結婚したんだけど，そのとき妻の戸籍にいた子を自分たち夫婦の戸籍に入れるのにはどうしたらいいのか，この窓口に相談に来た。」
　　その怒った表情に圧倒される担当者。夫は続けた。

夫「窓口の人は，養子縁組しかないと言ったので，嫁さんと二人で養子縁組した。弁護士さんに聞いたら，僕たち夫婦の子どもなのに，どうして養子縁組なんかしたのかと言われた。どうなってるのか！」

担当者「ええ！お二人のお子さんだったんですか……。」

　　5年前どんなやりとりがあったか分からないが，結婚する前に生まれた夫婦の子どもを，認知して入籍させるべきものを，窓口で誤った説明をしたら

しい。

担当者「まことにすみません……（絶句）」

父母が婚姻できない事情があって，長い間嫡出でない子として母の戸籍に入籍していた子が，晴れて父母が婚姻し，父の認知によって準正嫡出子となり，入籍届によって父母の戸籍に入籍するはずだったものを，説明を誤って実父母と養子縁組をさせてしまった。怒るのはもっともです。

しかし，窓口に座り，「婚姻して妻の戸籍にいる子を自分たちの戸籍に入れたい。」と言われれば，「養子縁組」がまず頭に浮かびます。窓口で「ご主人の実のお子さんですか。」と尋ねることもなく，また，夫も「この子は私の実の子どもです。」とも言わなかった。これが誤解の始まりです。では，これを是正するにはどうするか。まず父が「認知届」を出します。この時点で，すでに成立している父母の婚姻と，父の認知で「準正」した旨を戸籍に記載します。これで父母の実子になりました。しかし，養子縁組の記載が残っています。養子縁組を最初からなかったものにするには，家庭裁判所で「養子縁組無効の裁判」をする必要があります。また，「養子離縁届」によって，将来に向かって縁組を解消することもできます。相談に来られた父母は，後者の養子離縁をすることを選びました。離縁をするに当たっては，子は15歳未満なので，離縁後親権者となるべき者が離縁協議者になりますが，離縁する養父母と，離縁協議者（親権者となるべき父母）が同一人となり，一見利益相反が生じると考えられます。しかし，子は準正嫡出子になり，離縁したとしても何の利害も生じないし，縁組の記載は形だけのものになっているので，利益相反には当たらないものと考えられます。また，戸籍の変動についても，子を縁組前の氏に戻したとしても何の実益もないため，この離縁に関しては，協議者は親権者となるべき父母で，戸籍に変動はないものとして取り扱うことになると考えます（昭和25.5.16民事甲1258号通達）。

婚姻の意思

厳格そうな男性が窓口に座った。

A男「私の息子に婚約者がいる。結納も入れているんだが，今になって息子は彼女と結婚したくないと言い出した。性格が合わないそうだ。こんな状態で結婚させるのもどうかと思うのだが，彼女は妊娠している。二人は結婚する意思はないのだが，生まれてくる子どもは，もし結婚しなかったらどうなる

のか。」

担当者「嫡出でないお子さんといって，父母が結婚しないで生まれたお子さん
　　　　として戸籍に記載されます。」

Ａ男「そうか，それはかわいそうだなぁ。じゃあ，結婚する意思はないけど，
　　　婚姻届を出して，一日だけ夫婦になれば，その子は『嫡出でない子』とかに
　　　はならないんだな。」

担当者「でも，ご結婚の意思がないんですよねぇ…………（汗）」

　　　　この相談の問題点は，「婚姻する意思をどう見るか」です。生まれ
てくる子に嫡出子の身分を取得させるためだけに，婚姻届を出すこと
が「婚姻の意思に当たるかどうか」です。「婚姻とは一組の男女の継
続的な共同生活を目的とした法的結合関係」とされています。離婚を前提に婚姻を
することはできません。しかし，今回の相談においては，当事者の父は，息子に婚
姻の意思がないことを明らかにした上で，短期間に婚姻解消することを匂わせてい
ます。この場合，窓口では，どう対処すれば良いのでしょう。

1　当事者が窓口に相談に来ていないので，本当に婚姻の意思がないことを確認
　　できない。

2　理由を言わず婚姻届を出されたら，受理せざるを得ない。

　以上のことから，この相談事例については，質問内容に答えるにとどめ，意思の
存在を確認したり，自分の意見を述べたりしないで，選択を当事者に委ねることが
賢明でしょう。

事例6　　　　母の贖罪

　　　50代半ばの女性が窓口に座った。

女性「あのー……私には26歳の娘がいます。」

担当者「はい。」

　　　女性はなかなかその先を言おうとしない。

女性「実は，その子の出生届，まだしてないんです。」

担当者「ええっ！！！（焦）」

女性「私は京都に住んでいたのですが，夫が暴力を振るうので，身重の体で，
　　　必死で大阪に逃げました。身を隠さなければならないので偽名を使い，仕事
　　　を転々として，12月の寒い日に友達の家で子どもを産みました。友達と，

助産師さんが立ち会ってくれました。」

　堰を切ったように話し始める女性。顔には悲壮感が漂っている。

女性「もちろん，子どもは夫の子です。私たちは戸籍上は離婚もしていない状態です。今まで子どもと一生懸命生きてきました。でも，子どもも年頃になって，やっぱり恋愛もしたい，結婚もしたい……私のせいです。」

　女性は声を詰まらせて下を向いた。

担当者「助産師さんが書いてくれた出生証明書はありますか。」

女性「いいえ，ありません。助産師さんも，ご高齢でしたからもう生きておられないと思います。」

担当者「では，そのとき立ち会った友達に連絡は取れますか。」

女性「いいえ，連絡は取れません。」

担当者「じゃあ，へその緒は……」

女性（ぱっと明るくなって）「あります。あります。」

担当者「そうですか。じゃあ，その箱書きでわかりますね。」

女性（うなだれて）「その箱書き偽名なんです……。」

担当者の心の声「（こまったなー。）」

事例のポイント　出生証明書がない出生届は，必要な資料を添付して，管轄法務局の長に受理照会を出します。出生証明書に代わるものとしては次のものが挙げられます。

① 自宅出産の場合，出産直後又は短期間に医師の診断を受けているときはその診断書
② 自宅から救急車で病院へ向かう途中で出産した場合，救急隊員の申述書
③ 入院したときの病院からの請求書や領収書
④ 出生の事実を知っている関係者（友人や隣人等）の申述書
⑤ 出生の事実を親族に知らせた手紙
⑥ 母子健康手帳
⑦ 保管中の「へその緒」の入っている箱
⑧ 幼児の頃の母子のスナップ写真
⑨ 命名のときの文書類
⑩ 幼稚園や保育所に入園したときの記録
⑪ 小学校等の在学証明書，卒業証書等
⑫ その他出生の事実確認ができると思われる資料

相談の女性の場合，この資料のうちどれだけ揃えられるのでしょうか。

　たとえ何点か揃ったとしても，肝心の出産を現認した資料や，証言が皆無のときは，管轄法務局の長に照会しても，受理相当とはされないでしょう。

　では，どうしたら良いのか考えてみましょう。

　家庭裁判所に相談すれば「親子関係存在確認の裁判」あるいは「就籍許可の審判」の方法を採ることができます。もちろん，親子関係を確認するには，相当の日数と，裁判費用，DNA鑑定など高額の費用が必要となるでしょう。しかし，どんな事情があったにせよ，長年，子の出生届をしなかった母の責任は重大です。存在しているのに「存在が証明できない苦しみ」はいかほどだったでしょう。相談の結果，母は家庭裁判所に行くことを決意しました。

　数か月後，女性と，女性の子が窓口を訪れました。手には「母子関係存在確認」の審判書謄本と確定証明書を持って。このように，出生証明書が得られない出生届の場合，「母子関係存在の確認」がされれば，出生証明書の代わりになります。裁判書類を添付して，母は晴れて出生届をしたのです。母子関係が確認できれば，婚姻中の嫡出子として父も確定します（民772条）。子は戸籍に記載されて，最初に何をしたか……それは車の免許取得の手続でした。

事例7　窓口の魔物

　　険悪な雰囲気の女性が座った。

　　出生届である。

　　投げやりな口調で女性が話し始める。

A子「私，離婚して4か月になるけど，子どもの父親はどうなるのかなぁ。」

担当者N「離婚して300日以内なので，ご主人が父親で，ご主人の戸籍に入ります。」

A子「ええ！結婚してたのはたった3か月だったのに，だんなの戸籍に入るの？」

担当者N（A子の強い口調に圧倒されながら）「結婚して200日以内のお子さんは，嫡出推定を受けないので，ご主人の子どもとして届出もできるし，奥さんだけの子どもとしても届出できます。はい。」

A子（首をかしげながら）「『ちゃくなんとか』っていうのは，わからないけど，要するに，別れただんなが父親でないという届はできるということね。」

担当者N「……はい。（汗）」

　　女性は，嫡出でない子として出生届をして，窓口を去った。

　　1時間後，他の戸籍担当者が大慌てで走ってきた。

> **他の戸籍担当者**「N君，この子ども嫡出推定を受ける嫡出子なのに，なぜ嫡出でない子で受けたの？」
>
> **担当者N**「ええっ！！ちゃんと計算したのに……（愕然）」

 事例の ポイント　最大の問題点は，担当者が険悪な雰囲気の客に冷静さを失い，嫡出推定の計算を誤ったことです。嫡出推定の最も難解な，民法772条2項を考えてみましょう。「婚姻後200日経過後に出生した子，離婚後300日以内に出生した子は，夫の子と推定される。」とあります。「離婚後300日以内の子」は「婚姻後200日経過後」の前提があってこそ，夫の子として「嫡出推定」を受けるのです。担当者のN君はそれを知っていました。しかし，「3か月しか結婚していなかった」と聞いて，N君は早とちりしてしまったのです。たとえ婚姻期間が3か月（約90日）であったとしても，子が生まれた時点までを計算すると7か月（約210日）あったのです。婚姻期間はどうあれ，子が生まれた日まで計算するべきだったのですが，険悪な空気に圧倒され，N君は冷静さを失い，計算を誤ってしまいました。窓口には，時々魔物がいます。

事例8　共犯者

　　4人の男性が窓口に来た。1人は顔が腫れ上がっている。

男性A「養子縁組の紙くれるかなあ。」

担当者T「書き方の説明をさせていただきます。」

男性A「いいよ。書き方わかってるから。」

　　男性たちは，記載台で養子縁組届を書き始めた。

　　短時間で届書を書き，再び窓口へ。

　　顔が腫れ上がった男性は養子，男性Aは養父，後の2人は証人である。

担当者T「本人確認させていただきます。何か本人確認できるものをお持ちでしょうか。」

　　「早く出せ！」男性Aは，顔が腫れ上がった男性Bの足を蹴りながら怒鳴った。

　　Bはおどおどしながら，運転免許証を出した。

　　Aも運転免許証を出した。

　　不穏な空気の中，担当者は届書を審査した。文字は乱れているが，大きな間違いもなく，これなら受理できる。

　　しかし，担当者はためらった。それは「養子縁組」という本来の効果から
いって，あまりにかけ離れた状況だからである。

　　「アニキ，お先に失礼します。」他の2人の男性は，証人の役目が終わった
ので，Aにお辞儀をして，その場を去った。

担当者の心の声「（届書に大きな不備はない。やっぱり受理しないと仕方ないな。）」

男性A「この後，国保の姓を変える手続に行くから，早くしてくれ。」

担当者T「はい，至急入力します。国民健康保険課に行ってください。」

　　戸籍上養父となったAは，Bの頭を小突きながら，国民健康保険課に行っ
た。

　　数週間後，班長が担当者Tを呼んだ。

班長「警察の方がみえて，届書のことで聞きたいそうだ。」

担当者T「け……警察ですか（焦）。」

　　警察官が聞きたかった「届書のこと」とは，例の養子縁組届だった。「詐
欺罪」が絡んでいるらしい。

　　警察官に「届書に大きな不備はなかったので，受理しました。」と言いな
がら，担当者は犯罪の共犯者になったような不快感を覚えた。

**事例の
ポイント**
　　市区町村の戸籍窓口には，「受理行為」という重大な任務がありま
す。しかし，その審査権は「形式的審査権」のみが与えられているだ
けです。例えば，婚姻，縁組等の創設的届出の受理に当たって，届出
人に本当に婚姻や縁組等の意思があるかどうかなどの「実質的審査権」は与えられ
ていません。それは，窓口で個々の届書の実質的な審査までするとなると，時間と
労力が膨大にかかり，本来迅速に行われるべき戸籍への意思反映（記載・登録）を，
いたずらに遅らせることになるからとも考えられます。届出を受理するということ
は，基本的に実質的な意思が存在するものとして，その意思を反映させるための書
類の形式が整っているかを審査するのが，私たちの役割です。

　　本事例のように，悪意を持って利用されたり，本人の知らない間に勝手に出され
た虚偽の届出だったりする場合もあるのです。

　　本事例は，養子縁組の本来の効果である「親子関係の創設」を目的にした届出で
はなく，養子縁組による「氏の変動」を目的にしたものでした。担当者は，おかし
いと思いながらも受理せざるを得ない状況でした。犯罪に利用されたことは無念で
す。

　　このような事例の他に，本人の知らない間に届出がされた虚偽の届出もあります。
被害を受けた人は，必ず窓口に来て，「届出を受理したお前が悪い。」と言わんばか

りに，私たち窓口担当者に怒りをぶちまけます。こんな状況の場合，私たちはどんな対応をしたら良いのでしょうか。もちろん受理行為をした窓口には，責任があるとは思えませんが，被害者の心情を汲み取りながら，とにかく話を聞くことから始めなければなりません。しばらく経てば，たいていの人は話し疲れます。少し落ち着いたところで，家庭裁判所で「無効の裁判」をすることができることを話しましょう。怒鳴られても決して卑屈にはならず，また，感情的にはならず，できるだけゆっくり話しましょう。戸籍の記載を訂正する方法は，この方法しかないのですから，粘り強く説得するしかありません。虚偽の届をされた被害者は，私たちよりずっと辛い思いをしているのでしょうから。

事例9　父への想い

　　温厚そうな男性が窓口に座った。手には婚姻届を持っている。

男性「今日，妻になる人が来られないので，僕一人で婚姻届を出せますか。」

担当者「はい，できますよ。どうぞ。」

　　男性の出した婚姻届は，本当に丁寧な文字で記入されていて，それぞれの思いが感じられた。

担当者（少し遠慮気味に）「あのー，お父様のお名前なんですが，ここは実のお父様のお名前を記入していただくことになっていまして……。」

　　担当者の話が終わらないうちに，男性の顔色はみるみる変わった。

男性「ちょっと待ってください！僕の父は本当の父じゃないんですか？」

担当者「はぁ……あの……すみません。」

男性「じゃあ僕の父はいったい誰なんですか？」

担当者「……恐れ入りますが，確認には戸籍を取っていただけますでしょうか。」

　　男性は急いで戸籍を取った。

　　そこには男性が2歳のときに，母の再婚相手と縁組したことが記載され，父欄には，男性が聞いたこともないような氏名が記載されていた。

　　男性はショックを隠せない。今まで血を分けた子として慈しみ育ててくれた父が，本当は養父だったのだと初めて知ったのだから。そして，それを知らせてしまったのが，誰あろう窓口担当者のAさんだった。

男性（感無量の面持ちで）「そうですか。そうなんですね。じゃあ父のところ訂正します。」

　　男性は目を少し潤ませて，届書の父欄に「知らない人」の名を書いた。

証人欄に力強く書かれた養父の署名に目をやりながら，担当者は，心が痛むのを感じた。

その夜，担当者は眠れなかった。

婚姻届書の記載事項は，戸籍法施行規則56条で定められていて，さらに，戸籍法28条で届書の様式を定めるとしています。これを受けて同規則59条で出生，婚姻，離婚及び死亡の各届書の様式が定められています。この４つの届書様式を「法定様式」といいます。これは，ただ届出人が届書に署名するだけではなく，届書には本人しか知り得ない事実を細かく，しかも正しく書くことによって虚偽の届出を防ぐ意味と，法的な届出なので，住民票への反映や，実質的な要件の確認のための意味があります。

本事例の父母の記載は，婚姻障害がないかどうかの確認のためにも必要です。担当者が行った行為は当然のことと言えます。ところが，その当然の行為が，この事例のように，思わぬ波紋を呼ぶことがあるのです。

届書を審査する私たちは，届書の記載内容について，不備があれば補記してもらうように届出人に対して指導しなければなりません。届書は，戸籍記載の基となるもので，戸籍実務上一番重要なものです。しかし，この事例の場合は，補記を拒否されたとしても，届書は不受理にはできません。市区町村長において標準準則33条の規定の趣旨に準拠して，いわゆる符せん処理をすることによって届書の記載の不備を補正のうえ受理することができると考えます。しかし，この届書の補正は，原則として届出人自身にしてもらうことによって「戸籍がこのように記載される」ということを知らせることも必要なことだと思います。

このお話には続きがあります。男性が父欄の記載を終えた後，担当者はどうしていいかわからなかったのですが，ただ一言「実のお子さんとして育ててくれたお父さんはすばらしい人ですね。」と言ったそうです。深くうなずいた男性に，担当者は感動すら覚えたといいます。

「孤独」という名の死

S氏の死亡の届出がされた。死体検案書には「自宅で死亡」と記載され，届出人は「知人」のNさんである。

担当者「Sさんには，親族の方はいないんですか。」

葬儀屋「親族はいません。Sさんの生前の遺言で，死亡手続の一切はNさんに

頼むとのことで。」

担当者「この届出人の方では，死亡の届出はできません。」

葬儀屋「じゃあ，どうすればいいんですか。火葬は明日の２時に予約しているんですよ。」

担当者「親族の方を探してみます。ちょっとお待ちください。」

　本籍地に問い合わせた結果，兄弟等の親族はすでに死亡し，唯一，離別した妻との間に２人の娘がいることが判明した。しかし，遠方に住んでいて連絡に日数を要するため，火葬の手続には間に合わない。

担当者「では，いったん，この方のお名前で死亡の届は受けさせていただきます。火葬許可証も発行します。」

　火葬の手続は無事済んだものの，Ｎさんの届出では，死亡届は本来受理できないので，後日担当者は，死亡届を出してもらうよう，Ｓ氏の親族の長女あてに手紙を送った。数日後，Ｓ氏の長女から電話があった。

長女（強い口調で）「手紙をもらいましたが，一切届出をするつもりはありません。」

担当者「でも，お父様の親族は，あなたと妹さんしかいないんですよ。」

長女「妹も同じ気持ちです。本当はこの人が死んだことも知らせて欲しくなかったくらいです。絶対死亡届はしません。」

　長女の語調には，父への憎しみさえ感じられた。

担当者「こまったなぁ……。（焦）」

事例の
ポイント

　最近は「孤独な死」が多く，看取る親族もなく，自宅で独りで死んでいたという例も少なくありません。戸籍を担当していると，その孤独さを目の当たりにします。この事例もそうですが，届出をする資格のある親族がいるにもかかわらず，届出は拒否されました。

　死亡届の届出人は，戸籍法87条で「死亡を現認（現実に認識）できる人」という意味で定められていると考えます。親族（同居，不同居）が一般的ですが，その他の同居者や家主・地主，一般の病院で死亡したときは，その病院を管理している人である「家屋管理人」，国公立の病院で死亡したときには，その病院の病院長が「公設所の長」の資格で届出ができます。平成20年５月１日施行の改正戸籍法（平成19年法律35号）では，後見人，保佐人，補助人及び任意後見人が，さらに令和元年６月20日施行の改正戸籍法（令和元年法律17号）により，任意後見受任者が，新たに資格者に追加されました。

　本事例では，死体検案書を作成した医師は，死亡の瞬間を確認したわけではあり

ませんし，自宅で死亡しているから「家屋管理人の資格」で家主や病院長は届出人にはなれません。また死亡したところが持ち家であるため，家主もいません。

　戸籍法87条1項に定められた届出義務を負う人がいないとすると，同条2項の，同居はしていないが唯一親族である長女，二女にその資格があるのです。ここで注意することは，戸籍法87条1項では届出義務を負う者として「……届出をしなければならない。」と表現されていますが，同条2項の同居していない親族は「……届出ができる。」と表現されていることです。1項は届出義務者であり，2項は届出資格者であるということです。届出資格を持つ唯一の親族が届出をしないとなると，S氏が亡くなったことを戸籍に反映させるにはどうしたら良いのでしょうか。

　戸籍法87条1項の届出義務者がある場合は，戸籍法44条1項の催告，再催告をします。本事例では戸籍法87条1項の届出義務者はいないので，2項の届出資格者の子に対して「届出をしてくれませんか。」といった内容の手紙を送ります。その結果，届出に応じない場合は，S氏の知人のNさんが出した死亡の届書を，「S氏が死亡したので戸籍に記載してください。」と申し出る「死亡記載申出書」として取り扱うことになります。

　この「死亡記載申出書」と関連戸籍を添付書類にして，管轄法務局の長に「戸籍記載許可申請書」を提出し，許可されれば市区町村長の職権で死亡の記載をすることができることになります（標準準則22条）。

　S氏の子どもの心に何があるのかは，私たちにはわかりません。しかし，S氏が孤独でどんなに寂しかっただろうかということだけはわかるような気がします。

 ER

　ここで死亡届の事例をもうひとつ。

　男性の死亡の届出がされた。「死体検案書」を見ると，「死亡したとき」欄に「平成○○年○月○日午前7時19分（確認）」と記されている。

　この（確認）とは一体何なのだろう。この時間に，死亡を確認したのか，それともすでに死亡していたのを確認したのか。担当者は悩んだ末，担当の医師に電話をした。若い男性医師が電話に出た。

担当者「先生，この『確認』の記載についてお伺いしたいのですが，これは7時19分に死亡したと解釈してよろしいんでしょうか。」

医師「運ばれてきたとき，患者は心肺停止状態で，蘇生治療を行ったが，7時19分に死亡を確認したということです。」

担当者「書類上のことで申し訳ないのですが，戸籍に記載するには，死亡の時間が大変重要になってきます。先生が死亡と判断された時間が7時19分でしたら，これは死体検案書ではなく，死亡診断書で，『確認』の文字は必要ないのではないかと思われますが……。」

医師「困っているなら，訂正してもいいですよ。」

担当者（ほっとして）「では伺いたいと思いますが，何科に行かせてもらったら，お会いできますか。」

医師「ＥＲです。」

担当者心の声「（カッコイイ！海外ドラマみたい。）」

　　「死亡した時」は，相続の開始の時でもあります。戸籍上，大変重要なこの記載については，死亡届の添付書類である「死亡診断書」や「死体検案書」で判断します。本事例では，担当者と医師との間で，医師が死亡を現認したことを確認できたので，訂正してもらうことができましたが，「死亡したところ」が「病院」で，なおかつ「死体検案書」であって，死亡の時分に『（確認）』と記載した死亡届について，戸籍記載上支障を来すため，記載事項の指導を要望した第39回全国連合戸籍事務協議会総会の決議に対して，「要望に応じ難い」との厚生省回答があります。「確認」の文字を訂正できないとなると，戸籍の記載は「確認」を「推定」と読み替えて記載するしかないのです（大阪法務局戸籍だより50号17・18頁）。

　担当者は，胸弾ませて先生のいる「ＥＲ」を必死で探しました。やっと見つけたのですが，それは「ＥＲ」という名前ではなく「救急センター」という名前でした。期待していた担当者は，少し残念だったそうです。

 ## 事例12　　　　いい夫婦

　11月22日。婚姻届の波が押し寄せている。呼び出し機が，待ち人数10を示している。待っているカップルの一組が喧嘩し始めた。争う声はだんだんヒートアップしている。……そのカップルの番がきた。

担当者「ご本人確認の運転免許証などお持ちですか。」

　二人は，あまり話を聞いていない。喧嘩は続いている。そのうち男性が，出した婚姻届を引き寄せて「もう婚姻届やめる。」と小さな声で言った。

　突然，女性は立ち上がり「イヤー！今日出したいのよ〜！」と大声で叫ん

だ。

その声は１階のフロア全体に響き渡るほどの金切り声だった。

女性はそう叫ぶとカウンターを思い切り２度蹴って，正面玄関に向かって走っていった。男性が後を追う。カウンターには婚姻届が残されたままだ。

担当者は，何がなんだかわからない。われに返った担当者は二人を追った。

「この婚姻届はどうしたらいいのか。受理か不受理か……」担当者の脳裏には，この言葉が渦巻いた。

やっと男性を見つけた。

担当者（息を切らせて）「こ，こ，婚姻届どうしますか。」

男性（少し間をおいて）「……受けてください。」

担当者「本当によろしいんですね。本当に。」

男性「はい……。」

担当者「……わ，わかりました。」

戸籍の窓口には「特異日」とされる日があります。特異日には，普段の数倍の婚姻届が出されます。１月１日，７月７日，11月22日，12月24日がその日に当たります。特に近年マスコミで「いい夫婦の日」とされた11月22日は，その語呂合わせにあやかって，「いい夫婦」になろうとするカップルが婚姻届を持って押し寄せます。

本事例の出来事は，そんな「いい夫婦」の日に起こりました。

創設的届出においては，「届出の意思」が最も大切なものです。届出の時点で双方に婚姻の意思があったかなかったかが，後で裁判になったときに問題になります。本事例は，男性の「婚姻届やめる」と言った言葉をきっかけに起こったハプニングですが，戸籍にとって最も重要とされる「届書」が，カウンターに置き去りにされました。届出意思を確認すべく奔走した担当者は，その執念で男性の意思を確認することができました。

果たしてこの二人は，その後「いい夫婦」になれたのでしょうか。

11月22日が来るたびに，担当者は「あの夫婦」のことを思い出します。

 ## 七夕の記憶

７月７日大安吉日。婚姻届が100件以上出た。

午後８時，やっと後処理を終えた担当者は，帰路につき，壮絶とも言うべ

　　き１日を振り返りながら，シャワーの後，至福のビールをひと口味わった。
　　　そのとき突然電話が鳴った。

電話の声「あのう，警備室ですが，○○さんのお宅でしょうか。」

担当者「はい……。」

警備員「今，市民の方が婚姻届と養子縁組届を出したいと，こちらにみえてまして，ところが，届書の用紙をお持ちでないので，お電話させていただいたのですが。」

担当者「用紙のあるところは今から言いますが，届書には，証人の方の署名も必要ですので，お持ち帰りいただくことになります。」

警備員「そのぅ，証人の方も，ここにおいでになっているんです。絶対今日出したいとおっしゃっていますが，どうしましょう。お客様は怒っておられて，私どもでは収拾がつきません。とりあえずお客様と代わりますね。」

市民「家族全員で来てるんや！……早く来い！」

　　　怒りの声に「至福のとき」も吹っ飛んだ。壮絶な一日で疲れ果てた担当者はもうヨレヨレで，さらにアルコールも入っている。

担当者の心の声「(そうだ！班長はまだ家に着いていないかもしれない。班長に引き返してもらおう。)」

担当者「班長に連絡を取ってみます。また，折り返し電話しますので……。」

市民「とにかく，早くしろ！お前らの仕事だろう！」

　　　市民は，電話口でさらに怒鳴った。

　　　担当者は，急いで班長の携帯に連絡した。

班長「今，渋滞に巻き込まれてる。とりあえず引き返すから……。」

担当「すみません。班長。ほんとにすみません。」

　　　空には満天の星。この窮状に，彦星と織姫は愛を語っているのだろうか。

 事例の
ポイント
　　　戸籍の届出は，24時間，365日いつでも届出できます。これは，人の身分行為は意思の反映であり，届書を出す時点が意思表示のときと考えられていますから，とどまることなく届出のときを与えなければならないからです。勤務時間外であって，担当者の受理行為ができなくても「受領」を行い，後日「受理」されれば，その効力は「受領した時」にさかのぼります。いつでも受領できる体制でいたとしても，通常，時間外に受領する窓口では，届書の書き方の指導までは行っていません。記載した届書を預かることしか予定していないため，今回のような事態が起きました。しかし，24時間体制で，担当者が常駐し，今回のような事態に備えることは不可能です。怒った市民の側からすれば，た

とえ時間外であっても，届書の説明をし，届書を完成させ，万全の届出をさせることが，私たちの当然の責務だと思っているのでしょう。

　記念すべき佳き日を選び，家族全員で来たにもかかわらず，届出の意思表示ができないかもしれないと思った時，怒りの矛先が私たちに向いたのも，わかるような気がしますが……。

　班長は，交通渋滞をやっとのことで逃れて，Uターンして役所に急ぎましたが，時間外に提出された届書であり，書き方の指導はできても，「受理行為」はできません。翌日，勤務時間内に「不受理申出」が出ていないかを確認し，「受理行為」を行うことになります。また，受理後は届出人に「本人確認通知」を送付することになります。

　午後10時過ぎに「今，終わった。」と班長からの電話が入りました。七夕の記憶は担当者と班長の脳裏に深く刻まれたのです。

 事例14　　　　　　　十年の重み

　　30代後半の夫婦が，椅子の間隔を少しあけて座った。

　　離婚届である。

　　届書は色褪せ，しわくちゃである。証人欄が空白になっている。

担当者「証人欄が空欄なので，証人になってもらえる方2名の署名が必要ですが。」

夫（妻に向かって）「Eさんと，Kさんになってもらうか。」

　　妻は力なくうなずいた。

担当者「それでは，証人欄が記入されれば受理できるように，届書を見ておきますね。」

　　戸籍を見た。婚姻生活10年。夫婦の間に子どもはいなかった。

　　届書の不備を補正してもらい，担当者は，証人欄を記入してもらうべくいったん届書を夫婦に返した。

　　1時間後，夫婦は，証人欄が記載された届書を再度提出した。

担当者は「それでは，本人確認させていただきます。」

　　担当者がそう言って二人に目を移すと，なんだか妻の様子がおかしい。

　　妻は，うつむいて大粒の涙を流している。

　　夫は，妻を気遣い，妻の肩を引き寄せた。

　　聞き取れない夫婦の会話が続いた。担当者は，聞こえないふりをした。

夫「離婚届やめていいですか。」

担当者「はい。」

　その言葉を聞き，妻は一層泣いた。

　　　　　窓口にはドラマがあります。この事例の場合も，夫婦として積み重ねた十年の年月が，この届書を提出することで終わってしまう寂しさが，妻の涙を誘い，この十年の重みが，二人に「やり直すことを」選ばせたのでしょう。

　今回の事例の場合は，担当者が審査をしようとした段階で，届出をする意思が変わり，届書を返戻することができました。これが，受理後であれば届書を返戻することはできません。それほど「受理行為」は厳正なものなのです。カウンターの向こうで渦巻く「情」と，カウンターのこちら側の「法」とが，時には鬩ぎ合う場面でもあります。人の人生に関わるからこそ，私たちは厳正な判断を心がけなければならないのです。

事例15　父はいらない

　「不受理申出をしたいのですが……。」

　そういって窓口に女性が座った。

担当者「はい，何届の不受理申出でしょうか。」

女性「認知届です。」

担当者「あのぅ，あなたのお子さんの認知届ですか。」

女性「はい。」

担当者「まことに言いにくいのですが，認知届の不受理申出はできません。」

女性（困惑して）「なぜできないのですか？　認知されたら困るんです。」

担当者「認知届の不受理申出は，父からしかできないんです。お子さんや，お母さんからはできないんです。」

女性「じゃあ，どんな父親でも，認知されたら仕方がないということなんですか。ひどい人なんですよ。借金もあるし，暴力も振るうし，今，子どもと逃げているんですよ。それでも，父親になれるんですか。そんな人父親になんかなって欲しくないんです。何とかしてください。」

　必死で食い下がる女性。

担当者「でも，お子さんの本当のお父さんなんですよねぇ。」

> **女性**「それは，そうですけど，認知されたら子どもは不幸です。」
> **担当者**「はあ……でも……。(汗)」

　　　　　認知は，父からの一方的行為です。認知される子は認知を拒むことはできません。これは，法律では，嫡出でない子にとって，父が確定することは，子の福祉にかなっているという考えからだと思われます。しかし，世間にはこの考えには当てはまらないケースもあります。認知されることによって，かえって子の幸せを害すると考えられるケースもあるのです。

　でも，考え方を変えてみましょう。どんな父親であれ，真実の父親が父欄に記載されることを，誰が止めることができるでしょうか。真実を公証するのが戸籍です。その任を預かる一端が私たちであるとすれば，真実の父による認知届は受理して当然といえます。しかし，母の心情もわかります。ただ「法律がそうなっているから……」というのではなく，時間をかけて説得する努力も私たちに課せられた任務なのだということも忘れないで欲しいと思います。

事例16　離婚調停と親権

　　裁判による離婚届と養子離縁届が提出された。
　　妻は再婚で，妻の子を夫が養子にしていたが，今回，調停で離婚と離縁が同時に成立した。
　　申立人は妻（母）である。
　　離婚の調停調書には，夫婦間の実子についての親権は定められているが，養子である子の親権の定めはない。

担当者「離婚届，離縁届どちらを先にしますか。」
妻「どちらでもいいんですけど……離婚届を先にお願いします。」
担当者「では，離婚届を先にして，お母さんが新しい戸籍を作ってから，離縁届で子どもさんを，お母さんの新戸籍に入れますか。」
妻「そうしてください。」

　　……待てよ。離婚届を先にすると，養子の親権の定めがないから，まずいことになる。でも，離縁届を先にすると，子どもが入る戸籍がないから，子どもが新戸籍をつくり，母が後で新戸籍をつくるから，母子が別戸籍になって，更に入籍届が必要になる。担当者は，ぶつぶつ独り言を言った。

　　そうだ，裁判所に離婚の調停調書に養子の親権を追記してもらうよう相談

してみよう。担当者は，裁判所に電話をした。

担当者「すみません。この『家イ○○号』の離婚の調停調書ですが，養子の親権を追記していただくわけにはいかないでしょうか。」

書記官「離婚と離縁は同時進行で，また，同時に成立しました。離縁の成立で当然，親権者は母になりますから，重ねて親権者の定めは必要ないと思いますが。」

担当者「でも，民法819条2項で，裁判での離婚の際も親権者を定めなければならないとされています。今，届出に来ている申立人の方は，届書の順番で離婚を先に出したいとおっしゃっていますので，離婚届に養子の親権の定めがないと困るんです。」

書記官「先ほども言いましたように，成立は同時なんですから，成立のときから効力は発生しています。離婚届には，やはり養子の親権者は追記できませんね。」

担当者「どうしよう……。」

申立人妻は，担当者が何に困っているのか見当もつかない。

担当者は，親権について真剣に悩んでいた。

**事例の
ポイント**　離婚届には，「夫（妻）が親権を行う子」の欄があります。離婚に際して夫婦間の未成年の子は，離婚後は夫又は妻どちらが親権を行うこととするのか必ず定めなければなりません。協議離婚の場合（民819条1項）も，裁判離婚の場合（民819条2項）も，親権者の記載は，離婚の必須条件とされています。親権の定めのない離婚届は受理できません。また，裁判離婚に関しては，審判書，判決書，調停調書等に親権の定めがない場合は追記しなければならないとされ，その裁判書類に親権の記載がない限り，戸籍には親権事項を記載することができないのです。

　本事例では，離婚と離縁が同時に成立した事案であるため，裁判所では離婚の調停において，敢えて養子の親権者を定めませんでした。裁判による離婚では，裁判の確定，あるいは調停の成立の日に，離婚の効力が発生します。同時刻に成立した離婚と離縁で，観念的に養子の親権も確定しているという考え方からです。しかし，戸籍の処理をする上で，離婚届を先出で受ければ，離縁の記載が後になるのですから，離婚の際には，養子の親権の記載が必要と考えられます。だからと言って，調書に親権者の定めのないものは届書に記載するわけにはいきません。

　では，どのようにしたら良いのでしょう。まず，離婚届には，調書に親権の定めのある夫妻間の実子について親権者を記入します。そして，離婚届の「その他」欄

に「夫の未成年の養子○○○○については，同日養父との養子離縁の調停成立につき，親権の定めはない」と記載し，次の養子離縁届の「その他」欄に「この離縁により養子は母の親権に服する」と記載して，職権で親権事項を記載することになります。これで離婚届と養子離縁届の親権の部分での繋がりが明らかになりました。

　裁判所と戸籍実務は密接な関係にあります。立場の違いから生じた本事例については，戸籍実務を処理する立場からは，問題点を理論的に解明して，誤りのない処理（対応）をするよう心がけたいものです。

 事例17　　　　　　　あなたに託して……

　　市役所1階のフロア―を，医療用の酸素ボンベを引きずって，ひとりの女性がヨロヨロと歩いている。

　　タクシーが到着する北玄関から入ってきたのだ，市民課の担当者は，気がかりでならない。

　　「どこに用があっていらっしゃったのだろう。大丈夫だろうか。」担当者はそう思いながら，しばらく目で追っていたが，その女性は戸籍担当者の前に座った。

女性「あのう……。」

　　女性は，消え入りそうな声で担当者に話しかけた。

担当者「はい，……戸籍のことでご相談ですか？」

女性「……はい，養子縁組のことなんですけど……。」

　　酸素吸入器が鼻に差し込まれ，女性は苦しそうな表情を浮かべながら必死の思いで伝えようとしている。

担当者「どなたの養子縁組ですか？」

女性「私の子どもなんです。今9歳なんですが……私，もうすぐ死んじゃうので……子どもを養子縁組させたいんです。」

　　担当者は，しばらく言葉を失った。

　　女性は30代半ばに見える。やせ細り，歩くのさえ容易ではない様子から，重病であることは担当者にも察することはできたが，「死期が迫っている」と聞くと，やはりショックだった。

担当者「……子どもさんは，どなたと縁組するんですか？」

女性「別れた夫です。私は2回結婚したんですが，どちらもうまくいきませんでした。子どもは最初の夫との子どもですが，私が再婚し，子どもは2回目の夫と縁組していました。2回目の夫は，私の子どもを我が子のようにかわ

いがってくれたんです。でも私のわがままで，その人とも離婚してしまい，子どもとも縁組を解消しました。何度も考えましたが，私がいなくなったあと，その2回目の夫に子どもを託したいんです。」

女性は必死で涙をこらえている。「泣いてはいけない。ここで思いを伝えなければ。」と言っているかのように……。

担当者「わかりました。ちょっと戸籍を確認しますね。」

たしかに，女性は2度の結婚，離婚をしている。子は2回目の夫と養子縁組をし，その後，母が離婚し，子は離縁をしている。

女性は，担当者が戸籍を確認している間も，小さな声で訴え続けている。

女性「私，あと何日も生きられないかもしれないんです。明日にでも死んじゃうかも……でもね，子どもがね，子どもがね……。」

女性は，病室のベッドの上で，ずっとこのことを考えていたのだろう。そして，残していく子の幸せを約束したい一心で，ありったけの力を振り絞り，酸素ボンベを引きずって，戸籍の窓口を訪れたに違いない。

この世での心残りを言葉にできず，ただ何度も子どもの名を呼び続ける母の姿に，担当者はこみあげる思いを抑えられなかった。

しかし，担当者には伝えなければならないことがあったのだ。

担当者「……あのう，すみません。このたびの養子縁組には，家庭裁判所の許可が必要なんです……。」

女性「えっ！……私……それまで……生きられるでしょうか……」

こらえきれず，女性の目から涙があふれた。

事例のポイント 戸籍の窓口は，ある意味「願いをかなえる場所」であるのかもしれません。担当者は，余命いくばくもない母の願いをかなえたいと思いましたが，民法798条に規定された家庭裁判所の許可が必要な縁組であると告げなければなりませんでした。

家庭裁判所の許可は審判によって行われます（家事39条別表一61）が，この審判は，養親となる者が，養子となる者の住所地の裁判所に申立てをすることになります（家事161条1項）。

申立てを受理した家庭裁判所は，審判をするにあたって，縁組の動機，養親となる者の家庭の状況，実親の生活状況などを調査して，縁組が子の福祉にかなっているかどうかを判断します。子が不利益を受ける場合は許可されないことがあります。

このように，許可の審判は，養子となる者の利益を優先して，厳格な調査が行われるため，許可を得るまでには相当期間を要すると考えられます。母は，その許可

の審判がされるまでに命の火が消えてしまうのではないかと思い，こらえきれずに涙を流したのでしょう。

　さて，この事例の続きをお話ししましょう。

　相談者である母は，子の未来を託すべき人との縁組を成立させるために，強い意思を持って縁組成立まで命をつなぎました。

　後日，養父となる人から，縁組許可の審判書面と養子縁組届が窓口に提出されましたが，提出された届出の審査をした担当者は，その届書を見て涙が止まらなかったそうです。その届書の代諾者の欄の母の文字は判読できないほど乱れ，そして力なく震えていました。母が最後の力を振り絞って，祈るように書いたこの文字は，「どうぞ，この子をお願いします」と言っているように，担当者には感じられたのです。

　「お母さん，よく頑張ったね，願いが叶ったね。」担当者は，何度も心の中でつぶやいたそうです。

この本を読み終えたあなたに

戸籍を，漢字一文字で表したら何でしょう。

「難」「深」「興」「理」……

いろいろあるけれど，こんな文字を言った人がいます。

「絆」

私は，「本当にそうだなぁ」と思いました。

　戸籍は知識のピースをはめこんで完成させるパズルに似ています。ピースの一片一片に，あなたの努力が込められているのです。
　日々のお仕事は大変ですが，少しでも「戸籍が好き」と言っていただけることを，心から願っています。

山　下　敦　子

【著　者】

山下　敦子（やました　あつこ）

和歌山市出身

平成5年4月　和歌山市役所市民課戸籍班勤務
　　　　　　　　　（戸籍記載担当。初めて戸籍に出会う）

平成8年4月～平成15年3月
　　　　　　　　　和歌浦支所，田野支所，和歌山市役所国民健康保険課を経て

平成15年4月　市民課戸籍窓口担当

平成19年9月　市民課戸籍班長

平成22年4月　市民課副課長

平成24年4月　市民課戸籍専門主幹

平成26年3月　退職

平成26年4月　市民課戸籍担当職員

平成29年3月　退職

平成29年4月　現在講師活動中

第3版補訂
戸籍の重箱
初任者のための戸籍実務のレシピ

2010年3月15日　初版発行
2022年7月25日　第3版補訂発行

著　者　山　下　敦　子

発行者　和　田　　裕

発行所　日本加除出版株式会社
本　社　〒171-8516
　　　　東京都豊島区南長崎3丁目16番6号

組版 ㈱郁文　印刷 ㈱精興社　製本 牧製本印刷㈱

定価はカバー等に表示してあります。
落丁本・乱丁本は当社にてお取替えいたします。
お問合せの他、ご意見・感想等がございましたら、下記まで
お知らせください。

〒171-8516
東京都豊島区南長崎3丁目16番6号
日本加除出版株式会社　営業企画課
電話　　03-3953-5642
FAX　　03-3953-2061
e-mail　toiawase@kajo.co.jp
URL　　www.kajo.co.jp